教育部　财政部中等职业学校教师素质提高计划成果
会计专业师资培训包开发项目(LBZD057)

鉴证、咨询与服务

Jianzheng Zixun Yu Fuwu

教育部　财政部　组编
刘继伟　主编
张艳英　赵金玉　执行主编

中国财政经济出版社

图书在版编目（CIP）数据

鉴证、咨询与服务/张艳英，赵金玉执行主编．—北京：中国财政经济出版社，2011.10

教育部、财政部中等职业学校教师素质提高计划成果　会计专业师资培训包开发项目．LBZD057

ISBN 978－7－5095－3152－5

Ⅰ.①咨…　Ⅱ.①张…　②赵…　Ⅲ.①会计学－中等专业学校－师资培训－教材　Ⅳ.①F230

中国版本图书馆 CIP 数据核字（2011）第 195547 号

责任编辑：陈　冰　　　　责任校对：李　丽

封面设计：陈　瑶　　　　版式设计：董生平

内容提要

本书是教育部和财政部“中等职业学校教师素质提高计划”中“会计专业师资培训包开发项目（LBZD057）”的成果之一。本书共分6个单元，围绕三大业务岗（鉴证、服务、咨询）的业务流程来编写，主要介绍了财务报表审计、代理记账业务、税务代理、验资业务、工商代理以及咨询服务业务的内容。

本书可用于中等职业学校会计专业教师上岗层级、提高层级和骨干层级的培训指导用书，也可以作为各级会计专业教师培训的指导与参考用书。

中国财政经济出版社出版

URL：http：//www.cfeph.cn

E－mail：cfeph@cfeph.cn

社址：北京市海淀区阜成路甲 28 号　邮政编码：100142

营销中心电话：88190406　北京财经书店电话：64033436　84041336

北京中兴印刷有限公司印刷　各地新华书店经销

787×1092 毫米　16 开　17 印张　409 000 字

2011 年 12 月第 1 版　2011 年 12 月北京第 1 次印刷

定价：39.00 元

ISBN 978－7－5095－3152－5/F·2669

（图书出现印装问题，本社负责调换）

质量投诉电话：010－88190744

教育部　财政部中等职业学校教师素质提高计划成果
系列丛书

会计专业师资培训包开发项目
(LBZD057)

项目牵头单位　东北财经大学
项 目 负 责 人　刘继伟

出版说明

根据2005年全国职业教育工作会议精神和《国务院关于大力发展职业教育的决定》（国发［2005］35号），教育部、财政部2006年12月印发了《关于实施中等职业学校教师素质提高计划的意见》（教职成［2006］13号），决定"十一五"期间中央财政投入5亿元用于实施中等职业学校师资队伍建设相关项目。其中，安排4 000万元，支持39个培训工作基础好、相关学科优势明显的全国重点建设职教师资培养培训基地牵头，联合有关高等学校、职业学校、行业企业，共同开发中等职业学校重点专业师资培训方案、课程和教材（以下简称"培训包项目"）。

经过四年多的努力，培训包项目取得了丰富成果。一是开发了中等职业学校70个专业的教师培训包，内容包括专业教师的教学能力标准、培训方案、专业核心课程教材、专业教学法教材和培训质量评价指标体系5方面成果。二是开发了中等职业学校校长资格培训、提高培训和高级研修3个校长培训包，内容包括校长岗位职责和能力标准、培训方案、培训教材、培训质量评价指标体系4方面成果。三是取得了7项职教师资公共基础研究成果，内容包括中等职业学校德育课教师、职业指导和心理健康教育教师培训方案、培训教材，教师培训项目体系、教师资格制度、教师培训教育类公共课程、职业教育教学法和现代教育技术、教师培训网站建设等课程教材、政策研究、制度设计和信息平台等。上述成果，共整理汇编出300多本正式出版物。

培训包项目的实施具有如下特点：一是系统设计框架。项目成果涵盖了从标准、方案到教材、评价的一整套内容，成果之间紧密衔接。同时，针对职教师资队伍建设的基础性问题，设计了专门的公共基础研究课题。二是坚持调研先行。项目承担单位进行了3 000多次调研，深度访谈2 000多次，发放问卷200多万份，调研范围覆盖了70多个行业和全国所有省（区、市），收集了大量翔实的一手数据和材料，为提高成果的科学性奠定了坚实基础。三是多方广泛参与。在39个项目牵头单位组织下，另有110多所国内外高等学校和科研机构、260多个行业企业、36个政府管理部门、277所职业院校参加了开发工作，参与研发人员2 100多人，形成了政府、学校、行业、企业和科研机构共同参与的研发模式。四是突出职教特色。项目成果打破学科体系，根据职业学校教学特点，结合产业发展实际，将行动导向、工作过程系统化、任务驱动等理念应用到项目开发中，体现了职教师资培训内容和方式方法的特殊性。五是研究实践并进。几年来，项目承担单位在职业学校进行了1 000多次成果试验。阶段性成果形成后，在中等职业学校专业骨干教师国家级培训、省级培训、企业实践等活动中先行试用，不断总结经验、修改完善，提高了项目成果的针对性、应用性。六是严格过程管理。两部成立了专家指导委员会和项目管理办公室，在项目实施过程中先后组织研讨、培训和推进会近30次，来自职业教育办学、研究和管理一线的数十位领导、专家和实践工作者对成果进行了严格把关，确保了项目开发的正确方向。

作为“十一五”期间教育部、财政部实施的中等职业学校教师素质提高计划的重要内容，培训包项目的实施及所取得的成果，对于进一步完善职业教育师资培养培训体系，推动职教师资培训工作的科学化、规范化具有基础性和开创性意义。这一系列成果，既是职教师资培养培训机构开展教师培训活动的专门教材，也是职业学校教师在职自学的重要读物，同时也将为各级职业教育管理部门加强和改进职教教师管理和培训工作提供有益借鉴。希望各级教育行政部门、职教师资培训机构和职业学校要充分利用好这些成果。

为了高质量完成项目开发任务，全体项目承担单位和项目开发人员付出了巨大努力，中等职业学校教师素质提高计划专家指导委员会、项目管理办公室及相关方面的专家和同志投入了大量心血，承担出版任务的11家出版社开展了富有成效的工作。在此，我们一并表示衷心的感谢！

编写委员会

2011年10月

前言

本教材编写的指导思想是：按照《教育部财政部关于实施中等职业学校教师素质提高计划的意见》的精神，依据《企业会计准则》和《审计准则》，在充分调研会计师事务所岗位群设置的基础上，以专业化和技能型的中职会计专业师资人才培养为目标，以市场对会计专业职业人才需求规格为依据，以中职会计专业就业岗位及岗位群的具体执业能力和工作过程为导向，从岗位的职业要求和执业能力出发，编写出适应国家级中职骨干教师培训教学要求的具有前瞻性、实用性的会计培训教材。

本课程是会计专业的核心技能课程，直接对应会计师事务所审计业务工作岗位，对从事会计业务和内部审计业务的人员亦有间接的帮助。本课程是在中职骨干教师已经参加了财务会计、会计模拟实训和税务会计与纳税实务培训的基础上，以具体的审计项目、审计案例为切入点，以鉴证业务基础理论和审计基本原理为铺垫，以事务所三大方面业务流程（鉴证业务、代理服务业务及咨询业务）为主线，充分提高教师的会计专业理论知识和实践教学能力。

本课程标准的总体设计思路是：教材围绕着会计师事务所的三大业务岗（鉴证、服务、咨询）的业务流程来编写。以资产负债表、利润表主要项目的审计为主要教学内容，以税务代理、工商代理服务和咨询服务为辅助教学内容，以学习目标、任务描述、任务分析、技能训练来组织教学过程，采用教、学、练三者结合的教学方式，检验中职教师对事务所工作岗位及工作流程的了解，做到理论与实践紧密结合。

由于本课程以操作为主，教学内容按照资产负债表、利润表主要项目的控制测试、实质性程序来确定，内容的编排主要包括审计案例、相关知识（会计准则和审计准则的主要内容及审计基本原理）、技能训练等；在教学组织上，可以不按照以上顺序，在讲授过程中要力求做到以实践教学为主、理论教学为实践教学服务。

国家级中职骨干教师培训的主要目标是提高中职骨干教师的专业能力和教学能力，为培养职业教育人才，储备具有扎实理论知识和熟练操作技能的高层次教师队伍。国家级中职骨干教师培训教材的编写特点应该是：理清思路，通俗易懂，便于掌握专业知识和实践技能。

本门课程的具体目标是：

1. 了解中国注册会计师鉴证业务基本准则的主要内容及审计基本理论、方法；

2. 熟练掌握报表审计及各类交易账户余额审计的流程及实质性程序；

3. 熟练掌握各项代理服务及咨询业务的业务流程及所需的资料。

本教材共分 6 个单元，单元 1 “鉴证业务——财务报表审计” 共分 9 个任务，其中任务 1 由东北财经大学副教授张艳英老师编写；任务 2 至任务 9 由哈尔滨市第一职业高级中学祈海艳老师编写。单元 2 “代理记账业务” 由东北财经大学副教授张艳英老师编写。单元 3 “税务代理” 共分 4 个任务，由东北财经大学副教授赵金玉老师编写。单元 4 “验资业务” 共分 2 个任务，由大连瑞华会计师事务所项目负责人张世国同志编写。单元 5 “工商代理” 共分 5 个任务，其中任务 1 “企业设立代理” 由东北财经大学副教授张艳英老师编写；任务 2 至任务 4 由浙江省益阳市电子工业学校范钎老师编写；任务 5 由大连瑞华会计师事务所项目负责人张世国同志编写。单元 6 “咨询服务业务” 共分 3 个任务，由河南省工业学校徐双印老师编写。

由于水平有限，书中难免存在疏漏甚至错误，欢迎专家及读者提出宝贵意见，以使教材不断完善。

编　者

2011 年 7 月

目录

单元 1

鉴证业务——财务报表审计

职业背景

审计是指独立的专门机构和人员接受委托或根据授权，依据审计准则实施审计程序，对国家行政事业单位、企业单位及其他组织的会计报表和其他资料及其反映的经济活动的真实性、合法性、效益性进行审计并发表意见。

《中国注册会计师审计准则第1101号——财务报表审计的目标和一般原则》对审计概念的描述为："财务报表审计的目标是注册会计师通过执行审计工作，对财务报表的下列方面发表审计意见：(一) 财务报表是否按适用的会计准则和相关会计制度的规定编制；(二) 财务报表是否在所有重大方面公允反映被审计单位的财务状况、经营成果和现金流量。"

学习目标

- □ 了解财务报表审计业务各阶段主要工作内容，理解财务报表审计业务的相关知识；掌握财务报表审计业务的五大流程及相关要求
- □ 了解财务报表中各项目的审计目标；理解各项目的控制性测试及相关知识，掌握各项目审计的实质性程序
- □ 掌握审计报告的编制

任务1 财务报表审计工作的程序

1.1 任务描述

1月份，正洋会计师事务所承接了林兴工程有限公司上年度财务报表审计工作。事务所

注册会计师赵林负责的四人工作组在了解了被审计单位的基本情况后，通过"业务承接评价表"和"业务保持评价表"对客户作出了评价，确定接受该公司的业务委托，并同客户签订了审计业务约定书，进入审计实施工作程序。

赵林应按什么样的审计程序进行财务报表的审计呢？

1.2 任务分析

历史地看，审计方法已从早期的**账项基础审计**演变为今天的**风险导向审计**。风险导向审计要求注册会计师在审计过程中，以重大错报风险的识别、评估和应对为工作主线。相应地，审计过程可分为五个阶段：接受业务委托→计划审计工作→实施风险评估程序→实施控制测试和实质性程序→完成审计工作并编制审计报告。

1.2.1 接受业务委托

会计师事务所应当按照执业准则的规定，谨慎决策是否接受或保持客户关系和具体审计业务。在接受委托前，注册会计师应当初步了解被审计单位的环境，包括业务约定事项、审计对象的特征、使用的标准、预期使用者的需求、责任方及其环境的相关特征，以及可能对审计业务产生重大影响的事项、交易、条件和惯例等其他事项。具体程序为：

1）了解和评价审计对象的可审性，决策是否考虑接受委托。注册会计师需要作出的重要决策之一就是客户的接受与保持，旨在识别和评估会计师事务所面临的执业风险，同时也要复核事务所的执业能力。

2）商定业务约定条款。

3）签订或修改业务约定书。一旦决定接受业务委托，注册会计师应当与客户就业务约定条款达成一致意见。对于连续审计，注册会计师应视是否需要根据具体情况修改业务约定条款，以及是否需要提醒客户注意现有的业务约定书。

1.2.2 计划审计工作

任何一项审计业务，注册会计师在执行具体审计程序之前，都必须根据具体情况制订科学、合理的计划，使审计业务以有效的方式得以执行。一般来说，计划审计工作主要包括：

1）在本期审计业务开始时开展的初步业务活动；

2）制订总体审计策略；

3）制订具体审计计划。

1.2.3 实施风险评估程序

审计准则规定，注册会计师必须实施风险评估程序，以此作为评估财务报表层次和认定层次重大错报风险的基础。所谓风险评估程序，是指注册会计师实施的了解被审计单位及其环境并识别和评估财务报表重大错报风险的程序。风险评估程序是必要的程序，它为注册会计师在以后工作需作出职业判断时提供了重要基础。

注册会计师应当运用职业判断确定需要了解被审计单位及其环境的程度，一般来说，实施风险评估程序的主要工作包括：

1）了解被审计单位及其环境；

2）识别和评估财务报表层次以及各类交易、账户余额、列报认定层次的重大错报风险，包括确定需要特别考虑的重大错报风险（即特别风险）以及仅通过实质性程序无法应对的重大错报风险。

1.2.4 实施控制测试和实质性程序

注册会计师实施风险评估程序本身并不足以为发表审计意见提供充分、适当的审计证据，还应当实施进一步的审计程序，包括实施控制测试（必要时或决定测试时）和实质性程序。因此，注册会计师评估财务报表重大错报风险后，应当运用职业判断，针对评估的财务报表层次重大错报风险确定总体应对措施，并针对评估的认定层次重大错报风险设计和实施进一步的审计程序，以将审计风险降至可接受的低水平。

1.2.5 完成审计工作和编制审计报告

注册会计师在完成财务报表所有循环的进一步审计程序后，还应当按照有关审计准则的规定做好审计完成阶段的工作，并根据所获取的各种审计证据，合理运用专业判断，形成适当的审计意见。本阶段的主要工作有：

1）审计期初余额、比较数据、期后事项和或有事项；

2）考虑持续经营问题和获取管理层声明；

3）汇总审计差异，并提请被审计单位调整或披露；

4）复核审计工作底稿和财务报表；

5）与管理层和治理层沟通；

6）评价所有审计证据，形成审计意见。

1.3 相关知识

1.3.1 注册会计师执业准则体系框架

中国注册会计师执业准则体系（见图1－1）包括鉴证业务准则、相关服务准则和会计师事务所质量控制准则。

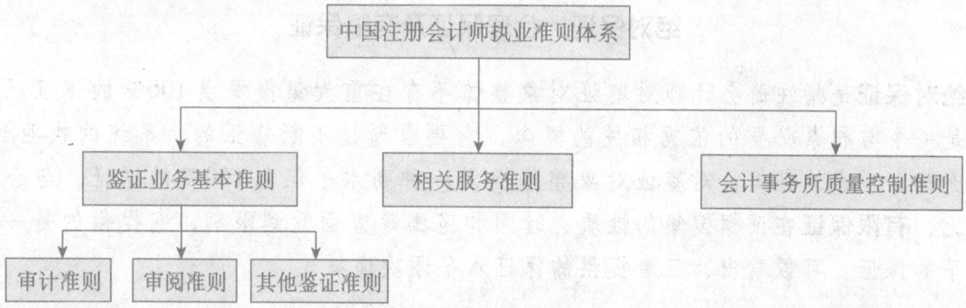

图1－1

1.3.2 中国注册会计师鉴证业务基本准则

鉴证业务基本准则是鉴证业务准则概念框架，旨在规范注册会计师执行鉴证业务，明确鉴证业务的目标和要素，确定审计准则、审阅准则、其他鉴证业务准则适用的鉴证业务类型。

(1) 鉴证业务的定义

鉴证业务是指注册会计师对鉴证对象信息提出结论，以增强除责任方之外的预期使用者对鉴证对象信息信任程度的业务。鉴证对象信息是按照标准对鉴证对象进行评价和计量的结果。如责任方按照会计准则和相关会计制度（标准）对其财务状况（鉴证对象）进行确认、计量和列报而形成的财务报表（鉴证对象信息）。

(2) 鉴证业务要素

鉴证业务要素包括：①三方关系；②鉴证对象；③标准；④证据；⑤鉴证报告。鉴证业务各要素及含义如表 1-1 所示。

表 1-1　　鉴证业务各要素及含义

要　素	含　义
三方关系	三方关系分别是注册会计师、责任方和预期使用者。注册会计师对由责任方负责的鉴证对象或鉴证对象信息提出结论，以增强除责任方之外的预期使用者对鉴证对象信息的信任程度。
鉴证对象	鉴证对象具有多种不同的表现形式，如财务或非财务的业绩或状况、物理特征、系统与过程、行为等。不同的鉴证对象有不同的特征。
标准	标准即用来对鉴证对象进行评价或计量的基准，当涉及列报时，还包括列报的基准。
证据	获取充分、适当的证据是注册会计师提出鉴证结论的基础。
鉴证报告	注册会计师应当针对鉴证对象信息（或鉴证对象）在所有重大方面是否符合适当的标准，以书面报告的形式发表能够提供一定保证程度的结论。

(3) 鉴证业务的目标

鉴证业务的保证程度分为合理保证和有限保证。合理保证的保证水平要高于有限保证的保证水平。合理保证的鉴证业务的目标是，注册会计师将鉴证业务风险降至该业务环境下可接受的低水平，以此作为以积极方式提出结论的基础。有限保证的鉴证业务的目标是，注册会计师将鉴证业务风险降至该业务环境下可接受的水平，以此作为以消极方式提出结论的基础。

知识拓展

绝对保证、合理保证及有限保证

绝对保证是指注册会计师对鉴证对象整体不存在重大错报提供 100% 的保证。**合理保证**是一个与积累必要的依据相关的概念，它要求通过不断修正的、系统的执业过程，获取充分、适当的证据，对鉴证对象整体提供一种高水平但非 100% 的保证。与合理保证相比，**有限保证**在证据搜集的性质、时间和范围等方面受到限制，它提供的是一种适度水平的保证。可以看出，三者提供的保证水平逐次递减。

1.3.3　审计目标

(1) 财务报表审计的总目标

按照审计准则的规定，财务报表审计的总目标是注册会计师通过执行审计工作，对财务报表的下列方面发表审计意见：①财务报表是否按照适用的会计准则和相关会计制度的规定编制；②财务报表是否在所有重大方面公允反映被审计单位的财务状况、经营成果和现金流量。

（2）具体审计目标

财务报表涉及一些具体的项目和金额，对管理层来说，就是认定；而对注册会计师而言，就是审计目标。

认定是指管理层对会计报表组成要素的确认、计量、列报作出的明确或隐含的表达。认定与审计目标密切相关，管理层对财务报表各组成要素均作出了认定，注册会计师的基本职责就在于确定管理层对会计报表的认定是否恰当。

管理层对其财务报表的认定有些是明确表达的，有些则是隐含表达的。例如，某公司在资产负债表报告存货如下：流动资产（存货）100万元。其明确的认定是：①记录的存货是存在的；②存货的恰当金额是100万元，与之相关的计价或分摊调整已恰当记录。同时，管理层也作出了两项隐含性认定：①所有应记录的存货均已记录；②记录的存货都归公司拥有。假如这些认定中的任何一项报告有误，那么会计报表就有可能存在重大错报。

（3）管理层认定与具体审计目标的关系

管理层认定与具体审计目标的关系如表1－2所示。

表1－2　　管理层认定与具体审计目标的关系

相关对象	类别	管理层认定	审计目标	与目标不符的举例
各类交易和事项	发生	记录的交易和事项已发生，且与被审计单位有关	确认已记录的交易是真实的	记录了不存在的销售
	完整性	所有应当记录的交易和事项均已记录	确认已发生的交易确实已经记录	已发生的销售未记录
	准确性	与交易和事项有关的金额及其他数据已恰当记录	确认已记录的交易是按正确金额反映的	交易凭证按错误的价格填写
	截止	交易和事项已记录于正确的会计期间	确认接近于资产负债表日的交易记录于恰当的期间	将本期交易推到下期，或将下期交易提到本期
	分类	交易和事项已记录于恰当的账户	确认被审计单位记录的交易经过适当分类	将固定资产列作原材料
期末余额	存在	记录的资产、负债和所有者权益是存在的	确认记录的金额确实存在	账面所列投资已不能收回
	权利和义务	记录的资产由被审计单位拥有或控制，记录的负债是被审计单位应当履行的偿还义务	资产归属于被审计单位，负债属于被审计单位的义务	账面所列资产非本单位所有、负债不属于本单位偿还
	完整性	所有应当记录的资产、负债和所有者权益均已记录	已存在的金额均已记录	某项资产未列入资产清单
	计价和分摊	资产、负债和所有者权益以恰当的金额包括在财务报表中，与之相关的计价或分摊调整已恰当记录	各会计要素以恰当的金额包括在财务报表中，与之相关的计价或分摊调整已恰当记录	材料成本差异未分摊、借款费用未预提

续表

相关对象	类别	管理层认定	审计目标	与目标不符的举例
列报	发生以及权利和义务	披露的交易、事项和其他情况已发生，且与被审计单位有关	已发生的交易、事项或与被审计单位有关的交易和事项包括在财务报表中	固定资产抵押，其权利受到限制，未作列报
	完整性	所有应当包括在财务报表中的披露均已包括	所有应当包括在财务报表中的披露均已包括	与关联方交易未作列报
	分类和可理解性	财务信息已被恰当地列报和描述，且披露内容表述清楚	财务信息已被恰当地列报和描述，且披露内容表述清楚	到期的长期借款仍作长期负债列报
	准确性和计价	财务信息和其他信息已公允披露，且金额恰当	财务信息和其他信息已公允披露，且金额恰当	会计报表附注未对应收账款账龄与坏账计提作出说明

1.3.4 审计证据

(1) 审计证据的含义

审计证据是指注册会计师为了得出审计结论、形成审计意见而使用的所有信息，包括财务报表依据的会计记录中含有的信息和其他信息。

依据会计记录编制财务报表是被审计单位管理层的责任，注册会计师应当测试会计记录以获取审计证据。但会计记录中含有的信息并不足以提供充分的审计证据作为对财务报表发表意见的基础，注册会计师还应当获取用做审计证据的其他信息。包括：①从被审计单位内部或外部获取的会计记录以外的信息（如会议记录、询证函回函等）；②通过询问、观察和检查等审计程序获取的信息（如通过监盘获取的存货存在性的证据）；③自身编制或获取的可以合理推断得出结论的信息（如注册会计师编制的各种计算表、分析表）。

包括财务报表依据的会计记录中含有的信息和其他信息共同构成了审计证据，两者缺一不可。如果没有前者，审计工作将无法进行；如果没有后者，可能无法识别重大错报风险。只有将两者结合在一起，才能将审计风险降至可接受的低水平，从而为注册会计师发表审计意见提供合理基础。

(2) 审计证据的种类

审计证据包括实物证据、书面证据、口头证据、环境证据，具体见表 1-3。

(3) 审计证据的特性

审计人员应当保持职业怀疑态度，运用职业判断，评价审计证据的充分性和适当性。

1) 审计证据的充分性。充分性是对审计证据数量的衡量，主要与注册会计师确定的样本量有关。例如，对应收账款实施函证程序，从 200 个样本中获取的证据要比从 100 个样本中获取的证据更充分。注册会计师需要获取的审计证据的数量受错报风险的影响。错报风险越大，需要的审计证据可能越多。具体来说，在可接受的审计风险水平一定的情况下，重大错报风险越大，注册会计师就应实施越多的测试工作，将检查风险降低至可接受水平，以将审计风险控制在可接受的低水平范围内。

客观公正的审计意见必须建立在足够数量的审计证据的基础上，但这并不是说审计证据越多越好，而是在考虑审计的质量和效率之后的数量要求。判断审计证据的充分性时应考虑

表 1－3 审计证据的种类及含义

种 类	含 义
实物证据	通过实际观察、检查有形资产等方法获取的以物品外部形态为表现形式的，用以确定某些实物资产存在性的证据。实物证据一般是以各类盘点表的形式加以记录的。
书面证据	各种以书面文件为形式的证据。包括与审计有关的各种原始凭证、会计记录、会议记录、合同、函件等。在审计实务中，审计人员要搜集大量的书面证据，因此，书面证据是审计证据的主要组成部分，也被称为“基本证据”。
口头证据	被审计单位职员或其他有关人士对审计人员的提问所作的口头答复所形成的证据，不属于基本证据。口头证据通常要形成书面记录，必要时需被询问者签字确认。口头证据并不能独立证明事实的真相，但往往能提供重要的审计线索。
环境证据	对被审计单位产生影响的各种环境事实。包括企业的内部控制情况、企业管理人员的素质、各种管理条件和管理水平。环境证据不属于基本证据，但它有助于审计人员了解被审计单位及其经济活动所处的环境，是审计人员进行判断所必须掌握的资料。

以下因素：

第一，审计风险：一般而言，审计风险越高，则支持审计人员形成审计结论的审计证据的需要量就越大。

第二，具体审计项目的重要性：越是重要的审计项目，就越要获取充分的审计证据，以支持其审计结论或意见。否则，一旦出现判断错误，就会影响对整体的判断，从而导致失误。

第三，审计过程中是否发现错误和舞弊：如果在审计过程中发现了被审事项存在错误或舞弊，被审计单位会计报表整体存在问题的可能性就会增加，因此，需增加审计证据的数量，以确保作出合理的审计结论，形成恰当的审计意见。

第四，审计证据的类型与获取途径：如果大多数审计证据都属于可靠程度较高的证据，而这些证据又是从独立于被审计单位的第三者处直接获取的，由于这些证据本身不易伪造，则审计证据的质量较高，相对而言，所获取的审计证据的数量就应减少。

2）审计证据的适当性。适当性是对审计证据质量的衡量，即审计证据在支持各类交易、账户余额、列报的相关认定或发现其中存在错报方面具有相关性和可靠性。相关性和可靠性是审计证据适当性的核心内容，只有相关且可靠的审计证据才是高质量的。相关性是指审计证据必须与审计目标相关，可靠性是指证据的可信程度。

审计证据的可靠性受其来源和性质的影响，并取决于获取审计证据的具体环境。判断审计证据的可靠性时，通常会考虑下列原则：①从外部独立来源获取的审计证据比从其他来源获取的审计证据更可靠；②内部控制有效时内部生成的审计证据比内部控制薄弱时内部生成的审计证据更可靠；③直接获取的审计证据比间接获取或推论得出的审计证据更可靠；④以文件、记录形式存在的审计证据比口头形式的审计证据更可靠；⑤从原件获取的审计证据比从传真件或复印件获取的审计证据更可靠。

充分性和适当性是审计证据的两个重要特征，两者缺一不可，只有充分且适当的审计证据才是有证明力的。

审计证据的适当性会影响审计证据的充分性，即：审计证据的质量越高，需要的审计证据数量可能越少。如果审计证据的质量存在缺陷（如审计证据与审计目标不相关、获取的审计证据不可靠），证据再多也难以发挥其作用。

（4）获取审计证据的具体程序

审计过程中，注册会计师可根据需要单独或综合运用以下审计程序（见表1－4），以获取充分、恰当的审计证据。

表1－4　　审计程序及含义

程　序	具　体　含　义
检查记录或文件	对被审计单位内部或外部生成的，以纸质、电子或其他介质形式存在的记录或文件进行审查。检查记录或文件的目的是对财务报表所包含或应包含的信息进行验证。
检查有形资产	对资产实物进行审查，主要适用于存货和现金，也适用于有价证券、应收票据和固定资产等。检查有形资产可为其存在性提供可靠的审计证据，但不一定能够为权利和义务或计价认定提供可靠的审计证据。
观察	察看相关人员正在从事的活动或执行的程序。观察提供的审计证据仅限于观察发生的时点，并且在相关人员已知被观察时，相关人员从事活动或执行程序可能与日常的做法不同，从而会影响注册会计师对真实情况的了解。因此，注册会计师有必要获取其他类型的佐证证据。
询问	以书面或口头方式，向被审计单位内部或外部的知情人员获取财务信息和非财务信息，并对答复进行评价的过程。询问本身不足以发现认定层次存在的重大错报，也不足以测试内部控制运行的有效性，注册会计师还应当实施其他审计程序以获取充分、适当的审计证据。
函证	为了获取影响财务报表或相关披露认定的项目的信息，通过直接来自第三方的对有关信息和现存状况的声明，获取和评价审计证据的过程。通过函证获取的证据可靠性较高，因此，函证是受到高度重视并经常被使用的一种重要程序。
重新计算	以人工方式或使用计算机辅助审计技术，对记录或文件中的数据计算的准确性进行核对。通常包括计算销售发票和存货的总金额、加总日记账和明细账、检查折旧费用和预付费用的计算、检查应纳税额的计算等。
重新执行	以人工方式或使用计算机辅助审计技术，重新独立执行作为被审计单位内部控制组成部分的程序或控制。如重新编制银行存款余额调节表，并与被审计单位编制的银行存款余额调节表进行比较。
分析程序	通过研究不同财务数据之间以及财务数据与非财务数据之间的内在关系，对财务信息作出评价。分析程序还包括调查识别出的、与其他相关信息不一致或与预期数据严重偏离的波动和关系。

上述审计程序单独或组合起来，可用做风险评估程序、控制测试和实质性程序。

1.3.5　审计工作底稿

（1）审计工作底稿概述

审计工作底稿是指注册会计师对制订的审计计划、实施的审计程序、获取的相关审计证据，以及得出的审计结论作出的记录。审计工作底稿是审计证据的载体，是注册会计师在审计过程中形成的审计工作记录和获取的资料。它形成于审计过程，也反映整个审计过程。

注册会计师应当及时编制审计工作底稿，以实现下列目的：

第一，提供充分、适当的记录，作为审计报告的基础。

第二，提供证据，证明其按照中国注册会计师审计准则的规定执行了审计工作。

审计工作底稿通常包括总体审计策略、具体审计计划、分析表、问题备忘录、重大事项概要、询证函回函、管理层声明书、核对表、有关重大事项的往来信件，以及对被审计单位文件记录的摘要或复印件等，还包括业务约定书、管理建议书、项目组内部或项目组与被审计单位举行的会议记录、与其他人士（如其他注册会计师、律师、专家等）的沟通文件及错报汇总表等。

注册会计师编制的审计工作底稿，应当使未曾接触该项审计工作的有经验的专业人士清楚地了解：①按照审计准则的规定实施的审计程序的性质、时间和范围；②实施审计程序的结果和获取的审计证据；③就重大事项得出的结论。

（2）审计工作底稿的要素

通常，审计工作底稿包括下列全部或部分要素：

1）被审计单位名称（即财务报表编制单位的名称）。

2）审计项目名称。

3）审计项目时点或期间。

4）审计过程记录。审计过程记录即审计人员对审计项目实施审计测试情况所作的记录，主要包括所实施审计测试的性质、范围、抽取的样本、抽查的重要凭证、审计调整及重分类事项等情况。该项内容是审计工作底稿最为重要的内容，是审计证据的集中体现。

5）审计结论。注册会计师恰当地记录审计结论非常重要。注册会计师需要根据所实施的审计程序及获取的审计证据得出结论，并以此作为对财务报表发表审计意见的基础。在记录审计结论时需注意在审计工作底稿中记录的审计程序和审计证据是否足以支持所得出的审计结论。

6）审计标识及其说明。审计标识是审计人员为简洁表达审计含义而采用的符号。审计标识一般由会计事务所确定，不同的会计师事务所可能使用不同的审计标识。表1－5列示了一些常用的审计标识。

表1－5　常用的审计标识

标识	含　义	标识	含　义
B	期初余额与上年审计后报表期末数核对相符	¢	已收回询证函
G	与总账核对相符	∧	直栏数字加计，复核无误
S	与明细账核对相符	<	横栏数字加计，复核无误
T/B	与试算平衡表核对相符	▲	重点符号
F/S	与已审会计报表核对相符	*	备注1
A	与原始凭证核对相符	* *	备注2
γ	与文件依据核对相符	N/A	无此情况，不适用
C	已发询证函		

7）索引号及编号。通常，审计工作底稿需要注明索引号及顺序编号，相关审计工作底稿之间需要保持清晰的勾稽关系。在实务中，注册会计师可以按照所记录的审计工作的内容

层次进行编号。例如，固定资产汇总表的编号为C1，按类别列示的固定资产明细表的编号为C1-1，房屋建筑物的编号为C1-1-1，机器设备的编号为C1-1-2，运输工具的编号为C1-1-3，其他设备的编号为C1-1-4。相互引用时，需要在审计工作底稿中交叉注明索引号。

8）编制者姓名及编制日期。

9）复核者姓名及复核日期。审计人员必须在其复核过的审计工作底稿上签名和签署日期，在需要项目质量控制复核的情况下，还需要注明项目质量控制复核人员及复核的日期。

10）其他应说明事项。

（3）审计工作底稿的分类

审计工作底稿分为综合类工作底稿、业务类工作底稿和备查类工作底稿。具体内容如表1-6所示。

表1-6 审计工作底稿分类

综合类工作底稿	在审计计划和审计报告阶段，为规划、控制和总结整个审计工作，并发表审计意见所形成	审计业务约定书、审计计划、审计报告书未定稿、审计总结、审计调整分录汇总表
业务类工作底稿	在审计实施阶段执行具体审计程序所编制和取得	在执行预备调查、符合性测试和实质性测试等审计程序时所形成
备查类工作底稿	在审计过程中形成的，对审计工作仅具有备查作用	与审计约定有关的重要法律性文件、重要会议记录与纪要、重要经济合同与协议、企业营业执照、公司章程等原始资料的副本或复印件

（4）审计工作底稿的编制方法

审计工作种类繁多，不同审计阶段所编制的审计工作底稿的具体内容差别较大，即使同样是审计实施阶段所编制的业务类工作底稿，审计项目不同，其审计过程记录的具体内容、结构与格式也不尽相同。选择实施实质性测试程序时，对各项目的审计一般都要编制几种审计工作底稿。一般而言，审计人员进行实质性测试时，对各项目都要编制审计程序表（实质性程序指引）、审定表、明细表及抽查表等几种工作底稿。

1.3.6 初步业务活动

（1）初步业务活动的内容

初步业务活动的内容：①针对保持客户关系和具体审计业务实施相应的质量控制程序；②评价遵守职业道德规范的情况；③及时签订或修改审计业务约定书。

（2）初步业务活动的主要目的

初步业务活动的主要目的在于：①确保注册会计师已具备执行业务所需要的独立性和专业胜任能力；②确定不存在因管理层诚信问题而影响注册会计师保持该项业务意愿的情况；③确保与被审计单位不存在对业务约定条款的误解。

编制指南中初步业务活动的工作底稿如表1-7、1-8所示。

表1-7 **初步业务活动程序表**

被审计单位：________ 索引号：________

项目：初步业务活动 截止日/期间：________

编制：________ 复核：________

日期：________ 日期：________

一、初步业务活动目标 1. 确定是否接受委托。 2. 如果接受业务委托，确保在计划审计工作时达到下列要求： （1）注册会计师已具备执行业务所需要的独立性和专业胜任能力； （2）不存在因管理层诚信问题而影响注册会计师承接或保持该项业务意愿的情况； （3）与该审计单位不存在对业务约定条款的误解。			
二、初步业务活动程序		索引号	执行人
首次接受委托的程序	1. 与委托人面谈，讨论下列事项：		
	①审计的目标		
	②审计报告的用途		
	③管理层对财务报表的责任		
	④审计范围		
	⑤执行审计工作的安排（包括出具审计报告的时间要求）		
	⑥审计报告格式和对审计结果的其他沟通形式		
	⑦管理层提供的工作条件和协助		
	⑧注册会计师不受限制地接触任何与审计有关的记录、文件所需要的其他信息		
	⑨与审计涉及的客户内部审计人员和其他员工工作的安排		
	⑩审计收费（包括收费的计算基础和收费安排）		
	2. 初步了解客户及其环境，进行初步业务风险评估并予以记录		
	3. 征得客户书面同意后，与前任注册会计师沟通		
连续审计的程序	1. 了解审计的目标、审计报告的用途、审计范围和时间安排是否发生了变化		
	2. 查阅以前年度审计工作底稿，重点关注非标准审计报告、管理建议书和重大事项概要等		
	3. 初步了解客户及其环境的变化，进行初步业务风险评估并予以记录		
	4. 考虑是否需要修改业务约定条款，是否需要提醒客户注意现有的业务约定条款		
后续程序	1. 评价是否具备执行该项审计业务所需要的独立性和专业胜任能力		
	2. 完成业务承接/保持评价表		
	3. 签订审计约定书（适用于首次接受委托，以及连续审计中修改长期审计业务约定条款的情况）		

表 1-8 **业务承接/保持评价表**

被审计单位：______ 索引号：______

项目：初步业务活动 截止日/期间：______

编制：______ 复核：______

日期：______ 日期：______

一、客户基本情况	
1. 法定名称： 地址：______ 联系人：______ 网 址：______ 电话：______ 传 真：______ 电子信箱：______ 2. 主要业务： 3. 所有制性质（国有/外商投资/民营/其他）： 组织形式： 4. 所有权结构、股东名称、注册资本、公司成立日期： 5. 子公司、合营企业、联营企业、分公司的基本情况： 6. 所处行业是否属于高风险、发展趋势和竞争情况： 7. 会计记录是否完整： 8. 内部控制情况：	
二、审计业务基本情况	
审计报告用途	□ 通用目的 □ 特殊目的
已审财务报表的预期使用者	
提交审计报告的时间	
三、评价客户的诚信	
客户的诚信	记录内容
1. 主要股东、关键管理人员、关联方及治理层的身份和商业信誉	
2. 客户的经营性质	
3. 主要股东、关键管理人员、关联方对内部控制环境和会计准则的态度	
4. 客户是否过分将会计师事务所的收费维持在尽可能低的水平	
5. 注册会计师的工作范围受到不适当限制的迹象	
6. 客户可能涉嫌洗钱或其他刑事犯罪的迹象	
7. 变更会计师事务所的原因	
……………	
信息来源：（1）与为客户提供专业会计服务的现任或前任人员进行沟通，并与其讨论；（2）向会计师事务所其他人员、监管机构、金融机构、法律顾问和客户的同行等三方询问；（3）从互联网等相关数据库中搜索客户的背景信息等。	
评价结论：客户的诚信较好。	
四、可审性评价结论	
根据上述对会计记录、内部控制和客户的诚信的了解，评价客户是否具有可审性： 荣光公司的财务报表具有可审性。	

续表

五、评价独立性	
评价项目	是/否
1. 识别并记录会计师事务所是否存在自身利益威胁、自我评价威胁、过度推介威胁、密切关系威胁和外在压力威胁等损害独立性的情形。这些包括但不限于：	
(1) 向该客户收取的全部费用是否在会计师事务所审计收入总额中占有很大比重？	
(2) 是否存在或有收费？	
(3) 是否存在逾期收费？	
(4) 会计师事务所的审计人员是否曾接受客户提供的贵重礼品或超规格招待？	
(5) 会计师事务所是否与客户发生诉讼或可能发生诉讼？	
(6) 会计师事务所高级管理人员是否与客户的董事或高级管理人员存在直系亲属或近缘亲属关系？	
(7) 会计师事务所高级管理人员是否与客户对财务报表产生重大影响的员工存在直系亲属或近缘亲属关系？	
(8) 客户的董事或高级管理人员，或所处职位能够对财务报表产生重大影响的员工近期是否曾是会计师事务所的合伙人？	
(9) 会计师事务所是否在客户中拥有经济利益？	
(10) 会计师事务所是否为客户提供可能威胁独立性的服务，包括行使管理层职责的服务、代理记账或代编报表等服务？	
(11) 会计师事务所是否在法律诉讼中以客户名义进行辩护或在共同的推广活动中以客户名义进行宣传？	
(12) 是否存在会计师事务所同一名高级职员多年执行该客户审计业务的情况？	
2. 如果对上述问题“是”，说明采取的防范措施。	
评价结论：未发现违反独立性的事项	

六、评价专业胜任能力、时间和资源			
项　目		是/否/不适用	详细情况
时间和资源	1. 根据会计师事务所的人力资源情况，是否拥有足够的具有必要素质和专业胜任能力的人员组成项目组？		
	2. 是否能够在提交报告的最后期限内完成业务？		
专业胜任能力	1. 项目组关键人员是否熟悉客户所处行业及主要业务，是否能够获取对客户及其环境的整体了解？		
	2. 项目组关键人员是否充分了解适用于客户所处行业的会计处理？如否，是否能够获取相关知识，说明途径。		
	3. 执行业务是否需要特定专业知识？如是，是否能够获取这些知识或利用专家的工作，说明途径。		
	4. 如果需要项目质量控制复核，是否具备符合标准和资格要求的项目质量控制和复核人员？		
评价结论：			

续表

七、总体评价
对该项业务的总体评价：该业务可承接 基于我们目前对客户的了解，该客户的风险水平为：□高风险　□中等风险　□低风险
八、审计收费可收回性评价
1. 预计审计收费： 2. 成本能否收回：
九、结论
项目负责人： 基于上述方面，我们 ________（接受或不接受） 此项业务。 签名： 日期： 风险管理人（必要时）： 基于上述方面，我们 ________（接受或不接受） 此项业务。 签名： 日期： 最终结论：

完成以上工作后，注册会计师与被审计单位为避免对审计业务的理解产生分歧，应就审计业务约定条款达成一致意见，并签订或修改审计业务约定书。

（3）与被审计单位签订审计业务约定书

了解被审计单位的基本情况，作出接受或保持客户关系和具体审计业务的决策后，在审计业务开始前，注册会计师应当与被审计单位就审计业务约定条款达成一致意见，即可指派人员起草审计业务约定书（或修改审计业务约定书）。该约定书一式两份，由双方法人代表或其授权代表签署，同时加盖双方单位印章，以避免对审计业务的理解产生分歧。

审计业务约定书的具体内容可能因被审计单位的不同而存在差异，但应当包括下列主要方面：

1）财务报表审计的目标；

2）管理层对财务报表的责任；

3）管理层编制财务报表采用的会计准则和相关会计制度；

4）审计范围，包括指明在执行财务报表审计业务时遵守的《中国注册会计师审计准则》（以下简称《审计准则》）；

5）执行审计工作的安排，包括出具审计报告的时间要求；

6）审计报告格式和对审计结果的其他沟通形式；

7）由于测试的性质和审计的其他固有限制，以及内部控制的固有局限性，不可避免地存在着某些重大错报可能仍然未被发现的风险；

8）管理层为注册会计师提供必要的工作条件和协助；

9）注册会计师不受限制地接触任何与审计有关的记录、文件和所需要的其他信息；

10）管理层对其作出的与审计有关的声明予以书面确认；

11）注册会计师对执业过程中获知的信息保密；

12）审计收费，包括收费的计算基础和收费安排；

13）违约责任；

14）解决争议的方法；

15）签约双方法定代表人或其授权代表的签字盖章，以及签约双方加盖的公章。

审计业务约定书具体内容（注意项目的标注）见审计业务约定书范例。

审计业务约定书范例：

审计业务约定书

甲方：ABC 股份有限公司

乙方：××会计师事务所

兹由甲方委托乙方对 ××年度财务报表进行审计，经双方协商，达成以下约定：

一、业务范围与审计目标

1. 乙方接受甲方委托，对甲方按照企业会计准则和《企业会计制度》编制的××年12月31日的资产负债表、××年度的利润表、股东权益变动表和现金流量表以及财务报表附注（以下统称财务报表）进行审计。(内容4)

2. 乙方通过执行审计工作，对财务报表的下列方面发表审计意见：(1) 财务报表是否按照企业会计准则和《××会计制度》的规定编制；(2) 财务报表是否在所有重大方面公允反映被审计单位的财务状况、经营成果和现金流量。(内容1)

二、甲方的责任与义务

(一) 甲方的责任

1. 根据《中华人民共和国会计法》及《企业财务会计报告条例》，甲方及甲方负责人有责任保证会计资料的真实性和完整性。因此，甲方管理层有责任妥善保存和提供会计记录（包括但不限于会计凭证、会计账簿及其他会计资料），这些记录必须真实、完整地反映甲方的财务状况、经营成果和现金流量。

2. 按照企业会计准则和《企业会计制度》的规定编制财务报表是甲方管理层的责任(内容3)，这种责任包括：(1) 设计、实施和维护与财务报表编制相关的内部控制，以使财务报表不存在由于舞弊或错误而导致的重大错报；(2) 选择和运用恰当的会计政策；(3) 作出合理的会计估计。(内容2)

(二) 甲方的义务

1. 及时为乙方的审计工作提供其所需要的全部会计资料和其他有关资料（内容8）(在20×8年×月×日之前提供审计所需的全部资料)，并保证所提供资料的真实性和完整性。

2. 确保乙方不受限制地接触任何与审计有关的记录、文件和所需的其他信息。(内容9)

[下段适用于集团财务报表审计业务，使用时需按每位客户/约定项目的特定情况而修改，如果加入此段，应相应修改下面其他条款编号。]

3. 为了乙方对甲方合并财务报表发表审计意见的需要，甲方须确保：

乙方和为组成部分执行审计的其他会计师事务所的注册会计师（以下简称其他注册会计师）之间的沟通不受任何限制。

组成部分是指甲方的子公司、分部、分公司、合营企业、联营企业等。

如果甲方管理层、负责编制组成部分财务信息的管理层（以下简称组成部分管理层）对其他注册会计师的审计范围施加了限制，或客观环境使其他注册会计师的审计范围受到限制，甲方管理层和组成部分管理层应当及时告知乙方。

乙方及时获悉其他注册会计师与组成部分治理层和管理层之间的重要沟通（包括就内部控制重大缺陷进行的沟通）；

乙方及时获悉组成部分治理层和管理层与监管机构就财务信息事项进行的重要沟通。

在乙方认为必要时，允许乙方接触组成部分的信息、组成部分管理层或其他注册会计师（包括其他注册会计师的审计工作底稿），并允许乙方对组成部分的财务信息实施审计程序。

4. 甲方管理层对其作出的与审计有关的声明予以书面确认。（内容10）

5.6.（略）

三、乙方的责任和义务

（一）乙方的责任

1.2.3.4.（略）

5. 由于测试的性质和审计的其他固有限制，以及内部控制的固有局限性，不可避免地存在着某些重大错报在审计后可能仍然未被乙方发现的风险。（内容7）

6.7.（略）

（二）乙方的义务

1. 按照约定时间完成审计工作，出具审计报告。乙方应于2008年×月×日前出具审计报告。（内容5）

2. 除下列情况外，乙方应当对执行业务过程中知悉的甲方信息予以保密：(1) 取得甲方的授权；(2) 根据法律法规的规定，为法律诉讼准备文件或提供证据，以及向监管机构报告发现的违反法规行为；(3) 接受行业协会和监管机构依法进行的质量检查；(4) 监管机构对乙方进行行政处罚（包括监管机构处罚前的调查、听证）以及乙方对此提起行政复议。（内容11）

四、审计收费（内容12）

1. 本次审计服务的收费是以乙方各级别工作人员在本次工作中所耗费的时间为基础计算的。乙方预计本次审计服务的费用总额为人民币××万元。

2. 甲方应于本约定书签署之日起×日内支付×%的审计费用，剩余款项于［审计报告草稿完成日］结清。

3. 如果由于无法预见的原因，致使乙方从事本约定书所涉及的审计服务实际时间较本约定书签订时预计的时间有明显的增加或减少时，甲乙双方应通过协商，相应调整本约定书第四条第1项下所述的审计费用。

4. 如果由于无法预见的原因，致使乙方人员抵达甲方的工作现场后，本约定书所涉及的审计服务不再进行，甲方不得要求退还预付的审计费用；如上述情况发生于乙方人员完成现场审计工作，并离开甲方的工作现场之后，甲方应另行向乙方支付人民币××元的补偿费，该补偿费应于甲方收到乙方的收款通知之日起×日内支付。

5. 与本次审计有关的其他费用（包括交通费、食宿费等）由甲方承担。

五、审计报告和审计报告的使用

1. 乙方按照《中国注册会计师审计准则第 1501 号——审计报告》和《中国注册会计师审计准则第 1502 号——非标准审计报告》规定的格式和类型出具审计报告。（内容 6）

2. 乙方向甲方出具审计报告一式 ×× 份。

3. 甲方在提交或对外公布审计报告时，不得修改乙方出具的审计报告及其后附的已审计财务报表。当甲方认为有必要修改会计数据、报表附注和所作的说明时，应当事先通知乙方，乙方将考虑有关的修改对审计报告的影响，必要时，将重新出具审计报告。

六、本约定书的有效期间

本约定书自签署之日起生效，并在双方履行完毕本约定书约定的所有义务后终止。但其中第三（二）2、四、五、八、九、十项并不因本约定书终止而失效。

七、约定事项的变更

如果出现不可预见的情况，影响审计工作如期完成，或需要提前出具审计报告时，甲、乙双方均可要求变更约定事项，但应及时通知对方，并由双方协商解决。

八、终止条款

1. 如果根据乙方的职业道德及其他有关专业职责、适用的法律法规或其他任何法定的要求，乙方认为已不适宜继续为甲方提供本约定书约定的审计服务时，乙方可以采取向甲方提出合理通知的方式终止履行本约定书。

2. 在终止业务约定的情况下，乙方有权就其于本约定书终止之日前对约定的审计服务项目所做的工作收取合理的审计费用。

九、违约责任（内容 13）

甲、乙双方按照《中华人民共和国合同法》的规定承担违约责任。

十、适用法律和争议解决（内容 14）

本约定书的所有方面均应适用中华人民共和国法律进行解释并受其约束。本约定书履行地为乙方出具审计报告所在地，因本约定书所引起的或与本约定书有关的任何纠纷或争议（包括关于本约定书条款的存在、效力或终止，或无效之后果），双方选择以下第______种解决方式：

（1）向有管辖权的人民法院提起诉讼；

（2）提交 ×× 仲裁委员会仲裁。

十一、双方对其他有关事项的约定

本约定书一式两份，甲乙方各执一份，具有同等法律效力。

甲方：ABC 股份有限公司（盖章）
授权代表：（签名并盖章）
××年×月×日

乙方：××会计师事务所（盖章）
授权代表：（签名并盖章）（内容 15）
××年×月×日

相关链接

《中国注册会计师审计准则第 1111 号——审计业务约定书》

1.3.7 计划审计工作

（1）制订总体审计策略

注册会计师在签订审计业务约定书、执行具体审计程序之前，应根据具体情况制订科学、合理的计划，使审计业务以有效的方式得到执行。一般来说，首先要制定总体审计策略；总体审计策略用以确定审计范围、时间和方向，并指导制订具体的审计计划。

在确定总体审计策略时，应当考虑以下主要事项：审计范围、报告目标、时间安排及所需沟通、审计方向、审计资源。

（2）制订具体审计计划

具体审计计划是依据总体审计策略制订的，比总体审计策略更加详细，其内容包括为获取充分、适当的审计证据以将审计风险降至可接受的低水平，项目组成员拟实施的审计程序的性质、时间和范围。可以说为获取充分、适当的审计证据，确定审计程序的性质、时间和范围的决策是具体审计计划的核心。具体审计计划应当包括风险评估程序、计划实施的进一步审计程序和其他审计程序。

1.3.8 风险评估

注册会计师在完成了计划审计阶段的任务后，就必须实施风险评估程序，以对被审计单位的情况进行深入、细致的了解，找出重大错报的领域，评估重大错报为高、中还是低，以便针对不同程度的风险采取相对应的应对措施。

（1）审计风险

审计风险是指财务报表存在重大错报而注册会计师发表不恰当审计意见的可能性。可接受的审计风险的确定，需要考虑会计师事务所对审计风险的态度、审计失败对会计师事务所可能造成损失的大小等因素。其中审计失败对会计师事务所可能造成损失的大小又受所审计财务报表的用途、使用者的范围等因素的影响。但必须注意，审计业务是一种保证程度高的鉴证业务，可接受的审计风险应当足够低，以使注册会计师能够合理保证所审计财务报表不含有重大错报。审计风险取决于重大错报风险和检查风险。

1）重大错报风险。是指财务报表在审计前存在重大错报的可能性。在设计审计程序以确定财务报表整体是否存在重大错报时，注册会计师应当从财务报表层次和各类交易、账户余额、列报认定层次考虑重大错报风险。

2）检查风险。是指某一认定存在错报，该错报单独或连同其他错报是重大的，但注册会计师未能发现这种错报的可能性。检查风险取决于审计程序设计的合理性和执行的有效性。由于通常并不对所有的交易、账户余额和列报进行检查，以及其他原因（包括可能选择了不恰当的审计程序、审计过程执行不当，或者错误解读了审计结论），检查风险不可能降低为零。但可以通过适当计划、在项目组成员之间进行恰当的职责分配、保持职业怀疑态度以及监督、指导和复核助理人员所执行的审计工作得以解决。

3）检查风险与重大错报风险的反向关系。在既定的审计风险水平下，可接受的检查风险水平与认定层次重大错报风险的评估结果成反向关系。评估的重大错报风险越高，可接受的检查风险越低；反之亦然。其反向关系用数学模型表示如下：

审计风险＝重大错报风险×检查风险

在实务中，审计风险模型既可以用绝对数量表达，也可以用“高”、“中”、“低”等文字描述。

注册会计师应当合理设计审计程序的性质、时间和范围，并有效执行审计程序，以控制检查风险。审计计划在很大程度上就是围绕确定审计程序的性质、时间和范围展开。

（2）风险评估

如前所述，风险导向审计是当今主流的审计方法，它要求注册会计师以重大错报风险的识别、评估和应对为审计工作的主线，以提高审计效率和效果。

1）对风险评估的总体要求。《审计准则》规定，注册会计师应当了解被审计单位及其环境，以充分识别和评估财务报表层次的重大错报风险，设计和实施进一步审计程序。

了解被审计单位及其环境是必要程序，特别是为注册会计师在下列关键环节作出职业判断提供了重要基础：①确定重要性水平，并随着审计工作的进程评估对重要性水平的判断是否仍然适当；②考虑会计政策的选择和运用是否恰当，以及财务报表的列报是否恰当；③识别需要特别考虑的领域，包括关联方交易、管理层运用持续经营假设的合理性，或交易是否具有合理的商业目的等；④确定在实施分析程序时所使用的期望值；⑤设计和实施进一步审计程序，以将审计风险降至可接受的低水平；⑥评价所获取审计证据的充分性和适当性。

2）风险评估程序。为了解被审计单位及其环境而实施的程序称为“风险评估程序”。注册会计师了解被审计单位及其环境，目的是为了识别和评估财务报表层次的重大错报风险。

了解被审计单位及其环境而实施的风险评估程序包括：①询问被审计单位管理层和内部其他人员；②分析程序；③观察和检查。

3）风险评估的具体实施。注册会计师应当从下列方面了解被审计单位及其环境：①行业状况、法律环境与监管环境以及其他外部因素；②被审计单位的性质；③被审计单位对会计政策的选择和运用；④被审计单位的目标、战略以及相关经营风险；⑤被审计单位财务业绩的衡量和评价；⑥被审计单位的内部控制。其中第①项是外部环境，第②、③、④、⑥项是内部因素，第⑤项既有外部因素也有内部因素。对以上各方面进行了解和评估时，应当考虑各因素之间的相互关系。被审计单位及其环境的各个方面可能会互相影响。

（3）评估重大错报风险

1）识别、评估财务报表层次和认定层次的重大错报风险。

①识别和评估重大错报风险的审计程序：

• 在了解被审计单位及其环境的整个过程中识别重大错报风险，并考虑各类交易、账户余额、列报；

• 将识别的风险与认定层次可能发生错报的领域相联系；

• 考虑识别的风险是否重大；

• 考虑识别的风险导致财务报表发生重大错报的可能性。

②识别两个层次的重大错报风险。在对重大错报风险进行识别和评估后，注册会计师应当确定，识别的重大错报风险是与特定的某类交易、账户余额、列报的认定相关，还是与财

务报表整体广泛相关，进而影响多项认定。

注册会计师还需注意控制环境对评估财务报表层次重大错报风险的影响、控制对评估认定层次重大错报风险的影响。第一，财务报表层次的重大错报风险很可能源于薄弱的控制环境，薄弱的控制环境带来的风险可能对财务报表产生广泛影响，难以限于某类交易、账户余额、列报，注册会计师应当采取总体应对措施。第二，由于控制有助于防止或发现并纠正认定层次的重大错报，应当将所了解的控制与特定认定相联系（控制与某一认定可直接相关、可间接相关）。

③考虑财务报表的可审计性。注册会计师在了解被审计单位内部控制后，可能对被审计单位财务报表的可审计性产生怀疑。如果通过对内部控制的了解发现下列情况，并对财务报表局部或整体的可审计性产生疑问，注册会计师应当考虑出具保留意见或无法表示意见的审计报告：a. 被审计单位会计记录的状况和可靠性存在重大问题，不能获取充分、适当的审计证据以发表无保留意见；b. 对管理层的诚信存在严重疑虑。必要时，注册会计师应当考虑解除业务约定。

2）需要特别考虑的重大错报风险。作为风险评估的一部分，注册会计师应当运用职业判断，确定识别的风险哪些是需要特别考虑的重大错报风险（即特别风险）。

在确定风险性质时，应从以下方面判断：①风险是否属于舞弊风险；②风险是否与近期经济环境、会计处理方法和其他方面的重大变化有关；③交易的复杂程度；④风险是否涉及重大的关联方交易；⑤财务信息计量的主观程度，特别是对不确定事项的计量存在较大区间；⑥风险是否涉及异常或超出正常经营过程的重大交易。

日常的、不复杂的、经正规处理的交易不太可能产生特别风险。特别风险通常与重大的非常规交易和判断事项有关。

非常规交易是指由于金额或性质异常而不经常发生的交易，如企业债务重组、重大或有事项等。由于非常规交易具有下列特征，与重大非常规交易相关的特别风险可能导致更高的重大错报风险：①管理层更多地介入会计处理；②数据收集和处理涉及更多的人工成分；③复杂的计算或会计处理方法；④非常规交易的性质可能使被审计单位难以对由此产生的特别风险实施有效控制。

如果管理层未能实施控制以恰当应对特别风险，注册会计师应当认为内部控制存在重大缺陷，并考虑其对风险评估的影响。在此情况下，注册会计师应当就此类事项与管理层沟通。

3）仅通过实质性程序无法应对的重大错报风险。作为风险评估的一部分，如果认为仅通过实质性程序获取的审计证据无法将认定层次的重大错报风险降至可接受的低水平，注册会计师应当评价被审计单位针对这些风险设计的控制，并确定其执行情况。

在被审计单位对日常交易采用高度自动化处理的情况下，审计证据可能仅以电子形式存在，其充分性和适当性通常取决于自动化信息系统相关控制的有效性，注册会计师应当考虑仅通过实施实质性程序不能获取充分、适当审计证据的可能性。

（4）对风险评估的修正

注册会计师对认定层次重大错报风险的评估应以获取的审计证据为基础，并可能随着不断获取审计证据而作出相应的变化。

评估重大错报风险与了解被审计单位及其环境一样，也是一个连续和动态地搜集、更新与分析信息的过程，贯穿于整个审计过程的始终。

相关链接

《中国注册会计师审计准则第1211号——了解被审计单位及其环境并评估重大错报风险》

1.3.9 控制测试

(1) 控制测试的含义

控制测试指的是测试控制运行的有效性。

在测试控制运行的有效性时，注册会计师应当从下列方面获取关于控制是否有效运行的审计证据：①控制在所审计期间的不同时点是如何运行的；②控制是否得到一贯执行；③控制由谁执行；④控制以何种方式运行（如人工控制或自动化控制）。从这四个方面来看，控制运行有效性强调的是控制能够在各个不同时点按照既定设计得以一贯执行。因此，在了解控制是否得到执行时，注册会计师只需抽取少量的交易进行检查或观察某几个时点，但在测试控制运行的有效性时，注册会计师需要抽取足够数量的交易进行检查或对多个不同时点进行观察。

(2) 控制测试的要求

当存在下列情形之一时，注册会计师应当实施控制测试：①在评估认定层次重大错报风险时，预期控制的运行是有效的；②仅实施实质性程序不足以提供认定层次充分、适当的审计证据。

(3) 控制测试的性质

控制测试采用审计程序的类型包括询问、观察、检查和重新执行。

1) 询问。注册会计师可以向被审计单位适当的员工询问，获取与内部控制运行情况相关的信息。

2) 观察。观察是测试不留下书面记录的控制（如职责分离）的运行情况的有效方法。

3) 检查。对运行情况留有书面证据的控制，检查非常适用。

4) 重新执行。通常只有当询问、观察和检查程序结合在一起仍无法获得充分的证据时，注册会计师才考虑通过重新执行来证实控制是否有效运行。

如果在评估认定层次重大错报风险时预期控制的运行是有效的，注册会计师应当实施控制测试，就控制在相关期间或时点的运行有效性获取充分、适当的审计证据。

只有认为控制设计合理、能够防止或发现和纠正认定层次的重大错报，注册会计师才有必要对控制运行的有效性实施测试。如果认为仅实施实质性程序获取的审计证据无法将认定层次重大错报风险降至可接受的低水平，注册会计师应当实施相关的控制测试，以获取控制运行有效性的审计证据。

在认为仅通过实施实质性程序不能获取充分、适当的审计证据的情况下，注册会计师必须实施控制测试，且这种测试已经不再是单纯出于成本效益的考虑，而是必须获取的一类审计证据。

询问本身并不足以测试控制运行的有效性，注册会计师应当将询问与其他审计程序结合使用，以获取有关控制运行有效性的审计证据。观察提供的证据仅限于观察发生的时点，本身也不足以测试控制运行的有效性；将询问与检查或重新执行结合使用，通常能够比仅实施询问和观察获取更高的保证。

（4）控制测试的时间

1）控制测试的时间的含义。控制测试的时间包含两层含义：一是何时实施控制测试；二是测试所针对的控制适用的时点或期间。注册会计师应当根据控制测试的目的确定控制测试的时间，并确定拟信赖的相关控制的时点或期间。

2）如何考虑期中审计证据。对于控制测试，注册会计师在期中实施此类程序具有更积极的作用。但即使注册会计师已获取有关控制在期中运行有效性的审计证据，仍然需要考虑如何能够将控制在期中运行有效性的审计证据合理延伸至期末，一个基本的考虑是针对期中至期末这段剩余期间获取充分、适当的审计证据。

因此，如果已获取有关控制在期中运行有效性的审计证据，并拟利用该证据，注册会计师应当实施下列审计程序：①获取这些控制在剩余期间变化情况的审计证据；②确定针对剩余期间还需要获取的补充审计证据。通过测试剩余期间控制的运行有效性或测试被审计单位对控制的监督，注册会计师可以获取补充审计证据。

3）如何考虑以前审计获取的审计证据。注册会计师在本期审计时还是可以适当考虑利用以前审计获取的有关控制运行有效性的审计证据（内部控制相对稳定），但注册会计师在利用以前审计获取的有关控制运行有效性的审计证据时需要格外慎重，充分考虑各种因素。

（5）控制测试的范围

控制测试的范围，是指某项控制活动的测试次数。注册会计师应当设计控制测试，以获取控制在整个拟信赖的期间有效运行的充分、适当的审计证据。在整个拟信赖的期间，控制执行的频率越高，控制测试的范围越大。

1.3.10 实质性程序

（1）实质性程序的含义

实质性程序是指注册会计师针对评估的重大错报风险实施的直接用以发现认定层次重大错报的审计程序。实质性程序包括对各类交易、账户余额、列报的细节测试以及实质性分析程序。

注册会计师实施的实质性程序应当包括下列与财务报表编制完成阶段相关的审计程序：

1）将财务报表与其所依据的会计记录相核对；

2）检查财务报表编制过程中作出的重大会计分录和其他会计调整。注册会计师对会计分录和其他会计调整检查的性质和范围，取决于被审计单位财务报告过程的性质和复杂程度以及由此产生的重大错报风险。

由于注册会计师对重大错报风险的评估是一种判断，可能无法充分识别所有的重大错报风险，并且由于内部控制存在固有局限性，无论评估的重大错报风险结果如何，注册会计师都应当针对所有重大的各类交易、账户余额、列报实施实质性程序。

（2）实质性程序的性质

实质性程序的性质是指实质性程序的类型及其组合。前已述及，实质性程序的两种基本类型包括细节测试和实质性分析程序。

1）细节测试是对各类交易、账户余额、列报的具体细节进行测试，目的在于直接识别财务报表认定是否存在错报。

2）实质性分析程序从技术特征上仍然是分析程序，主要是通过研究数据间关系评价信息，只是将该技术方法用作实质性程序，即用以识别各类交易、账户余额、列报及相关认定是否存在错报。

（3）实施实质性程序的时间

1）如何考虑是否在期中实施实质性程序。注册会计师在考虑是否在期中实施实质性程序时应当考虑下列因素：

①控制环境和其他相关的控制。控制环境和其他相关的控制越薄弱，注册会计师越不宜在期中实施实质性程序。

②实施审计程序所需信息在期中之后的可获得性。如果实施实质性程序所需信息在期中之后可能难以获取，注册会计师应考虑在期中实施实质性程序；但如果所需信息在期中之后的可获得性并不存在明显困难，该因素不应成为在期中实施实质性程序的重要影响因素。

③实质性程序的目标。如果针对某项认定实施实质性程序的目标就包括获取该认定的期中审计证据（从而与期末比较），注册会计师应在期中实施实质性程序。

④评估的重大错报风险。注册会计师评估的某项认定的重大错报风险越高，针对该认定所需获取的审计证据的相关性和可靠性要求也就越高，注册会计师越应当考虑将实质性程序集中于期末（或接近期末）实施。

⑤各类交易或账户余额以及相关认定的性质。例如，某些交易或账户余额以及相关认定的特殊性质（如收入截止认定、未决诉讼）决定了注册会计师必须在期末（或接近期末）实施实质性程序。

⑥针对剩余期间，能否通过实施实质性程序或将实质性程序与控制测试相结合，降低期末存在错报而未被发现的风险。如果针对剩余期间注册会计师可以通过实施实质性程序或将实质性程序与控制测试相结合，较有把握地降低期末存在错报而未被发现的风险，注册会计师可以考虑在期中实施实质性程序；但如果针对剩余期间注册会计师认为还需要消耗大量审计资源才有可能降低期末存在错报而未被发现的风险，甚至没有把握通过适当的进一步审计程序降低期末存在错报而未被发现的风险，就不宜在期中实施实质性程序。

2）如何考虑期中审计证据。如果拟将期中测试得出的结论延伸至期末，注册会计师应当考虑针对剩余期间仅实施实质性程序是否足够。如果认为实施实质性程序本身不充分，注册会计师还应测试剩余期间相关控制运行的有效性或针对期末实施实质性程序。

如果已识别出由于舞弊导致的重大错报风险，为将期中得出的结论延伸至期末而实施的审计程序通常是无效的，注册会计师应当考虑在期末或者接近期末实施实质性程序。

如果已在期中实施了实质性程序，或将控制测试与实质性程序相结合，并拟信赖期中测试得出的结论，注册会计师应当将期末信息和期中的可比信息进行比较、调节、识别和调查出现的异常金额，并针对剩余期间实施实质性分析程序或细节测试。

如果在期中检查出某类交易或账户余额存在错报，注册会计师应当考虑修改与该类交易或账户余额相关的风险评估以及针对剩余期间拟实施实质性程序的性质、时间和范围，或考虑在期末扩大实质性程序的范围或重新实施实质性程序。

3）如何考虑以前审计获取的审计证据。在以前审计中实施实质性程序获取的审计证据，通常对本期只有很弱的证据效力或没有证据效力，不足以应对本期的重大错报风险。只有当以前获取的审计证据及其相关事项未发生重大变动时，以前获取的审计证据才可能用作本期的有效审计证据。但即便如此，如果拟利用以前审计中实施实质性程序获取的审计证据，注册会计师应当在本期实施审计程序，以确定这些审计证据是否具有持续相关性。

（4）实质性程序的范围

在确定实质性程序的范围时，注册会计师应当考虑评估的认定层次重大错报风险和实施控制测试的结果。注册会计师评估的认定层次的重大错报风险越高，需要实施实质性程序的范围越广。如果对控制测试结果不满意，注册会计师应当考虑扩大实质性程序的实施范围。

在设计细节测试时，注册会计师除了从样本量的角度考虑测试范围外，还要考虑选样方法的有效性等因素。例如，从总体中选取大额或异常项目，而不是进行代表性抽样或分层抽样。

实施分析程序可能发现偏差，但并非所有的偏差都值得展开进一步调查。可容忍或可接受的偏差（即预期偏差）越大，作为实质性分析程序一部分的进一步调查的范围就越小，即确定适当的预期偏差幅度同样属于实质性分析程序的范畴。因此，在设计实质性分析程序时，注册会计师应当确定已记录金额与预期值之间可接受的差异额。在确定该差异额时，注册会计师应当主要考虑各类交易、账户余额、列报及相关认定的重要性和计划的保证水平。

相关链接

《中国注册会计师审计准则第 1211 号——了解被审计单位及其环境并评估重大错报风险》

《中国注册会计师审计准则第 1231 号——针对评估的重大错报风险实施的程序》

1.3.11 报告阶段

（1）审计报告的含义

审计报告是指注册会计师根据《审计准则》的规定，在实施审计工作的基础上对被审计单位财务报表发表审计意见的书面文件。

在对财务报表形成审计意见时，项目组应当根据已获取的审计证据，评价是否已对财务报表整体不存在重大错报获取合理保证。

（2）审计报告的类型

审计报告分为标准审计报告和非标准审计报告。标准审计报告包含的审计报告要素齐全，属于无保留意见，且不附加说明段、强调事项段或任何修饰性用语。非标准审计报告，是指标准审计报告以外的其他审计报告，包括带强调事项段的无保留意见的审计报告和非无保留意见的审计报告。非无保留意见的审计报告包括保留意见的审计报告、否定意见的审计报告和无法表示意见的审计报告。

（3）审计报告的要素

1）标题：审计报告的标题应当统一规范为“审计报告”。

2）收件人：审计报告的收件人是指注册会计师按照业务约定书的要求致送审计报告的对象，一般是指审计业务的委托人。审计报告应当载明收件人的全称。

3）引言段：审计报告的引言段应当说明被审计单位的名称和财务报表已经过审计，并包括下列内容：

①指出构成整套财务报表的每张财务报表的名称；

②提及财务报表附注；

③指明财务报表的日期和涵盖的期间。

4）管理层对财务报表的责任段：管理层对财务报表的责任段应当说明，按照适用的会计准则和相关会计制度的规定编制财务报表是管理层的责任，这种责任包括：

①设计、实施和维护与财务报表编制相关的内部控制，以使财务报表不存在由于舞弊或错误而导致的重大错报；

②选择和运用恰当的会计政策；

③作出合理的会计估计。

5）注册会计师的责任段：注册会计师的责任段应当说明下列内容：

①注册会计师的责任是在实施审计工作的基础上对财务报表发表审计意见。注册会计师按照《审计准则》的规定执行了审计工作。中国注册会计师审计准则要求注册会计师遵守职业道德规范，计划和实施审计工作以对财务报表是否不存在重大错报获取合理保证。

②审计工作涉及实施审计程序，以获取有关财务报表金额和披露的审计证据。选择的审计程序取决于注册会计师的判断，包括对由于舞弊或错误导致的财务报表重大错报风险的评估。在进行风险评估时，注册会计师考虑与财务报表编制相关的内部控制，以设计恰当的审计程序，但目的并非对内部控制的有效性发表意见。审计工作还包括评价管理层选用会计政策的恰当性和作出会计估计的合理性，以及评价财务报表的总体列报。

③注册会计师相信已获取的审计证据是充分的、适当的，为其发表审计意见提供了基础。

6）审计意见段：审计意见段应当说明，财务报表是否按照适用的会计准则和相关会计制度的规定编制，是否在所有重大方面公允反映了被审计单位的财务状况、经营成果和现金流量。如果认为财务报表符合下列所有条件，注册会计师应当出具标准无保留意见的审计报告：

①财务报表已经按照适用的会计准则和相关会计制度的规定编制，在所有重大方面公允反映了被审计单位的财务状况、经营成果和现金流量；

②注册会计师已经按照《审计准则》的规定计划和实施审计工作，在审计过程中未受到限制。

当出具标准无保留意见的审计报告时，注册会计师应当以“我们认为”作为意见段的开头，并使用“在所有重大方面”、“公允反映”等术语。

当注册会计师出具的无保留意见的审计报告不附加说明段、强调事项段或任何修饰性用语时，该报告称为“标准审计报告”。

7）注册会计师的签名和盖章。

8）会计师事务所的名称、地址及盖章。

9）报告日期。审计报告应当注明报告日期。审计报告的日期不应早于注册会计师获取充分、适当的审计证据（包括管理层认可对财务报表的责任且已批准财务报表的证据），并在此基础上对财务报表形成审计意见的日期。

标准审计报告参考格式：

审计报告

ABC股份有限公司全体股东：

我们审计了后附的ABC股份有限公司（以下简称ABC公司）财务报表，包括××年12月31日的资产负债表，××年度的利润表、股东权益变动表和现金流量表以及财务报表附注。

一、管理层对财务报表的责任

按照企业会计准则和《××会计制度》的规定编制财务报表是ABC公司管理层的责任。这种责任包括：(1) 设计、实施和维护与财务报表编制相关的内部控制，以使财务报表不存在由于舞弊或错误而导致的重大错报。(2) 选择和运用恰当的会计政策。(3) 作出合理的会计估计。

二、注册会计师的责任

我们的责任是在实施审计工作的基础上对财务报表发表审计意见。我们按照中国注册会计师审计准则的规定执行了审计工作。中国注册会计师审计准则要求我们遵守职业道德规范，计划和实施审计工作以对财务报表是否不存在重大错报获取合理保证。

审计工作涉及实施审计程序，以获取有关财务报表金额和披露的审计证据。选择的审计程序取决于注册会计师的判断，包括对由于舞弊或错误导致的财务报表重大错报风险的评估。在进行风险评估时，我们考虑与财务报表编制相关的内部控制，以设计恰当的审计程序，但目的并非对内部控制的有效性发表意见。审计工作还包括评价管理层选用会计政策的恰当性和作出会计估计的合理性，以及评价财务报表的总体列报。

我们相信，我们获取的审计证据是充分、适当的，为发表审计意见提供了基础。

三、审计意见

我们认为，ABC公司财务报表已经按照《企业会计准则》和《××会计制度》的规定编制，在所有重大方面公允反映了ABC公司××年12月31日的财务状况以及××年度的经营成果和现金流量。

××会计师事务所　　　　中国注册会计师：×××
（盖章）　　　　　　　（签名并盖章）
中国××市　　　　　　　中国注册会计师：×××
　　　　　　　　　　　（签名并盖章）
　　　　　　　　　　　××年×月×日

（4）非标准审计报告

1）带强调事项段的无保留意见审计报告。审计报告的强调事项段是指注册会计师在审计意见段之后增加的对重大事项予以强调的段落。强调事项应当同时符合下列条件：

①可能对财务报表产生重大影响，但被审计单位进行了恰当的会计处理，且在财务报表中作出充分披露（具有不确定性的事项）。

②不影响注册会计师发表的审计意见。

增加强调事项段的情形有：

• 对持续经营能力产生重大疑虑。当存在可能导致对持续经营能力产生重大疑虑的事项或情况、但不影响已发表的审计意见时，注册会计师应当在审计意见段之后增加强调事项段，对此予以强调。

• 重大不确定事项。当存在可能对财务报表产生重大影响的不确定事项（持续经营问题除外）、但不影响已发表的审计意见时，注册会计师应当考虑在审计意见段之后增加强调事项段，对此予以强调。

• 其他审计准则规定增加强调事项段的情形。除上述两种情形以及其他审计准则规定的增加强调事项段的情形外，注册会计师不应在审计报告的审计意见段之后增加强调事项段或任何解释性段落，以免财务报表使用者产生误解。

2）保留意见的审计报告。如果认为财务报表整体是公允的，但还存在下列情形之一，注册会计师应当出具保留意见的审计报告：

①会计政策的选用、会计估计的作出或财务报表的披露不符合适用的会计准则和相关会计制度的规定，虽影响重大，但不致于出具否定意见的审计报告。

②因审计范围受到限制，不能获取充分、适当的审计证据，虽影响重大，但不致于出具无法表示意见的审计报告。

当出具保留意见的审计报告时，注册会计师应当在审计意见段中使用“除……的影响外”等术语。如果因审计范围受到限制，注册会计师还应当在注册会计师的责任段中提及这一情况。

保留意见的审计报告范例（审计范围受到限制）：

审计报告

ABC股份有限公司全体股东：

我们审计了后附的ABC股份有限公司（以下简称ABC公司）财务报表，包括××年12月31日的资产负债表，××年度的利润表、股东权益变动表和现金流量表以及财务报表附注。

一、管理层对财务报表的责任

按照《企业会计准则》和《××会计制度》的规定编制财务报表是ABC公司管理层的责任。这种责任包括：(1) 设计、实施和维护与财务报表编制相关的内部控制，以使财务报表不存在由于舞弊或错误而导致的重大错报；(2) 选择和运用恰当的会计政策；(3) 作出合理的会计估计。

二、注册会计师的责任

我们的责任是在实施审计工作的基础上对财务报表发表审计意见。除本报告“三、导致保留意见的事项”所述事项外，我们按照《中国注册会计师审计准则》的规定执行了审计工作。《中国注册会计师审计准则》要求我们遵守职业道德规范，计划和实施审计工作以对财务报表是否不存在重大错报获取合理保证。

审计工作涉及实施审计程序，以获取有关财务报表金额和披露的审计证据。选择的审计程序取决于注册会计师的判断，包括对由于舞弊或错误导致的财务报表重大错报风险的评估。在进行风险评估时，我们考虑与财务报表编制相关的内部控制，以设计恰当的审计程序，但目的并非对内部控制的有效性发表意见。审计工作还包括评价管理层选用会计政策的恰当性和作出会计估计的合理性，以及评价财务报表的总体列报。

我们相信，我们获取的审计证据是充分、适当的，为发表审计意见提供了基础。

三、导致保留意见的事项

ABC 公司××年 12 月 31 日的应收账款余额×万元，占资产总额的×%。由于 ABC 公司未能提供债务人地址，我们无法实施函证以及其他替代审计程序，以获取充分、适当的审计证据。

四、审计意见

我们认为，除了前段所述未能实施函证可能产生的影响外，ABC 公司财务报表已经按照《企业会计准则》和《××会计制度》的规定编制，在所有重大方面公允反映了 ABC 公司××年 12 月 31 日的财务状况以及××年度的经营成果和现金流量。

××会计师事务所　　　　　　　　中国注册会计师：×××
（盖章）　　　　　　　　　　　　（签名并盖章）
中国××市　　　　　　　　　　　中国注册会计师：×××
　　　　　　　　　　　　　　　　（签名并盖章）
　　　　　　　　　　　　　　　　××年×月×日

3）否定意见的审计报告。如果认为财务报表没有按照适用的会计准则和相关会计制度的规定编制，未能在所有重大方面公允反映被审计单位的财务状况、经营成果和现金流量，注册会计师应当出具否定意见的审计报告。

当出具否定意见的审计报告时，注册会计师应当在审计意见段中使用“由于上述问题造成的重大影响”、“由于受到前段所述事项的重大影响”等术语。

否定意见的审计报告范例：

审计报告

ABC股份有限公司全体股东：

我们审计了后附的ABC股份有限公司（以下简称ABC公司）财务报表，包括××年12月31日的资产负债表，××年度的利润表、股东权益变动表和现金流量表以及财务报表附注。

一、管理层对财务报表的责任

按照《企业会计准则》和《××会计制度》的规定编制财务报表是ABC公司管理层的责任。这种责任包括：(1) 设计、实施和维护与财务报表编制相关的内部控制，以使财务报表不存在由于舞弊或错误而导致的重大错报；(2) 选择和运用恰当的会计政策；(3) 作出合理的会计估计。

二、注册会计师的责任

我们的责任是在实施审计工作的基础上对财务报表发表审计意见。我们按照《中国注册会计师审计准则》的规定执行了审计工作。《中国注册会计师审计准则》要求我们遵守职业道德规范，计划和实施审计工作以对财务报表是否不存在重大错报获取合理保证。

审计工作涉及实施审计程序，以获取有关财务报表金额和披露的审计证据。选择的审计程序取决于注册会计师的判断，包括对由于舞弊或错误导致的财务报表重大错报风险的评估。在进行风险评估时，我们考虑与财务报表编制相关的内部控制，以设计恰当的审计程序，但目的并非对内部控制的有效性发表意见。审计工作还包括评价管理层选用会计政策的恰当性和作出会计估计的合理性，以及评价财务报表的总体列报。

我们相信，我们获取的审计证据是充分、适当的，为发表审计意见提供了基础。

三、导致否定意见的事项

如财务报表附注×所述，ABC公司的长期股权投资未按企业会计准则的规定采用权益法核算。如果按权益法核算，ABC公司的长期投资账面价值将减少×万元，净利润将减少×万元，从而导致ABC公司由盈利×万元变为亏损×万元。

四、审计意见

我们认为，由于受到前段所述事项的重大影响，ABC公司财务报表没有按照《企业会计准则》和《××会计制度》的规定编制，未能在所有重大方面公允反映ABC公司××年12月31日的财务状况以及××年度的经营成果和现金流量。

××会计师事务所　　　　中国注册会计师：×××
（盖章）　　　　（签名并盖章）
中国××市　　　　中国注册会计师：×××
（签名并盖章）
××年×月×日

4）无法表示意见的审计报告。如果审计范围受到限制可能产生的影响非常重大和广泛，不能获取充分、适当的审计证据，以致于无法对财务报表发表审计意见，注册会计师应当出具无法表示意见的审计报告。

当出具无法表示意见的审计报告时，注册会计师应当删除注册会计师的责任段，并在审计意见段中使用“由于审计范围受到限制可能产生的影响非常重大和广泛”、“我们无法对上述财务报表发表意见”等术语。

无法表示意见审计报告范例：

审计报告

ABC股份有限公司全体股东：

我们接受委托，审计后附的ABC股份有限公司（以下简称ABC公司）财务报表，包括××年12月31日的资产负债表，××年度的利润表、股东权益变动表和现金流量表以及财务报表附注。

一、管理层对财务报表的责任

按照《企业会计准则》和《××会计制度》的规定编制财务报表是ABC公司管理层的责任。这种责任包括：(1) 设计、实施和维护与财务报表编制相关的内部控制，以使财务报表不存在由于舞弊或错误而导致的重大错报；(2) 选择和运用恰当的会计政策；(3) 作出合理的会计估计。

二、导致无法表示意见的事项

ABC公司未对××年12月31日的存货进行盘点，金额为×万元，占期末资产总额的40%。我们无法实施存货监盘，也无法实施替代审计程序，以对期末存货的数量和状况获取充分、适当的审计证据。

三、审计意见

由于上述审计范围受到限制可能产生的影响非常重大和广泛，我们无法对ABC公司财务报表发表意见。

××会计师事务所　　　　中国注册会计师：×××
（盖章）　　　　（签名并盖章）
中国××市　　　　中国注册会计师：×××
（签名并盖章）
××年×月×日

1.4 技能训练

1.4.1 中国注册会计师鉴证业务基本准则

（1）职业单项选择题

中国注册会计师鉴证业务基本准则是鉴证业务准则的概念性框架，旨在规范注册会计师执行鉴证业务。在该基本准则确定的适用范围中，不包括（　　）。

A. 中国注册会计师审阅准则
B. 中国注册会计师审计质量控制准则
C. 中国注册会计师审计准则
D. 中国注册会计师其他鉴证业务准则

（2）职业多项选择题

1）中国注册会计师业务准则包括（　　）。

A. 审计准则
B. 质量控制准则
C. 职业道德守则
D. 其他鉴证业务准则

2）下列属于鉴证业务特征的有（　　）。

A. 采用的标准适当且预期使用者能够获取该标准
B. 注册会计师的结论以书面报告形式表述，且表述形式与所提供的保证程度相适应
C. 相关性
D. 该业务具有合理的目的

3）关于鉴证业务三方关系，下列叙述正确的有（　　）。

A. 鉴证业务涉及的三方关系人包括注册会计师、委托人和预期使用者
B. 鉴证业务涉及的三方关系人包括注册会计师、责任方和预期使用者
C. 预期使用者通常会包括委托人，在鉴证业务中，委托人可能会是唯一的预期使用者
D. 预期使用者有时会包括责任方，在鉴证业务中，责任人可能会是唯一的预期使用者

（3）职业能力测试

试以财务报表审计作为合理保证鉴证业务的例子，以财务报表审阅业务作为有限保证鉴证业务的例子，对两类业务的保证程度进行比较。

1.4.2 审计目标

（1）职业单项选择题

1）注册会计师在对W公司进行审计时，发现W公司有一笔赊销给甲公司业务没有记录，则其主要违反财务报表中应收账款的相关认定是（　　）。

A. 发生
B. 存在
C. 完整性
D. 计价和分摊

2）在被审计单位发生的下列事项中，违反管理层对所属项目的“计价和分摊”认定的是（　　）。

A. 将应收账款420万元记为320万元
B. 将应付天成公司的款项280万元计入甲公司名下
C. 未将向外单位拆借的120万元款项列入所属项目中
D. 将经营租赁的固定资产原值80万元计入固定资产账户中

3）如果被审计单位将其固定资产用作某笔长期借款项目的抵押物，但没有在财务报表附注中披露，则其违反的认定是（　　）。

A. 计价和分摊
B. 完整性
C. 发生
D. 准确性和计价

4）注册会计师在审查销售部门的销货合同时，发现与A公司有一笔100万元销售未入账，通过函证A公司，检查该笔销货记录，证实A公司实际已购货且欠款100万元。那么，

注册会计师首先认为管理层对营业收入账户的（　　）认定存在问题。

A. 发生　　B. 完整性

C. 准确性　　D. 计价和分摊

（2）职业多项选择题

1）下列与注册会计师审计责任有关的提法中正确的是（　　）。

A. 注册会计师应当关注财务报表的重大错报，并且有责任发现财务报表中的所有错报

B. 职业怀疑态度要求，如果从不同来源获取的审计证据不一致，注册会计师应当追加必要的审计程序

C. 如果注册会计师通过对财务报表的审计，未能查出被审单位财务报表中存在的错报，则表明注册会计师没有履行好相关责任

D. 如果财务报表存在重大错报，而注册会计师通过审计没有能够发现，管理层也不能由此推卸对财务报表的责任

2）具体审计目标是注册会计师根据被审计单位管理层对财务报表的认定推论得出的，具体审计目标一般包括（　　）。

A. 总体合理性与其他审计目标　　B. 与各类交易和事项相关的审计目标

C. 与期末账户余额相关的审计目标　　D. 与列报相关的审计目标

3）下列各项中，属于应收账款“计价和分摊”认定内容的有（　　）。

A. 应收账款确实为被审计单位的债权　　B. 坏账准备金额正确

C. 应收账款总账与明细账的一致性　　D. 坏账准备率估计的合理性

4）为实现对上市公司账户余额“完整性”认定的审计目标，注册会计师一般考虑与下列（　　）项目的低估有关。

A. 应付账款　　B. 应收账款

C. 预收款项　　D. 预付款项

（3）职业能力测试

根据表1－9中描述出的相关的认定含义，将表1－9填列完整。

要求：“认定名称”栏填写认定的名称，“所属类别”栏指出该认定归属于三大类认定（三大类认定：与各类交易和事项相关的认定、与期末账户余额相关的认定以及与列报相关的认定）中的哪类认定。

表1－9

认定的含义	认定名称	所属类别
记录的交易和事项已发生，且与被审计单位有关		
所有应当包括在财务报表中的披露均已包括		
与交易和事项有关的金额及其他数据已恰当记录		
披露的交易、事项和其他情况已发生，且与被审计单位相关		
交易和事项已记录于正确的会计期间		
资产、负债和所有者权益以恰当的金额包括在财务报表中，与之相关的计价或分摊调整已恰当记录		

续表

认定的含义	认定名称	所属类别
财务信息和其他信息已公允披露，且金额恰当		
所有应当记录的交易和事项均已记录		
记录的资产由被审计单位拥有或控制，记录的负债是被审计单位应当履行的偿还义务		
交易和事项已记录于恰当的账户		
所有应当记录的资产、负债和所有者权益均已记录		
记录的资产、负债和所有者权益是存在的		
财务信息已被恰当的列报和描述，且披露内容表达清楚		

1.4.3 审计证据

（1）职业单项选择题

1）下列有关审计证据的表述中，不正确的是（　　）。

A. 如果被审计单位财务报表的重大错报风险越高，对审计证据的要求也越高

B. 注册会计师在获取审计证据时，应当考虑获取审计证据的成本

C. 如果注册会计师从不同来源获取的不同审计证据相互矛盾时，注册会计师应当追加必要的审计程序

D. 如果注册会计师获取的审计证据质量越高，需要的审计证据数量可能越少

2）注册会计师在对甲公司财务报表审计过程中，在审计营业收入和应收账款真实性时，获取到下列证据，可靠性最强的是（　　）。

A. 甲公司连续编号的销售单

B. 甲公司会计信息系统自动生成的应收账款明细账

C. 甲公司编制的连续编号的销售发票

D. 向甲公司债务人发出的应收账款询证函的回函

3）注册会计师实施的下列审计程序中，（　　）是重新执行。

A. 注册会计师利用被审计单位的银行存款日记账和银行对账单，重新编制银行存款余额调节表，并与被审计单位编制的银行存款余额调节表进行比较

B. 以人工方式或使用计算机辅助审计技术，对记录或文件中的数据计算的准确性进行核对

C. 对应收账款余额或银行存款的函证

D. 对客户执行的存货盘点或控制活动进行观察

（2）职业多项选择题

1）下列有关审计证据的表述中，不正确的有（　　）。

A. 经过注册会计师检查的文件记录均应视为非常可靠的证据

B. 检查有形资产不仅能够证明实物资产的存在，还能证明其归被审单位所有

C. 观察提供的审计证据只能证明在观察发生的时点的情况

D. 注册会计师通过询问程序也能证明被审计单位内部控制运行的有效性

2）注册会计师在每次年度财务报表审计中都必须运用的程序种类有（　　）。

A. 控制测试　　B. 实质性程序

C. 了解被审计单位及其环境　　D. 分析程序

3）下列有关审计证据充分性、适当性的表述中，正确的有（　　）。

A. 审计证据的充分性是对证据在数量上的要求，而适当性是对证据在质量上的要求

B. 注册会计师所获取的审计证据的数量不仅受到会计报表错报风险的影响，还受到审计证据质量的影响

C. 审计证据的质量越高，需要的审计证据可能越少

D. 审计证据的质量越低，就需要更多的审计证据

4）注册会计师所需获取的审计证据数量受各种因素的影响，以下关于审计证据数量的说法中，正确的有（　　）。

A. 获取的原件证据可能比获取的复印件证据少

B. 审计证据质量越高，需要的审计证据可能越少

C. 证据的质量存在的缺陷越多，所需的证据越多

D. 错报风险越大，需要的审计证据可能越多

（3）职业能力测试

注册会计师在对某客户审计过程中，搜集到下列四组审计证据：

1）销货发票副本与购货发票；

2）审计助理人员监盘存货的记录与客户自编的存货盘点表；

3）审计人员收回的应收账款函证回函与询问客户应收账款负责人的记录；

4）银行存款余额调节表与银行函证的回函。

要求：请分别说明每组审计证据中的哪项审计证据更为可靠？为什么？

1.4.4　审计工作底稿

（1）职业单项选择题

1）根据审计准则的规定，在记录实施审计程序的性质、时间和范围时，应当记录测试的特定项目或事项的识别特征。在记录识别特征时，下列做法正确的是（　　）。

A. 对乙公司生成的订购单进行测试，将供货商作为主要识别特征

B. 对需要选取既定总体内一定金额以上的所有项目进行测试，将该金额以上的所有项目作为主要识别特征

C. 对运用系统抽样的审计程序，将样本来源作为主要识别特征

D. 对询问程序，将询问时间作为主要识别特征

2）下列不属于注册会计师可以在归档期间对审计工作底稿作出的属于事务性变动的是（　　）。

A. 对审计工作底稿进行分类、整理和交叉索引

B. 删除或废弃被取代的审计工作底稿

C. 对审计档案归整工作的完成核对表签字认可

D. 因为在审计报告日获取的、与审计项目组相关成员进行讨论并取得一致意见了，所以予以删除相关的审计证据

3）会计师事务所接受委托对被审单位进行审计所形成的审计工作底稿，其所有权应归属于（　　）。

A. 会计师事务所　　B. 进行审计的注册会计师

C. 被审计单位　　D. 会计师事务所和被审计单位

（2）职业多项选择题

1）下列有关审计工作底稿格式、要素和范围的表述中，恰当的有（　　）。

A. 由于注册会计师实施的审计程序的性质不同，其工作底稿的格式、要素和范围可能也会不同

B. 在审计过程中，由于审计使用的工具不同，会导致审计工作底稿在格式、要素和范围上有所不同

C. 对于询问程序，注册会计师应以询问的时间作为识别特征

D. 对于观察程序，注册会计师可能会以观察的对象作为识别特征

2）审计工作底稿是指注册会计师对（　　）做出的记录。

A. 制订的审计计划　　B. 获取的审计证据

C. 确定的审计意见　　D. 实施的审计程序

3）下列（　　）文件通常应作为审计工作底稿保存。

A. 重大事项概要　　B. 财务报表草表

C. 有关重大事项的来往信件　　D. 对被审计单位文件记录的复印件

（3）职业能力测试

AB会计师事务所承接了甲公司2009年度财务报表审计工作，审计报告日是2010年3月15日，提交审计报告的时间是2010年3月17日。同时约定下一年审计工作依然由AB会计师事务所承接。AB会计师事务所于2010年5月24日完成审计工作底稿归档工作。

根据上述材料，请简要回答下列问题：

1）简要回答AB会计师事务所本次审计的审计工作底稿的归档期限是否正确，并说明理由。

2）审计工作底稿归档后，出现何种情形可以修改现有审计工作底稿或增加新的审计工作底稿？

3）审计工作底稿归档后，如要有必要修改现有审计工作底稿或增加新的审计工作底稿，注册会计师应当记录的事项有哪些？

4）简要回答本次审计工作底稿的保存期限。

1.4.5 审计计划（包括初步业务活动和审计计划）

（1）职业单项选择题

1）审计风险取决于重大错报风险和检查风险，下列表述正确的是（　　）。

A. 在既定的审计风险水平下，注册会计师应当实施审计程序，将重大错报风险降至可接受的低水平

B. 注册会计师应当合理设计审计程序的性质、时间和范围，并有效执行审计程序，以控制重大错报风险

C. 注册会计师应当合理设计审计程序的性质、时间和范围，并有效执行审计程序，以消除检查风险

D. 注册会计师应当获得认定层次充分、适当的审计证据，以便在完成审计工作时，能够以可接受的低审计风险对财务报表整体发表意见

2）注册会计师需要获取的审计证据的数量受错报风险的影响。下列表述正确的是（　　）。

A. 评估的错报风险越高，则可接受的检查风险越低，需要的审计证据可能越多

B. 评估的错报风险越高，则可接受的检查风险越高，需要的审计证据可能越少

C. 评估的错报风险越低，则可接受的检查风险越低，需要的审计证据可能越少

D. 评估的错报风险越低，则可接受的检查风险越高，需要的审计证据可能越多

3）具体审计计划的内容不包括（　　）。

A. 风险评估程序　　B. 进一步审计程序

C. 初步业务活动　　D. 计划其他审计程序

4）在既定的审计风险水平下，下列表述错误的有（　　）。

A. 评估的重大错报风险越低，可接受的检查风险越高

B. 可接受的检查风险水平与认定层次重大错报风险的评估结果成反向关系

C. 评估的重大错报风险越高，可接受的检查风险越低

D. 可接受的检查风险水平与认定层次重大错报风险的评估结果成正向关系

（2）职业多项选择题

1）下列各项中，应作为审计业务约定书内容的有（　　）。

A. 管理层为注册会计师提供必要的工作条件和协助

B. 管理层对其做出的与审计有关的声明予以书面确认

C. 注册会计师对执业过程中获知的信息保密

D. 在连续接受委托情况下，对与前任注册会计师沟通的安排

2）下列说法中，正确的有（　　）。

A. 计划审计工作贯穿于整个审计业务的始终，并不是审计业务的一个孤立阶段，而是一个持续的、不断修正的过程

B. 按照审计准则的规定，注册会计师在编制审计计划时，可以和被审计单位有关人员就某些审计程序进行讨论，并共同编制审计计划

C. 审计业务约定书具有经济合同的性质，一旦约定双方签字认可，即成为注册会计师与被审计单位之间在法律上生效的契约

D. 在初步计划审计工作时，注册会计师就应当确定在被审计单位财务报表中可能存在重大错报风险的重大账户及其相关认定

3）注册会计师在确定计划的重要性水平时，需要考虑以下主要因素（　　）。

A. 对被审计单位及其环境的了解　　B. 审计的目标，包括特定报告要求

C. 财务报表各项目的性质及其相互关系　　D. 财务报表项目的金额及其波动幅度

4）通常情况下，下列各项与重要性水平成反向关系的是（　　）。

A. 审计证据的数量　　B. 被审单位的规模

C. 客观存在的审计风险　　D. 财务报表使用者的要求

（3）职业能力测试

新世纪公司系 AB 会计师事务所的常年审计客户，由于其业务的性质和经营规模发生重大变化，AB 会计师事务所正在考虑是否继续接受委托以及审计收费等问题。

请简要回答：

1）连续审计情况下，哪些情况下注册会计师应当考虑重新签订审计业务约定书？

2）在重新签订业务约定书前，AB会计师事务所开展初步业务活动的目的是什么？

3）开展初步业务的内容一般包括？

1.4.6 风险评估

（1）职业单项选择题

1）注册会计师了解被审计单位及其环境的目的是（ ）。

A. 为了进行风险评估程序　　B. 搜集充分适当的审计证据

C. 为了识别和评估财务报表层次的重大错报风险

D. 控制检查风险

2）下列关于财务报表层次重大错报风险的说法不正确的是（ ）。

A. 通常与控制环境有关

B. 与财务报表整体存在广泛联系

C. 可能影响多项认定

D. 可以界定于某类交易、账户余额、列报的具体认定

3）注册会计师执行穿行测试的目的不是为了确认（ ）。

A. 是否正确了解了内部控制并且书面记录准确

B. 交易流程中所有与财务报表有关的可能发生错报的环节都已识别

C. 所获取的有关流程中的预防性控制和检查性控制信息的准确性

D. 评估控制设计的有效性并确认控制执行的有效性

（2）职业多项选择题

1）注册会计师了解被审计单位及其环境时应当实施下列观察和检查程序（ ）。

A. 追踪交易在财务报告信息系统中的处理过程

B. 实地察看被审计单位的生产经营场所和设备

C. 阅读由管理层和治理层编制的报告

D. 检查文件、记录和内部控制手册

2）注册会计师运用各项风险评估程序，在了解被审计单位及其环境的整个过程中识别风险，下列识别的风险中与各类交易、账户余额和列报相联系的有（ ）。

A. 被审计单位因相关环境法规的实施需要更新设备，可能面临原有设备闲置或贬值的风险

B. 被审计单位对于存货跌价准备的计提没有实施比较有效的内部控制，管理层未根据存货的可变现净值，计提相应的跌价准备

C. 竞争者开发的新产品上市，可能导致被审计单位的主要产品在短期内过时，预示将出现存货跌价和长期资产的减值

D. 管理层缺乏诚信或承受异常的压力可能引发舞弊风险

（3）职业能力测试——风险评估

W公司主要从事小型电子消费品的生产和销售，产品销售以W公司仓库为交货地点。W公司日常交易采用自动化信息系统（以下简称“系统”）和手工控制相结合的方式进行。系统自20×6年以来没有发生变化。W公司产品主要销售给国内各主要城市的电子消费品

经销商。A 和 B 注册会计师负责审计 W 公司 20×7 年度财务报表。

资料一：A 和 B 注册会计师在审计工作底稿中记录了所了解的 W 公司及其环境的情况，部分内容摘录如下：

1）在 20×6 年度实现销售收入增长 10% 的基础上，W 公司董事会确定的 20×7 年销售收入增长目标为 20%。W 公司管理层实行年薪制，总体薪酬水平根据上述目标的完成情况上下浮动。W 公司所处行业 20×7 年的平均销售增长率是 12%。

2）W 公司财务总监已为 W 公司工作超过 6 年，于 20×7 年 9 月劳动合同到期后被 W 公司的竞争对手高薪聘请。由于工作压力大，W 公司会计部门人员流动频繁，除会计主管服务期超过 4 年外，其余人员的平均服务期少于 2 年。

3）W 公司的产品面临快速更新换代的压力，市场竞争激烈。为巩固市场占有率，W 公司于 20×7 年 4 月将主要产品（C 产品）的销售下调了 8% ~10%。另外，W 公司在 20×7 年 8 月推出了 D 产品（C 产品的改良型号），市场表现良好，计划在 20×8 年全面扩大产量，并在 20×8 年 1 月停止 C 产品的生产。为了加快资金流转，W 公司于 20×8 年 1 月针对 C 产品开始实施新一轮的降价促销，平均降价幅度达到 10%。

4）W 公司销售的产品均由经客户认可的外部运输公司实施运输，运输费由 W 公司承担，但运输途中风险仍由客户自行承担。由于受能源价格上涨影响，20×7 年的运输单价比上年平均上升了 15%，但运输商同意将运输费用结算周期从原来的 30 天延长至 60 天。

5）20×7 年度 W 公司主要原料的价格与上年基本持平，供应商也没有大的变化，但由于技术要求发生变化，D 产品所耗高档金属材料比 C 产品略有上升，使得 D 产品的原材料成本比 C 产品上升了 3%。

6）W 公司除了于 20×6 年 12 月借入的 2 年期、年利率 6% 的银行借款 5 000 万元外，W 公司没有其他借款。上述长期借款专门用于扩建现有的一条生产线，以满足 D 产品的生产需要。该生产线总投资 6 500 万元，20×6 年 12 月开工，20×7 年 7 月完工投入使用（假设不考虑利息收入）。

资料二：A 和 B 注册会计师在审计工作底稿中记录了所获取的 W 公司财务数据，部分内容摘录见表 1-10。

表 1-10 金额单位：万元

项目 \ 产品 \ 年份	20×7		20×6	
	C 产品	D 产品	C 产品	D 产品
产成品	2 000	1 800	2 500	0
存货跌价准备	0		0	
主营业务收入	18 500	8 000	20 000	0
主营业务成本	17 000	5 600	16 800	0
销售费用——运输费	1 200		1 150	
利息支出	300		25	
减：利息资本化	250		25	
净利息支出	50		0	

要求：针对资料一1）至6）项，结合资料二，假定不考虑其他条件，请逐项指出资料一所列事项是否可能表明存在重大错报风险。如果认为存在，请简要说明理由，并分别说明该风险是属于财务报表层次还是认定层次。如果认为属于认定层次，请指出相关事项与何种交易或账户的何种认定相关；指出企业如何衡量经营业绩，并完成表1－11的填制。

表1－11

事项序号	是否可能表明存在重大错报风险（是/否）	理由	重大错报风险属于财务报表层次还是认定层次（财务报表层次/认定层次）	交易或账户名称和认定
（1）				
（2）				
（3）				
（4）				
（5）				
（6）				

1.4.7 风险应对、控制测试和实质性程序

（1）职业单项选择题

1）通常情况下，注册会计师出于成本效益的考虑可以采用（　　）设计进一步审计程序，即将测试控制运行的有效性与实质性程序结合使用。

A. 风险评估程序　　B. 实质性程序

C. 综合性方案　　D. 实质性方案

2）为了应对财务报表层次较高的重大错报风险，注册会计师可以通过提高审计程序不可预见性。下列各项程序中，不能够提高审计程序不可预见性的是（　　）。

A. 采取不同的审计抽样方法，使当期抽取的测试样本与以前有所不同

B. 对应收账款进行函证时，将其函证账户的截止日期推迟

C. 对以前由于低于设定的重要性水平而未曾测试过的固定资产进行测试

D. 进行存货监盘时，应事先通知被审计单位的盘点地点，以便其做好准备

3）下列有关注册会计师对控制测试时间的考虑中错误的是（　　）。

A. 如果注册会计师总体上拟信赖被审单位的控制，则控制环境越薄弱，注册会计师需要获取的剩余期间的补充证据越多

B. 当被审计单位控制环境薄弱或对控制的监督薄弱时，注册会计师应当缩短再次测试控制的时间间隔或完全不信赖以前审计获取的审计证据

C. 如果拟信赖的控制自上次测试后已发生变化，注册会计师应当在本期审计中测试这些控制的运行有效性

D. 如果需要获取控制在某一期间有效运行的审计证据，注册会计师可以获取与该时点相关的审计证据即可

4）注册会计师在对内部控制进行了解后，针对某一项认定制定审计计划时，下面表述正确的是（　　）。

A. 无论控制风险的估计水平如何，都必须执行控制测试

B. 如果预期控制风险的水平为中等或低，可计划最少的控制测试

C. 如果预期控制风险的水平为最高，不执行控制测试

D. 如果预期控制风险的水平为最高，可计划扩大控制测试

5）关于控制测试的性质，下列描述不正确的是（　　）。

A. 将询问与检查或重新执行结合使用，通常能够比仅实施询问和观察获取更高的保证

B. 观察提供的证据限于观察发生的时点，但其也可以测试控制运行的有效性

C. 被审计单位针对处理收到的邮政汇款单设计和执行了相关的内部控制，注册会计师通过询问和观察程序往往不足以测试此类控制的运行有效性，还需要检查能够证明此类控制在所审计期间的其他时段有效运行的文件和凭证，以获取充分、适当的审计证据

D. 询问本身无法获取控制有效运行的审计证据，需要与其他测试手段结合使用才能发挥作用

6）下列关于实质性程序的结果对控制测试结果的影响表述不正确的是（　　）。

A. 如果通过实施实质性程序发现某项认定存在错报，注册会计师可以得出控制运行有效的结论

B. 如果通过实施实质性程序未发现某项认定存在错报，这本身并不能说明与该认定有关的控制是有效运行的

C. 如果通过实施实质性程序发现某项认定存在错报，注册会计师应当在评价相关控制的运行有效性时予以考虑

D. 如果实施实质性程序发现被审计单位没有识别的重大错报，通常表明内部控制存在重大缺陷，注册会计师应当就这些缺陷与管理层和治理层进行沟通

（2）职业多项选择题

1）注册会计师认为被审计单位的控制环境存在严重缺陷，在对拟实施审计程序的性质、时间和范围做出总体修改时，下列做法中不恰当的有（　　）。

A. 在期中实施更多的审计程序　　B. 主要依赖实质性程序获取审计证据

C. 主要依赖控制测试获取审计证据　　D. 增加实质性程序的样本量

2）在确定进一步审计程序的时间，A 注册会计师应当考虑的主要因素有（　　）。

A. 评估的认定层次重大错报风险　　B. 审计意见的类型

C. 错报风险的性质　　D. 审计证据适用的期间或时点

3）在确定进一步审计程序的范围时，注册会计师应当考虑的主要因素有（　　）。

A. 审计程序与特定风险的相关性　　B. 评估的认定层次重大错报风险

C. 计划获取的保证程度　　D. 可容忍的错报或偏差率

4）下列关于确定实质性程序性质、时间和范围的表述中，不恰当的是（　　）。

A. 如果控制测试的结果使注册会计师非常满意，注册会计师可以不做实质性程序

B. 注册会计师应在期末实施实质性程序，不应在期中工作中执行此类程序

C. 如果相关认定的重大错报风险很高，注册会计师应将实质性程序更多地安排在期末工作中进行

D. 注册会计师在任何情况下均不应将以前获取的实质性程序的证据用作本期的有效证据

（3）职业能力测试

王涛注册会计师作为正华股份有限公司20×8年度财务报表审计项目负责人。通过了解正华公司及其环境，发现当年正华公司所处行业由于一些新竞争者的加入，不仅分割了一部分市场，还导致产品价格下降了10%。正华公司20×7年末制定的20×8年度的经营目标是：以稳定发展为前提，力争收入、利润等主要指标在20×7年度的基础上保持稳定或略有提高。

已审计的20×7年度财务报表显示，收入10亿元，成本8.5亿元，应收账款3 000万元。

未经审计的20×8年度财务报表显示，收入10.5亿元，成本8.9亿元，应收账款1.5亿元。

要求：在不考虑其他情况的条件下，根据上述资料，完成表1-12。

表1-12

描述识别的风险	识别的重大错报风险		认定	是否属于特别风险	重大错报风险水平（高/中/低）	提高不可预见性的审计程序	进一步审计程序的总体方案
	交易	账户					

1.4.8 审计报告

（1）职业单项选择题

1）下列不属于注册会计师对财务报表审计时所出具的审计报告中注册会计师责任段所描述的内容是（　　）。

A. “我们相信，我们获取的审计证据是充分、适当的，为发表审计意见提供了基础”

B. “审计工作涉及实施审计程序，以获取有关财务报表金额和披露的审计证据”

C. “我们的责任是在实施审计工作的基础上对财务报表发表审计意见”

D. “审计工作还包括评价治理层选用会计政策的恰当性和做出会计估计的合理性，以及评价财务报表的总体列报”

2）如果被审计单位财务报表就其整体而言是公允的，但因审计范围受到重要的局部限制，无法按照审计准则的要求取得应有的审计证据时，注册会计师应发表（　　）。

A. 否定意见　　B. 保留意见

C. 无法表示意见　　D. 带强调事项段的无保留意见

3）下列（　　）情况属于由被审计单位管理层造成的审计范围受到限制。

A. 管理层不允许注册会计师观察存货盘点

B. 截至资产负债表日，处于外海的远洋捕捞船队的捕鱼量无法监盘

C. 被审计单位的部分会计资料被洪水冲走，无法进行检查

D. 外国子公司的存货无法监盘

（2）职业多项选择题

1）在审计报告中，下列属于管理层对财务报表的责任段的内容有（　　）。

A. 已获取的审计证据是充分、适当的，为其发表审计意见提供了基础

B. 在实施审计工作的基础上对财务报表发表审计意见

C. 设计、实施和维护与财务报表编制相关的内部控制，以使财务报表不存在由于舞弊或错误而导致的重大错报

D. 选择和运用恰当的会计政策

2）下列说法中不正确的有（　　）。

A. 审计报告分为标准审计报告和非标准审计报告。标准审计报告包括无保留意见和带强调事项段的无保留意见审计报告；非标准审计报告就是非无保留意见的审计报告，包括保留意见的审计报告、否定意见的审计报告和无法表示意见的审计报告

B. 财务报表审计是一个累积和不断修正信息的过程，随着计划的审计程序的实施，如果获取的信息与风险评估时依据的信息有重大差异，注册会计师应当修改原计划的其他审计程序的性质、时间和范围，但不用修正风险评估结果

C. 审计报告应当由两名具备相关业务资格的注册会计师签名盖章并经会计师事务所盖章方为有效。其中一位必须是主任会计师，另一位是负责该项目的注册会计师

D. 审计报告的日期不应晚于注册会计师获取充分、适当的审计证据（包括管理层认可对财务报表的责任且已批准财务报表的证据），并在此基础上对财务报表形成审计意见的日期

3）同时符合下列（　　）条件时，注册会计师应当出具无保留意见的审计报告。

A. 注册会计师已经按照中国注册会计师审计准则的规定计划和实施审计工作，在审计过程中未受到限制

B. 财务报表已经按照适用的会计准则和相关会计制度的规定编制，在所有方面公允反映了被审计单位期末的财务状况、经营成果和现金流量

C. 注册会计师已经按照《中国注册会计师独立审计准则》的要求计划和实施审计工作，在审计过程中未受到限制

D. 财务报表已经按照适用的会计准则和相关会计制度的规定编制，在所有重大方面公允地反映了被审计单位的财务状况、经营成果和现金流量

4）在（　　）情况下，注册会计师应当在审计报告的意见段后增加强调事项段。

A. 存在可能导致对持续经营能力产生重大疑虑的事项或情况

B. 会计政策、会计估计发生变更且对财务报表产生重大影响

C. 如果被审计单位选用其他基础编制报表，注册会计师认为管理层选用的其他编制基础是适当的，且财务报表已作出充分披露

D. 强调重大的关联方交易、重大的期后事项及重大的会计差错更正

（3）职业能力测试

1）简答题。甲注册会计师作为ABC会计师事务所审计项目负责人，在审计以下单位20×8年度财务报表时分别遇到以下情况：

①甲公司拥有一项长期股权投资，账面价值500万元，持股比例30%。20×8年12月

31日，甲公司与K公司签署投资转让协议，拟以350万元的价格转让该项长期股权投资，已收到价款300万元，但尚未办理产权过户手续，甲公司以该项长期股权投资正在转让之中为由，不再计提减值准备（假设不考虑预计未来现金流量）。

②乙公司于20×7年5月为L公司1年期银行借款1 000万元提供担保，因L公司不能及时偿还，银行于2008年11月向法院提起诉讼，要求乙公司承担连带清偿责任。20×8年12月31日，乙公司在咨询律师后，根据L公司的财务状况，计提了500万元的预计负债。对上述预计负债，乙公司已在财务报表附注中进行了适当披露。截至审计工作完成日，法院未对该项诉讼作出判决。

③丁公司于20×8年末更换了大股东，并成立了新的董事会，继任法定代表人以刚上任不了解以前年度情况为由，拒绝签署20×8年度已审财务报表和提供管理层声明书。原法定代表人以不再继续履行职责为由，也拒绝签署20×8年度已审计财务报表和提供的管理层声明书。

要求：假定上述情况对各被审计单位20×8年度财务报表的影响都是重要的，且各被审计单位均拒绝接受甲注册会计师提出的审计处理建议（如有）。在不考虑其他因素影响的前提下，请分别针对上述三种情况，判断甲注册会计师应对20×8年度财务报表出具何种类型的审计报告，并简要说明理由。

2）编制审计报告。××会计师事务所接受ABC股份有限公司的委托，对该公司×年度财务报表进行审查。注册会计师赵林和张丹进驻该公司后，发现因几天的连续暴雨，该公司遭受严重的水灾，办公室进水，许多手工会计账簿严重受损。该公司账簿记录采用手工账与电子账相结合的方式，但主要还是以手工账为主。由于保护得当，计算机中的电子账簿记录未受损，赵林和张丹试图根据计算机资料重建该年度账户系统，但由于缺少重要的数据而难以全面恢复当初的会计记录。

要求：

①赵林和张丹应编制哪一种类型的审计报告？请说明理由。

②请你编制一份恰当的审计报告。

1.5 完成任务

财务报表审计业务分三大阶段进行，即计划阶段、实施阶段、报告阶段，各阶段有各自不同的任务。首先，在计划阶段，注册会计师在了解被审计单位及其环境的基础上，与被审计单位签订审计业务约定书，然后制订总体审计策略与具体审计计划；在实施阶段，要在对被审计单位进行风险评估的基础上，进入控制测试（不是必需程序）和实质性程序；在报告阶段，在实施足够的审计程序、获得充分的审计证据的基础上确定审计意见类型，再与被审计单位管理当局沟通，根据实际情况出具恰当的审计报告。

1.6 教研交流

1）熟悉审计业务约定书具体条款。

2）了解风险导向审计的目标，掌握风险评估的方法及程序。

3）准确地根据被审计单位具体情况出具不同意见类型的审计报告。

任务2 货币资金审计

2.1 任务描述

1月，正洋会计师事务所以注册会计师赵林为负责人的4人审计项目组进驻林兴公司，对该公司上年度会计报表进行审计。他们首先对货币资金项目实施了审计，全面审查资金的收付结存情况，通过实物清点、实物计价和账实核对，对货币资金实施真实性、合理性、合法性和完整性检查。

2.2 任务分析

货币资金是企业资产的重要组成部分，与各个交易循环密切相关，是企业资产中流动性最强的一种。因此，对货币资金进行审计非常重要，其审计风险也相对较高。通常，货币资金审计包括库存现金、银行存款和其他货币资金审计三部分。

2.2.1 库存现金审计

库存现金是流动性最强的资产，其收付业务频繁，易出现错弊，因此对库存现金的审计极其重要。

（1）库存现金的审计目标

库存现金的审计目标一般包括：确定被审计单位资产负债表货币资金项目中的库存现金是否确实存在，是否为被审计单位所拥有；确定被审计单位在特定期间内发生的现金收支业务是否均已记录完毕，有无遗漏；确定库存现金的期末余额是否正确；确定库存现金是否已按照企业会计准则的规定在财务报表中作出恰当列报。

（2）库存现金的控制测试

通过询问相关人员，初步评价被审计单位货币资金收支的内部控制，以决定控制测试的性质、时间和范围。如果通过询问了解到被审计单位的内部控制不存在或不值得信赖，审计人员可考虑直接进行实质性测试；如果通过询问了解被审计单位的内部控制值得信赖，审计人员可考虑进行控制测试，以减少实质性程序。现金控制测试程序如表1-13所示。

（3）库存现金的实质性程序

1）核对库存现金日记账与总账的余额是否相符，检查外币现金的折算方法是否正确。

2）监盘库存现金。

①制定监盘程序，确定盘点时间；

②将库存现金日记账与收付款凭证进行核对，以查明账证是否相符；

③盘点库存现金实际结存数额并与账面数额进行核对，如有差异，应要求被审计单位查明原因并作出适当调整，无法查明原因的，经被审计单位批准后作调整；

表1-13　　现金控制测试程序表

客户：		签名	日期	索引号		
项目	编制人			页次		执行人
会计期间/截止日：	复核人			执行情况	索引号	
1. 选择（　）份现金收款凭证，作如下检查：						
1.1 追查记入现金日记账的金额是否正确						
1.2 将实收金额与销售发票或其他原始单据核对						
2. 选择（　）份付款凭证，作如下检查：						
2.1 检查付款的授权批准手续						
2.2 追查记入现金日记账的金额是否正确						
2.3 检查现金支付的内容是否符合相关规定						
2.4 将实付金额与购货发票或其他原始单据核对						
3. 选择（　）月的现金日记账与总账核对						
4. 内部控制评价：						

④涉及抵充库存现金的借条、未提现支票或未作报销的原始凭证，须在盘点表中注明，必要时加以调整。

3）抽查大额现金收支。抽查大额库存现金收支的原始凭证，检查其内容是否完整，金额计算是否准确，有无授权，原始凭证与记账凭证是否相符，是否记录于恰当的会计期间。

4）检查现金收支的正确截止。被审计单位资产负债表的货币资金项目中的库存现金数额，应以结账日实有数额为准。因此必须验证现金收支的截止日期。通常可考虑对结账日前后一段时期内现金收支凭证进行审计，以确定是否存在跨期事项，是否应提出调整建议。

5）检查外币现金的折算方法是否符合规定。

6）检查库存现金是否在资产负债表上恰当列报。

2.2.2　银行存款审计

（1）银行存款的审计目标

银行存款的审计目标一般为以下内容：确定资产负债表的货币资金项目中的银行存款是否确实存在，是否为被审计单位所拥有；确定在特定期间内发生的银行存款收支业务是否均已记录完毕，有无遗漏；确定银行存款的期末余额是否正确；确定银行存款是否已按照《企业会计准则》的规定在财务报表中作出恰当列报。

（2）银行存款的控制测试

一般而言，一个良好的银行存款内部控制应该达到以下几点：①银行存款收支与记账的岗位分离；②银行存款收支要有合理、合法的凭据；③全部收支及时准确入账，并且要有核准手续；④定期编制银行存款余额调节表；⑤加强对银行存款收支业务的内部审计。银行存款控制测试程序如表1-14所示。

表 1－14　　　　　　　　　　银行存款控制测试程序表

客户：		签名	日期	索引号		执行人
项目：	编制人			页次		
会计期间/截止日：　　年	复核人			执行情况	索引号	
1. 选择（　）份银行存款收款凭证，作如下检查：						
1.1 将收款凭证与存入银行账户的日期和金额核对						
1.2 追查银行存款日记账的金额是否正确						
1.3 将收款凭证与银行对账单核对						
1.4 将收款与应收账款等其他科目明细账核对						
1.5 将收款凭证与付款单位的户头核对						
1.6 将实收金额与销售发票或其他原始单据核对						
2. 选择（　）份付款凭证，作如下检查：						
2.1 检查付款的授权批准手续						
2.2 追查记入银行存款日记账的金额是否正确						
2.3 将付款凭证与银行对账单核对						
2.4 将付款凭证与应付账款等科目明细账核对						
2.5 将实付金额与购货发票或其他原始单据核对						
3. 选择（　）月的银行存款日记账与总账核对						
4. 选择（　）月的银行存款余额调节表，查验其是否按月及时、正确编制并经复核						
5. 检查各货币资金科目记账汇率是否符合有关规定，与上期是否一致						
6. 内部控制评价：						

（3）银行存款的实质性程序

1）进行银行存款总账与日记账的余额核对，查明是否相符。

2）获取并检查银行存款余额调节表。

①核查银行存款余额调节表中未达账项是否真实，核查资产负债表日后的进账情况。

②检查大额在途存款和未付票据。

③检查截止日仍未提现的大额支票和其他已签发一个月以上的未提现支票。

④检查是否存在未入账的利息收入和利息支出等。

3）函证银行存款余额。银行存款函证是指在执行审计业务中，需要以被审计单位名义向有关单位发函询证，以验证被审计单位的银行存款是否真实、合法、完整。通过向往来银行函证，不仅可了解银行存款的存在，还可了解企业账面反映所欠银行债务的情况，并有助于发现企业未入账的银行借款和未披露的或有负债。注册会计师应向被审计单位在本年存过款的所有银行发函，包括存款账户已经结清的银行。

银行存款函证范例如下：

银行询证函

编号：

××（银行）：

本公司聘请的××会计师事务所对本公司××年度财务报表进行审计，按照《中国注册会计师审计准则》的要求，应当询证本公司与贵行的相关的信息。下列信息出自公司记录，如与贵行记录相符，请在本函下端“信息证明无误”处签章证明；如有不符，请在“信息不符”处列明不符项目及具体内容；如存在与本公司有关的未列入本函的其他重要信息，也请在“信息不符”处列出其详细资料。回函请直接寄至××会计师事务所。

回函地址： 邮编：

电话： 传真： 联系人：

截至××年×月×日，本公司与贵行相关的信息如下：

1. 银行存款。

账户名称	银行账号	币种	利率	余额	起止日期	是否被质押、用于担保或存在其他使用限制	备注

除上述列示的银行存款外，本公司并无在贵行的其他存款（注：“起止日期”一栏适用于定期存款，如为活期或保证金存款，可只填写“活期”或“保证金”字样）。

2. 银行借款。

借款人名称	币种	本息余额	借款日期	到期日期	利率	借款条件	抵（质）押品/担保人	备注

除上述列示的银行借款外，本公司并无自贵行的其他借款（注：此项仅函证资产负债表日本公司尚未归还的借款）。

3. 截至函证日之前12个月注销的账户。

账户名称	银行账号	币种	注销账户日

除上述列示的账户外，本公司并无截至函证日之前12个月内在贵行注销的其他账户。

4. 委托存款。

账户名称	银行账号	借款方	币种	利率	余额	存款起止日期	备注

除上述列示的委托存款外，本公司并无通过贵行办理的其他委托存款。

5. 委托贷款。

账户名称	银行账号	资金使用方	币种	利率	本金	利息	贷款起止日期	备注

除上述列示的委托贷款外，本公司并无通过贵行办理的其他委托贷款。

6. 担保。

(1) 本公司为其他单位担保的、以贵行为担保受益人的担保。

被担保人	担保方式	担保金额	担保期限	担保事由	担保合同编号	被担保人与贵行就担保事项往来的内容（贷款等）	备注

除上述列示的担保外，本公司并无以贵行为担保受益人的担保。

注：如采用抵押或质押方式提供担保的，应在备注中说明抵押或质押物情况。

(2) 贵行向本公司提供的担保。

被担保人	担保方式	担保金额	担保期限	担保事由	担保合同编号	备注

除上述列示的担保外，本公司并无贵行提供的其他担保。

7. 本公司为出票人且由贵行承兑而尚未支付的银行承兑汇票。

银行承兑汇票号码	票面金额	出票日	到期日

除上述列示的银行承兑汇票外，本公司并无由贵行承兑而尚未支付的其他银行承兑汇票。

8. 本公司向贵行已贴现而尚未到期的商业汇票。

商业汇票号码	付款人名称	承兑人名称	票面金额	票面利率	出票日	到期日	贴现日	贴现率	贴现净额

除上述列示的商业汇票外，本公司并无向贵行已贴现而尚未到期的其他商业汇票。

9. 本公司为持票人且由贵行托收的商业汇票。

商业汇票号码	承兑人名称	票面金额	出票日	到期日

除上述列示的商业汇票外，本公司并无由贵行托收的其他商业汇票。

10. 本公司为申请人，由贵行开具的、未履行完毕的不可撤销信用证。

信用证号码	受益人	信用证金额	到期日	未使用金额

除上述列示的不可撤销信用证外，本公司并无贵行开具的、未履行完毕的其他不可撤销信用证。

11. 本公司与贵行之间未履行完毕的外汇买卖合约。

类别	合约号码	买卖币种	未履行的买卖合约金额	汇率	交收日期
贵行卖予本公司					
本公司卖予贵行					

除上述列示的外汇买卖合约外，本公司并无与贵行之间未履行完毕的其他外汇买卖合约。

12. 本公司存放于贵行的有价证券或其他产权文件。

有价证券或其他产权文件名称	产权文件编号	数量	金额

除上述列示的有价证券或其他产权证明文件外，本公司并无存放于贵行的其他有价证券或其他产权证明文件。

注：此项不包括本公司存放在贵行保管箱中的有价证券或其他产权证明文件。

13. 其他重大事项：

注：此项应填列注册会计师认为重大且应予函证的其他事项，如信托存款等；如无则应填写“不适用”。

（公司盖章）

年　月　日

以下仅供被询证银行使用

结论： 1. 信息证明无误。　　（银行盖章） 年　月　日 经办人：
2. 信息不符，请列明不符项目及具体内容（对于在本函前述第 1 项至第 13 项中漏列的其他重要信息，请列出详细资料）： （银行盖章） 年　月　日 经办人：

4）抽查大额银行存款的收支。注册会计师应抽查大额银行存款（含外埠存款、银行汇票存款、银行本票存款、信用证存款）收支的原始凭证内容是否完整，有无授权批准，并核对相关账户。如有与被审计单位生产经营无关的收支事项，应查明原因并作相应的处理。

5）检查银行存款收支的正确截止。在取得并检查银行存款余额的基础上，抽查资产负债表日前后若干天的银行存款收支凭证实施截止测试，关注业务内容及对应项目，如有跨期事项，应考虑是否提出调整。

6）确定银行存款的列报是否恰当。

2.2.3 其他货币资金审计

（1）其他货币资金的审计目标

其他货币资金的审计目标包括：确定资产负债表货币资金项目中的其他货币资金是否确实存在，是否为被审计单位所拥有；确定在特定期间内发生的其他货币资金收支业务是否均已记账完毕，有无遗漏；确定其他货币资金的期末余额是否正确；确定其他货币资金是否已按照企业会计准则的规定在财务报表中作出恰当列报。

（2）其他货币资金的控制测试

其他货币资金的内部控制主要包括两个方面：一是适当的职责分离，即付款审批与付款执行的不相容岗位的分离；二是内部核查程序，即检查不相容岗位的设置情况和付款业务授权批准制度的执行情况。

控制测试主要是检查从银行基本账户转入的各种款项以及各种款项的使用是否符合上述内部控制的要求。

（3）其他货币资金的实质性程序

1）核对外埠存款、银行汇票存款、银行本票存款、信用卡存款、信用证保证金存款、存出投资款等账户明细账期末余额与总账是否相符。

2）函证其他货币资金期末余额。

3）关注是否有质押、冻结等对变现有限制，或存放在境外，或有潜在收回风险的款项。

4）抽查大额其他货币资金收付业务记录，检查其内容是否完整，金额计算是否准确，有无授权，原始凭证与记账凭证是否相符，是否记录于恰当的会计期间等。

5）不符合现金及现金等价物条件的其他货币资金应在审计工作底稿中列明。

2.3 相关知识

2.3.1 库存现金内部控制的内容

（1）岗位分工及授权批准

岗位分工及授权批准的具体内容包括：

①单位应建立现金业务的岗位责任制，明确相关部门和岗位的职责权限，确保办理现金业务的不相容岗位相互分离、制约和监督；②单位应当对现金业务建立严格的授权批准制度，明确审批人对现金业务的授权批准方式、权限、程序、责任和相关控制措施，规定经办人办理现金业务的职责范围和工作要求；③单位应当按照规定的程序办理现金支付业务，一般程序为支付申请、支付审批、支付审核、办理支付应环环相扣；④对于重要现金支付业务，应当实行集体决策和审批，并建立责任追究制度，防范贪污、侵占、挪用等行为。

（2）监督检查

监督检查的具体内容包括：

①单位应当建立对现金业务的监督检查制度，明确监督检查机构或人员的职责权限，定期和不定期地进行检查；②现金监督检查的内容主要包括现金业务相关岗位及人员的设置情况、现金授权批准制度的执行情况；③对监督检查过程中发现的现金内部控制中的薄弱环节，应当及时采取措施并加以纠正和完善。

2.3.2 银行存款内部控制的内容

银行存款是指企业存放在银行或其他金融机构的各种款项。按照国家有关规定，凡是独立核算的企业都必须在当地银行开设账户。银行结算账户分为基本存款账户、一般存款账户、专用存款账户、临时存款账户。企业在银行开立账户以后，除按规定的限额保留库存现金外，超过限额的现金必须存入银行；除了在规定的范围可以用现金直接支付的款项外，在经营过程中所发生的一切货币收支业务，都必须通过银行存款账户进行结算。

（1）岗位分工及授权批准

其具体内容包括：①单位应建立银行存款业务的岗位责任制，明确相关部门和岗位的职责权限，确保办理银行存款业务的不相容岗位相互分离、制约和监督；②单位应当对银行存款业务建立严格的授权批准制度，明确审批人对银行存款业务的授权批准方式、权限、程序、责任和相关控制措施，规定经办人办理银行存款业务的职责范围和工作要求；③单位应当按照规定的程序办理银行存款支付业务，支付业务程序为支付申请、支付审批、支付审核、办理支付；④对于重要银行存款支付业务，应当实行集体决策和审批，并建立责任追究制度，防范贪污、侵占、挪用等行为。

（2）银行存款的管理

其具体内容包括：①单位取得的银行存款收入必须及时入账，不得私设小金库，不得账外设账，严禁收款不入账。现金收入应及时存入银行，不得坐支；②单位应严格按照规定开立和使用银行账户，定期清查检查、清理银行账户的开立及使用情况，发现问题要及时处理。遵守银行结算纪律，加强对银行结算凭证的填制、传递及保管等环节的控制；③单位应当指定专人定期核对银行账户，每月至少核对一次。

（3）票据及有关印章的管理

其具体内容包括：①单位应当加强与银行存款相关的票据的管理，明确各种票据的购买、保管、领用、背书转让、注销等环节的职责权限和程序，并专设登记簿进行记录，防止空白票据的遗失和被盗用；②单位应加强银行预留印鉴的管理，财务专用章应由专人保管，个人名章必须由本人或其授权人保管，严禁一人保管支付款项所需的全部印章。此外，按规定需要有关负责人签字或盖章的经济业务，必须严格履行手续。

（4）监督检查

其具体内容包括：①单位应当建立对银行存款业务的监督检查制度，明确监督检查机构或人员的职责权限，定期和不定期地进行检查；②银行存款监督检查的内容主要包括业务相关岗位及人员的设置情况、银行存款授权批准制度的执行情况、支付款项印章的保管情况、票据的保管情况；③对监督检查过程中发现的内部控制中的薄弱环节，应当及时采取措施，加以纠正和完善。

2.3.3 其他货币资金的内容

其他货币资金包括外埠存款、银行汇票存款、银行本票存款、信用卡存款和信用证保证金存款。

外埠存款是指企业到外地进行临时或零星采购而汇往采购地银行开立的采购专户的款项；银行汇票存款是指为取得银行汇票按规定存入银行的款项；银行本票存款是指为取得银行本票按规定存入银行的款项。其他货币资金通常与采购业务有关，借方一般是从银行基本存款账户转入，贷方是其实际支付数。

2.4 技能训练

2.4.1 职业能力测试——库存现金审计实训

1月20日，事务所审计人员对ABC公司上年12月31日资产负债表进行审计，查得“货币资金”项目的库存现金余额为3 001元。本年1月20日现金日记账的余额是2 405元。

1月21日上午9时，审计人员对该公司的库存现金进行了盘点，盘点结果如下：

1）现金实有数1 960元。

2）在保险柜中发现职工王萌10月30日预借差旅费500元，已经授权批准；职工肖斌借据一张，金额为450元，未经批准，也未写明借款用途；另有已收款但未入账的凭证6张，金额505元。

另外，经核对，1月1日至20日的收付款凭证和现金日记账，核实1月1日至20日的现金收入数为7 130元，现金支出数为7 160元，正确无误。银行核定的公司库存限额为2 000元。

要求：

①根据以上资料，核实1月20日库存现金数额。

②核实上年12月31日资产负债表中的库存现金是否真实。

③被审计单位在库存现金管理上有无存在问题，试作以说明。

2.4.2 职业能力测试——银行存款审计实训

正洋会计师事务所在对林兴公司银行存款进行审计时，发现如下情况：12月31日企业银行存款日记账余额为185 360元，而银行送达的银行对账单余额为180 320元，经核查，发现以下几笔未达账项：

1）12月28日，银行代企业付电费380元，银行已入账，企业尚未入账；

2）12月29日，企业委托银行收款16 500元，银行已入账，企业尚未入账；

3）12月31日，企业开出现金支票一张，金额1 000元，企业已入账，银行尚未入账；

4）12月31日，企业收往来单位转来的转账支票一张，金额22 000元，企业已入账，银行尚未入账。

要求：编制银行存款余额调节表，指出企业存在的问题，并提出相应的审计意见。

2.5 完成任务

货币资金审计的主要程序为：

1）确定审计目标；

2）进行库存现金、银行存款内部控制测试；

3）进行库存现金、银行存款、其他货币资金的实质性程序。其中对库存现金的监盘、银行存款的函证等实质性程序尤其重要。

2.6 教研交流

本任务要求学生熟悉库存现金、银行存款、其他货币资金的审计目标；掌握库存现金、银行存款、其他货币资金的控制测试和实质性程序；特别是库存现金的控制测试与实质性程序是本任务的重点。

货币资金收发频繁，同时也由于它的诱惑力使它成为众矢之地。再者，企业大部分经济交易和事项都与货币资金相联系，所以熟练掌握库存现金、银行存款、其他货币资金的审计程序和方法就成为了难点。

建议学生自己设计货币资金管理的内部控制制度，有条件的最好到企业中亲自实践。

任务3 应收款项审计

3.1 任务描述

正洋会计师事务所以赵林为负责的4人审计项目组对林兴公司应收款项进行审计，主要通过了解、调查、描述、测试与评价等方法进行控制测试；对应收款项进行分析性复核；对大额应收款项进行凭证抽查，并执行函证程序。

3.2 任务分析

目前，越来越多的企业运用商业信用进行促销，使企业之间的货款拖欠日益严重，造成企业应收款项增加。因此，应收款项是企业流动资产的重要组成部分，能否管理好应收款项，对减少企业的资金占用、增加资金周转次数、创造良好的内部经营环境具有重要的意义。

3.2.1 应收账款审计

（1）应收账款的审计目标

应收账款的审计目标包括如下几点：确定应收账款是否真实存在；确定应收账款是否归被审计单位所有；确定应收账款增值变动记录是否完整；确定应收账款是否可收回；确定应收账款期末余额是否正确；确定应收账款是否已按照企业会计准则的规定在财务报表中作出恰当列报。

（2）应收账款的控制测试

控制测试通常是由审计人员围绕测试目的进行询问，具体实施时可考虑与销售的控制测试合并进行。应收账款控制调查问卷见表1－15。

表1－15 应收账款控制调查问卷

客户：　编制人：　日期：　索引号：

会计期间/截止日：　复核人：　日期：　页次：

调查问题	答案			
	是	弱	否	不适用
1. 信用调查：是否定期调查客户信用程度，开列信用不好的客户名单				
2. 批准赊销：赊销和分期收款是否经过审批				
3. 管理制度：是否建立应收账款的责任制度，制度是否得到执行				
4. 会计记录：				
4.1 是否定期与客户对账并催收货款				
4.2 是否定期编制应收账款账龄分析表				
4.3 已经核销的坏账是否在备查簿中登记				
5. 内部审计：是否经常评价以上内容				
初步评价：				

（3）应收账款的实质性程序

1）取得或编制应收账款明细表，复核加计数额是否正确，核对其是否与财务报表、总账、明细账合计数相符。

2）取得或编制应收账款账龄分析表。企业在编制应收账款账龄分析表时，应遵循重要性原则，对重要的客户及余额单独列示，余额较小或不重要的客户，可以汇总列示。应收账款账龄分析表如表1－16所示。

表1－16　应收账款账龄分析表

年　月　日　　单位：元

客户名称 / 账龄	甲企业		乙企业		丙企业		合计	
	金额	比重（%）	金额	比重（%）	金额	比重（%）	金额	比重（%）
折扣期内								
过折扣期但未到期								
过期1~30天								
过期31~60天								
过期61~90天								
过期91~180天								
过期181天以上								
合计								

3）函证应收账款。是证实应收账款余额是否真实、正确的有效方法。函证方法有积极式（肯定式）函证和消极式（否定式）函证两种。

债务人符合如下情况时，可以采用积极式函证：个别账户欠款金额较大；有理由怀疑欠款可能会存在争议、差错等问题。当同时存在下列情况时，审计人员可以考虑消极式函证：重大错报风险评估为低水平；涉及大量余额较小的账户；预期不存在大量的错误；没有理由相信被询证者不认真对待函证。注册会计师可以选择任何一种函证方式，也可以二者结合起来使用，实际运用时应根据被审计单位的实际情况而定。

在函证过程中，注册会计师应直接控制询证函的收发，不能经被审计单位传递，并将函证的过程和情况记录于工作底稿，对于对方给复的回函，注册会计师应核对其内容与被审计单位账面记录是否一致，编制“应收账款函证结果汇总表”，对函证结果进行评价。

不能进行函证的应收账款和最终未回函的应收账款，审计人员应实施替代审计程序，以验证应收账款的真实性。

4）审查评价坏账准备计提是否适当。注册会计师审计过程中主要查明坏账准备的计提比例和方法是否符合相关规定，计提数额是否恰当，会计业务处理是否准确，期间是否一致。

5）核对应收账款明细账余额，如出现在贷方，要及时查明原因，必要时需作重分类调整。

6）确定应收账款是否已按照《企业会计准则》的规定在财务报表中作出恰当列报。

3.2.2 应收票据审计

（1）应收票据的审计目标

企业销货收取应收票据、票据的计息、应收票据的贴现、收回等活动中涉及的凭证和账簿都属于应收票据的审计范围。

应收票据的审计目标包括以下内容：确定被审计单位资产负债表中记录的应收票据是否真实存在；确定应收票据是否归被审计单位拥有或控制；确定被审计单位所有应入账的应收票据是否均已入账，其记录是否完整；确定应收票据的有效性，可否收回，期末余额是否正确；确定应收票据是否已按照《企业会计准则》的规定在财务报表中作出恰当列报。

（2）应收票据控制测试

应收票据的控制测试可考虑与销售的控制测试一并执行，但贴现、转让、保管等环节的控制测试需通过检查单独实施。

（3）应收票据的实质性程序

应收票据的实质性程序一般包括：

1）取得或编制应收票据明细表，复核其加计数额是否正确，与报表数、总账数和明细账合计数核对相符。

2）进行应收票据监盘，编制应收票据盘点表。

3）对应收票据进行函证。

4）对大额应收票据，应取得相应原始凭证并进行核对，证实其交易的真实性。

5）对贴现的应收票据，复核其贴息计算、会计业务处理方法等是否正确。

6）复核带息票据利息计算、会计业务处理是否正确；

7）确定应收票据是否已按照《企业会计准则》的规定在财务报表中作出恰当列报。

3.2.3 预付账款审计

（1）预付账款的审计目标

预付账款的审计目标一般包括：确定资产负债表中记录的预付账款真实存在；确定所有应入账的预付账款均已记录完整；确定预付账款是否由被审计单位拥有或控制；确定预付账款可否收回，预付账款坏账准备的计提方法和比例是否恰当，预付账款及其坏账准备期末余额是否正确；确定预付账款及其坏账准备已按照企业会计准则的规定在财务报表中作出恰当的列报。

（2）预付账款的控制测试

1）企业应建立预付账款和定金的授权批准制度，加强预付账款和定金的管理。

2）企业应该定期与供应商核对预付款项，如有不符，应查明原因，及时处理。

预付账款的控制测试尽管与采购交易联系紧密，但单独实施控制测试可能更为合理。

（3）预付账款的实质性程序

1）获取或编制预付账款明细表，复核加计是否正确，与总账数额和明细账合计数核对是否相符。

2）结合应付账款明细账审计，检查有无重复付款或将同一笔已付清的账款在预付账款和应付账款两个账户中同时挂账的情况。

3）分析预付账款账龄及余额构成，对账龄超过 1 年的未结转的预付账款要特别关注。

4）选择预付账款的重要项目，函证其余额和交易条款，根据回函情况编制函证结果汇总表，对未回函的再次进行函证或实施替代的检查程序。

5）检查资产负债表日后的预付账款、存货及在建工程明细账，并检查相关凭证，分析资产负债表日预付账款的真实性和完整性。

6）检查预付账款的坏账准备是否正确。

7）实施关联方交易的审计程序，检查对关联方的预付账款的真实性及合法性。

8）检查预付账款是否已按照《企业会计准则》的规定在财务报表中作出恰当的列报。

3.2.4 其他应收款审计

（1）其他应收款的审计目标

其他应收款的审计目标一般包括：确定资产负债表中记录的其他应收款是否存在；确定其他应收款增减变动记录的完整性；确定记录的其他应收款是否由被审计单位拥有或控制；确定其他应收款可否收回，期末余额是否正确；确定其他应收款是否已按照《企业会计准则》的规定在财务报表中作出恰当列报。

（2）其他应收款的实质性程序

1）获取或编制其他应收款明细表，复核加计是否正确，并与报表数、总账数和明细账合计数核对是否相符；检查其他应收款的账龄分析是否正确；分析有贷方余额的项目，查明原因，必要时作重分类调整；结合应收账款明细余额查验是否有双方同时挂账的项目，核算内容是否重复，必要时作出适当调整；标明应收关联方（包括持股5%以上的股东）的款项，并注明合并报表时应予抵消的数字。

2）判断选择一定金额以上、账龄较长或异常的明细账户余额发函询证，编制函证结果汇总表。

3）对发出询证函未能收到回函的样本，采用替代审计程序，如查核下期明细账，或追踪至其他应收款发生时的原始凭证。特别注意是否存在抽逃资金、隐藏费用的现象。

4）检查资产负债表日后的收款事项，确定有无未及时入账的债权。

5）分析明细账户，对于长期未能收回的项目，应查明原因，确定是否可能发生坏账损失。

6）对外币结算的其他应收款，检查其采用的折算汇率是否正确。

7）检查转作坏账损失项目，是否符合规定并办妥审批手续。

8）检查其他应收款是否已在资产负债表中恰当列报。

3.2.5 坏账准备审计

企业应当在期末对应收款项进行检查，并预计可能产生的坏账损失。本部分内容以应收账款的坏账准备为例，对坏账准备审计的相关内容进行讲述。

（1）坏账准备的审计目标

坏账准备的审计目标一般包括：确定计提坏账准备比率是否恰当，坏账准备是否充分；确定坏账准备增减变动的记录是否完整；确定坏账准备年末余额是否正确；确定坏账准备在会计报表上的披露是否恰当。

（2）坏账准备的实质性程序

1）获取或编制坏账准备明细表，复核加计数是否正确，并与坏账准备总账数、明细账合计数核对是否相符。

2）实施分析程序，评价坏账准备的计提是否适当。检查坏账准备的计提比例和方法是否符合相关规定，计提数额是否恰当，会计业务处理是否准确，期间是否一致。

3）核对应收账款坏账准备本期计提数与资产减值损失相应明细项目的发生额是否相符。

4）已确认并转销的坏账重新收回的，应检查其会计处理是否正确。

5）核查函证结果。

6）检查坏账准备是否已按照企业会计准则的规定在财务报表中作出恰当的列报。

应收账款坏账准备的审计一般通过填制“应收账款坏账准备计算表”这一工作底稿完成。其格式如表 1－17 所示。

表 1－17　　　　应收账款坏账准备计算表

被审计单位：＿＿＿＿＿＿　　索引号：＿＿＿＿＿＿

项目：应收账款　　财务报表截止日期/期间：＿＿＿＿＿＿

编制：＿＿＿＿＿＿　　复核：＿＿＿＿＿＿

日期：＿＿＿＿＿＿　　日期：＿＿＿＿＿＿

<table>
<tr><td colspan="5">计算过程</td><td>索引号</td></tr>
<tr><td colspan="5">一、坏账准备本期期末应有金额①＝②＋③</td><td>①</td></tr>
<tr><td colspan="6">1．期末单项金额重大且有客观证据表明发生了减值的应收款项对应坏账准备应有余额</td></tr>
<tr><td colspan="3">单位名称</td><td colspan="2">金额</td><td>索引号</td></tr>
<tr><td colspan="3"></td><td colspan="2"></td><td></td></tr>
<tr><td colspan="3"></td><td colspan="2"></td><td></td></tr>
<tr><td colspan="3"></td><td colspan="2"></td><td></td></tr>
<tr><td colspan="3"></td><td colspan="2"></td><td>②</td></tr>
<tr><td colspan="6">2．期末单项金额非重大以及经单独测试后未减值的单项金额重大的应收款项对应坏账准备应有余额</td></tr>
<tr><td>项目</td><td>账龄</td><td>应收款项余额</td><td>坏账准备
计提比例</td><td>坏账准备
应有余额</td><td>索引号</td></tr>
<tr><td>应收账款</td><td>1 年以内（含 1 年）</td><td></td><td></td><td></td><td></td></tr>
<tr><td></td><td>1～2 年（含 2 年）</td><td></td><td></td><td></td><td></td></tr>
<tr><td></td><td>2～3 年（含 3 年）</td><td></td><td></td><td></td><td></td></tr>
<tr><td></td><td>3 年以上</td><td></td><td></td><td></td><td></td></tr>
<tr><td colspan="2">合　计</td><td></td><td></td><td></td><td>③</td></tr>
<tr><td colspan="5">二、坏账准备上期审定数</td><td>④</td></tr>
<tr><td colspan="6">三、坏账准备本期转出（核销）金额</td></tr>
<tr><td colspan="3">单位名称</td><td colspan="2">金额</td><td>索引号</td></tr>
<tr><td colspan="3"></td><td colspan="2"></td><td></td></tr>
<tr><td colspan="3"></td><td colspan="2"></td><td></td></tr>
<tr><td colspan="3"></td><td colspan="2"></td><td></td></tr>
<tr><td colspan="3">合　计</td><td colspan="2"></td><td>⑤</td></tr>
<tr><td colspan="6">四、计算坏账准备本期全部应计提金额</td></tr>
<tr><td colspan="5">⑥＝①－④＋⑤</td><td>⑥</td></tr>
<tr><td colspan="6">审计说明：</td></tr>
</table>

3.3 相关知识

3.3.1 应收账款的形成与审计风险

应收账款是指企业因销售商品、提供劳务而形成的债权，即企业因销售商品、提供劳务等应向购货客户或接受劳务的客户收取的款项或代垫的运杂费，是企业在销售活动中所形成的债权性资产。

应收账款是企业流动资产的重要组成部分，但由于其没有实物形式，很容易成为某些单位虚构业务从而进行各种舞弊活动的工具。因此，审计人员要对相关资料进行审查，确定经济业务是否真实、计价是否合理，有无虚列应收账款的情况。

3.3.2 应收票据的相关知识

应收票据是一种延期收款的证明，是以书面形式表现的债权资产。按照承兑人的不同，它分为商业承兑汇票和银行承兑汇票，持票人背书后可以提交银行贴现、转让，具有较大的灵活性，其款项收回也具有一定的保证。

企业以应收票据向银行等金融机构贴现，应当比照应收账款等应收债权贴现的有关规定，即根据实质重于形式的原则处理：如果有关风险和报酬已转移，应视同应收票据出售（贷记“应收票据”账户），如果有关风险和报酬未转移，应作以应收票据为质押取得借款（贷记“短期借款”账户）。

3.3.3 预付账款相关知识

预付账款是指企业按采购合同的规定，预先支付给供贷单位的货款。按新《企业会计准则》的规定，企业为在建工程的出包工程预付的工程价款，会计上也通过“预付账款”核算。“预付账款”不多的企业可以不设“预付账款”账户，而将预付的款项记入“应付账款”的借方进行核算。

3.3.4 其他应收款相关知识

其他应收款是指与购销业务无关的债权性资产，主要包括应收职工的垫付款、应收的罚款、单位内部的备用金、保证金、押金等。在实际工作中，其他应收款项目多、内容杂、金额有大有小，常被认为是财务报表的“垃圾箱”，极易出现审计风险。

3.3.5 坏账准备相关知识

《企业会计准则》规定，企业应在期末对应收款项进行检查，并预计可能产生的坏账损失。

在市场经济条件下，企业间交易所形成的部分或全部款项无法收回的情况即为坏账，坏账所带来的损失称为“坏账损失”。企业应采用备抵法按期估计坏账损失，及时计入费用，以免虚增资产和利润。

在备抵法下计提坏账损失的具体方法由企业自行确定后，报经有关部门备案审批，一经确定，不得随意变更。一般有账龄分析法、应收账款余额百分比法和销货百分比法三种，如果某项应收款项的可收回性与其他应收款项存在明显区别，可对该项应收账款采用个别认定法计提坏账准备。

企业应根据所持应收款项的实际可收回情况，合理计提坏账准备，不得设置秘密准备（即超过本身实际情况计提的准备金），否则应视为滥用会计估计，按照会计差错更正的方法进行会计处理。

3.4 技能训练

3.4.1 应收款项审计实训

1）正洋会计师事务所对林兴公司财务收支情况进行审计时发现该公司销售与收款业务的资料如下：

①公司规定：在向客户赊销货物时，需经过专门设立的信用部门批准；负责应收账款的会计人员每月编制对账单与客户对账；总经理助理定期检查销售与收款情况。

②公司2008年12月31日的应收账款余额为2 700万元。甲客户是公司的主要应收账款客户，其2005年、2006年和2007年年末对公司的欠款金额分别为200万元、600万元和800万元。

③公司在向甲客户销售货物时，收到甲客户订单即可发货，不需履行赊销审批手续。审计人员经调查核实，公司自现任总经理2005年1月上任后，即与甲客户发生业务往来。由总经理特批对甲客户采用“见订单即发货”的销售方式，但公司信用部门并不掌握甲客户的信用状况。甲客户的所在地距公司近2 000公里。

④审计人员采用肯定式函证方式向公司的客户发函询证应收账款余额。除未收到甲客户的回函外，其他客户均回函，且证明欠款金额与函证金额相符。

⑤审计人员在对公司主营业务交易的截止期进行测试的过程中，发现甲客户2007年12月28日订购货物一批，公司2007年确认销售收入及应收账款70万元，该批货物于2008年1月5日发出，公司发货后即结转成本55万元。

要求：根据上述资料，回答下列问题：

①该公司销售与收款业务的措施中，不符合内部控制要求的行为有哪些？

②对未回函的甲客户，审计人员应当如何进行审计工作？

③关于公司对甲客户2007年12月28日订购货物的账务处理是否存在问题，如有，请作说明。

2）正洋会计师事务所对林兴公司2008年应收账款进行审计时发现，应收账款明细账中部分业务如下：

①深圳远发机械厂：年末余额180万元，账龄1个月，本年度交易额400万元；

②福建昕明公司：年末余额10万元，账龄3年零5个月，本年度无交易额；

③辽宁天华木器厂：年末余额35万元，账龄3个月，本年度交易额90万元；

④黑龙江飞达器材厂：年末余额0万元，本年度交易额300万元。

林兴公司本年度销售总额为1 320万元。

要求：回答如下问题：

①上述四企业是否均需函证，对它们应分别采用什么方式进行函证？原因何在？

②请你为所选择的函证对象填写询证函，根据实际情况选择任意一种函证格式进行填写。

正洋会计师事务所地址：哈尔滨市南岗区海城街122号，邮政编码：150001，联系电话：0451－22536981，联系人：正洋。

询证函格式一：

应收账款询证函

编号：

____________公司：

本公司聘请的________会计师事务所正在对本公司________年度财务报表进行审计，按照《中国注册会计师审计准则》的要求，应当询证本公司与贵公司的往来账项等事项。下列信息出自本公司账簿记录。如与贵公司记录相符，请在本函下端“信息证明无误”处签章证明；如有不符，请在“信息不符”处列明不符项目。如存在与本公司有关的未列入本函的其他项目，也请在“信息不符”处列出这些项目的金额及详细资料。回函请直接寄至________会计师事务所。

回函地址：　　　　邮编：

电话：　　　　传真：　　　　联系人：

1. 本公司与贵公司的往来账项列示如下：

单位：元

截止日期	贵公司欠	欠贵公司	备注

2. 其他事项：

本函仅为复核账目之用，并非催款结算。若款项在上述日期之后已经付清，仍请及时函复为盼。

（被审计单位盖章）

年　月　日

结论：

1. 信息证明无误。 （被询证公司盖章） 年　月　日 经办人：	2. 信息不符，请列明不符项目及具体内容。 （被询证公司盖章） 年　月　日 经办人：

3.4.2 职业选择

1）应收账款函证回函认可的金额与函证金额有差异，可能存在的原因有（ ）。

A. 由于购销双方登记入账的时间不同
B. 一方或双方记账错误
C. 被审计单位弄虚作假
D. 函证方式不恰当
E. 购销双方存在争议

2）为确定应收账款的可实现价值，审计人员应实施的审计程序是（ ）。

A. 将应收账款明细表与应收账款总账、明细账进行核对
B. 将应收账款总账余额与财务报表中应收账款余额进行核对
C. 取得或编制应收账款账龄分析表
D. 抽取应收账款明细账个别记录，追查至有关原始凭证

3.5 完成任务

应收款项审计的程序概括为：

1）取得各科目的明细表；
2）进行控制调查及控制测试；
3）实施包括函证的实质性程序；
4）根据明细表、回函，结合实际情况进行包括与估价有关的各项分析。

3.6 教研交流

本任务要求学生熟悉应收账款、应收票据、预付账款、其他应收款、坏账准备的审计目标；掌握应收账款、应收票据、预付账款的控制测试和应收款项的实质性程序；重点是应收账款的控制性测试与实质性程序。

本任务的难点是熟练掌握应收账款、应收票据、预付账款的审计程序与方法，并根据企业相关案例进行相关业务的审计。

要掌握重点，突破难点，关键是对审计目的不同的审计目标，对应采取的审计程序和方法也应有不同的掌握。同时也希望学生能到会计师事务所去参加社会实践，真正接触审计业务，才能在实际工作中将所学到的理论知识融会贯通。

任务4 存量资产审计

4.1 任务描述

正洋会计师事务所以赵林为负责的4人审计项目组对林兴公司所有的存量资产进行了全面审计与清理摸底。对审计中发现的问题，要分析原因，提出加强盘活存量资产综合管理等

建议，以为企业的经济工作及发展提供了强有力的资金保证，减少公有存量资产的流失和隐性损失。

4.2 任务分析

在实施存量资产审计中，审计人员主要通过查阅账目、计算分析、调查、咨询等方法搜集审计证据，检查存量资产数额是否真实、合法，了解国有资产的管理、保值增值情况；核查企业内部控制制度是否健全有效，是否存在损失浪费、违规占用公物、侵占国家财产、以权谋私和其他经济方面的违法违规的问题。

4.2.1 存货审计

(1) 存货的审计目标

存货的审计目标一般包括以下内容：确定存货是否存在；确定存货是否归被审计单位所有；确定存货及其跌价准备增减变动的记录是否完整；确定存货的品质状况，存货跌价准备的计提是否合理；确定存货的计价方法是否恰当；确定存货年末余额是否正确；确定存货在会计报表上的列报是否恰当。

(2) 存货的控制测试

存货的内部控制涉及多个方面，控制测试需要与实际情况相适应。以下是用于控制测试的参考表格（表1－18），存货的控制测试往往采用属性抽样，并选择相对较低的可容忍误差，对其中大额和不寻常的项目筛选出来，100%地加以测试。

表1－18　　存货控制测试程序表

<table>
<tr><td colspan="2">客户：</td><td>签名</td><td>日期</td><td>索引号</td><td></td><td rowspan="3">执行人</td></tr>
<tr><td>项目：</td><td>编制人</td><td></td><td></td><td>页次</td><td></td></tr>
<tr><td>会计期间/截止日：</td><td>复核人</td><td></td><td></td><td>执行情况</td><td>索引号</td></tr>
<tr><td colspan="4">1. 选择（　）份购货合同，作如下检查：</td><td></td><td></td><td></td></tr>
<tr><td colspan="4">1.1 核对货物名称、规格、型号、请购量是否与请购单一致</td><td></td><td></td><td></td></tr>
<tr><td colspan="4">1.2 检查购货合同是否授权批准及批准采购量、采购限价</td><td></td><td></td><td></td></tr>
<tr><td colspan="4">1.3 核对相应的运货单副本，检查购货发票日期与货运日期是否一致</td><td></td><td></td><td></td></tr>
<tr><td colspan="4">1.4 复核购货发票中所列商品的单价，合计金额是否正确</td><td></td><td></td><td></td></tr>
<tr><td colspan="4">2. 审核与所抽取购货合同有关的购货发票、验收报告、入库单、付款结算凭证、记账凭证，并追查至相关的明细账与总账</td><td></td><td></td><td></td></tr>
<tr><td colspan="4">3. 选择（　）份付款凭证，作如下检查：</td><td></td><td></td><td></td></tr>
<tr><td colspan="4">3.1 检查是否明确款项支付权限</td><td></td><td></td><td></td></tr>
<tr><td colspan="4">3.2 编制付款凭证时，是否与订货合同、验收单和发票相核对</td><td></td><td></td><td></td></tr>
<tr><td colspan="4">3.3 核对原始凭证，与明细账是否一致，是否经过授权批准</td><td></td><td></td><td></td></tr>
<tr><td colspan="4">3.4 是否及时入账，货款支出与记账的职责是否分离</td><td></td><td></td><td></td></tr>
<tr><td colspan="4">4. 内部控制评价</td><td></td><td></td><td></td></tr>
</table>

(3) 存货审计的实质性程序

资产负债表上的存货项目一般包括如下内容：材料采购、在途物资、原材料、材料成本差异、库存商品、发出商品、商品进销差价、委托加工物资、委托代销商品、周转材料、生产成本、制造费用、劳务成本、存货跌价准备等。存货审计的实质性程序一般包括：

1）核对各存货项目明细账与总账的余额是否相符。

2）检查资产负债表日存货的实际存在。参与被审计单位存货盘点的事前规划，或向委托人索取存货盘点计划；审计人员亲临现场观察存货盘点，监督盘点计划的执行，并作适当抽点；盘点结束后索取盘点明细表、汇总表副本进行复核，并选择数额较大、收发频繁的存货项目与永续盘存记录进行核对。

3）如未参与年末盘点，应在审计外勤工作时对存货进行抽盘，获取并检查被审计单位期末存货盘点计划及存货盘点明细表、汇总表，评价委托人盘点的可信程度；根据被审计单位存货盘点的可信程度，选择重点的存货项目进行抽查盘点或全额盘点，并倒推计算出资产负债表日的存货数量。

4）在监盘或抽盘被审计单位存货时，要检查有无代他人保存和来料加工的存货，有无未作账务处理而置于（或寄存）他处的存货，这些存货是否正确列示于存货盘点表中。

5）在监盘或抽盘被审计单位存货时，要注意观察存货的品质状况，要征询技术人员、财务人员、仓库管理人员的意见，以了解和确定存货中属于残次、毁损、滞销积压的存货及其对当年损益的影响。

6）获取存货盘点盈亏调整和损失处理记录，检查重大存货盘亏和损失的原因有无充分合理的解释，重大存货盘亏和损失的会计处理是否已经授权审批，是否正确及时地入账。

7）检查被审计单位存货跌价损失准备计提和结转的依据、方法和会计处理是否正确，是否经授权批准，前后期是否一致。

8）查阅资产负债表日前后若干天的存货增减变动的有关账簿记录和原始凭证，检查有无存货跨期现象。如有，应作出记录，必要时作适当调整。

9）根据被审计单位存货计价方法，抽查年末结存量比较大的存货的计价是否正确，若存货以计划成本计价，还应检查“材料成本差异”账户发生额、转销额是否正确，年末余额是否恰当。

10）抽查材料采购账户，对大额的采购业务，追查自订货至到货验收、入库全过程的合同、凭证、账簿记录，以确定其是否完整、正确，抽查有无购货折让、购货退回、损坏赔偿、掉换等事项，抽查若干在途材料项目，追查至相关购货合同及购货发票，并复核采购成本的正确性。不设“材料采购”科目的，上述检查方法适用于对在途材料和原材料、包装物购进的检查。

11）抽查存货发出的原始凭证是否齐全、内容是否完整，计价是否正确。

12）抽查委托加工材料发出收回的合同、凭证，核对其计费、计价是否正确，会计处理是否及时、正确；有无长期未收回的委托加工材料，必要时对委托加工材料的实际存在进行函证。

13）抽查大额分期收款发出商品的原始凭证及相关协议、合同，确定其是否按约定时间收回货款，如有逾期或其他异常事项，由被审计单位作出合理解释，必要时进行函证。

14）检查低值易耗品与固定资产的划分是否合理，其摊销方法及摊销金额的确定是否正确。

15）对企业已进账并纳入资产负债表内的受托代销商品，可参照存货的检查方法进行检查；对未进账、资产负债表外的受托代销商品的检查，可依据“受托代销商品备查簿”进行实物盘点，与“备查簿”及相关记录核对一致。如有差异，查明原因作出记录。

4.2.2 固定资产审计

（1）固定资产的审计目标

固定资产的审计目标一般包括：确定固定资产是否存在并归被审计单位所有；确定固定资产和累计折旧、固定资产减值准备的增减变动均已记录完整；确定固定资产的计价是否适当；确定固定资产和累计折旧、固定资产减值准备的期末余额是否正确；确定固定资产折旧政策和会计处理是否符合会计准则的规定，并与以前年度保持一致；确定固定资产和累计折旧、固定资产减值准备已按照《企业会计准则》的规定在财务报表中作出恰当列报。

（2）固定资产控制性测试

对制造业而言，固定资产在其资产总额中占有很大的比重，其购建、处置对现金流量产生很大的影响；折旧、维修等费用也会影响企业损益；减值的测试与计提、后续支出的处理、固定资产的盘亏都会对财务报表的合法性、公允性带来很大的影响。因此要做好固定资产内部控制与管理。固定资产控制测试程序如表1－19所示。

表1－19　　固定资产控制测试程序表

客户：		签名	日期	索引号		执行人
项目	编制人			页次		
会计期间/截止日：	复核人			执行情况	索引号	
1. 抽查新增固定资产和在建工程项目有无预算，是否经过授权批准						
2. 抽查在建工程项目的完工程度和是否达到预定可使用状态，已完工在建工程转入的固定资产是否办妥竣工验收和移交手续						
3. 抽查固定资产的折旧方法和折旧率是否符合规定，前后期是否一致						
4. 抽查固定资产的损毁、报废、清理是否经过技术鉴定和授权批准						
5. 抽查固定资产盘点制度是否得到执行						

（3）固定资产账面余额的实质性程序

1）获取或编制固定资产和累计折旧分类汇总表，检查固定资产的分类是否正确，并与总账数和明细账合计数核对是否相符，结合累计折旧、减值准备科目与报表数核对是否相符。

2）对固定资产实施分析性复核。

3）实地检查重要固定资产，确定其是否存在，并关注是否存在已报废但仍未核销的固定资产。

4）检查固定资产的所有权或控制权。对各类固定资产，注册会计师应获取、搜集不同的证据以确定其是否确归被审计单位所有：对外购的机器设备等固定资产，审核采购发票、采购合同；对于房地产类固定资产，需查阅有关的合同、产权证明、财产税单、抵押借款的还款凭据、保险单等书面文件；对融资租入的固定资产，应验证有关融资租赁合同；对汽车等运输设备，应验证有关运营证件等。

5）检查本期固定资产的增加。固定资产的增加核算不正确，将对资产负债表和利润表产生长期的影响。所以审计固定资产的增加，是固定资产实质性程序中的重要内容。

6）检查本期固定资产的减少。结合固定资产清理科目，抽查固定资产账面转销额是否正确；检查减少的固定资产是否经授权批准，会计处理是否正确；检查是否存在未入账的固定资产减少业务。

7）检查固定资产的后续支出，确定固定资产有关的后续支出是否满足资产确认条件；如不满足，该支出是否在该后续支出发生时计入当期损益。

8）检查固定资产的租赁。

9）获取暂时闲置固定资产的相关证明文件，并观察其实际状况，检查是否已按规定计提折旧，相关的会计处理是否正确。

10）获取已提足折旧仍继续使用固定资产的相关证明文件，并作相应记录。

11）检查有无与关联方的固定资产购售活动，是否经适当授权，交易价格是否公允。对于合并范围内的购售活动。记录应予合并抵销的金额。

12）对应计入固定资产的借款费用，应根据《企业会计准则》的规定，结合长短期借款、应付债券或长期应付款的审计，检查借款费用（借款利息、折溢价摊销、汇兑差额、辅助费用）资本化的计算方法和资本化金额，以及会计处理是否正确。

13）检查购置固定资产时是否存在与资本性支出有关的财务承诺。

14）检查固定资产的抵押、担保情况。结合对银行借款等的检查，了解固定资产是否存在重大的抵押、担保情况。如存在，应取证并作相应的记录，同时提请被审计单位作恰当披露。

15）检查固定资产是否已按照《企业会计准则》的规定在财务报表中作出恰当列报。

4.2.3 在建工程审计

（1）在建工程的审计目标

在建工程的审计目标包括：确定在建工程是否存在；确定在建工程是否归被审计单位所有；确定在建工程增减变动的记录是否完整；确定在建工程的年末余额是否正确；确定在建工程在会计报表上的披露是否恰当。

（2）在建工程账面余额的实质性程序

1）获取或编制在建工程明细表，核对明细账与总账的余额是否相符；

2）检查在建工程项目、规模是否经授权批准；

3）抽查年度在建工程增加数的原始凭证是否齐全，会计处理是否正确；

4）检查已完工程项目以及其他转出数的原始凭证是否齐全，会计处理是否正确；

5）检查在建工程账户年末余额构成内容，并到工程现场实地观察、了解工程项目的实际完工进度，查看未安装设备的实际存在；

6）检查是否存在已交付使用，但未办理竣工交付使用手续，未及时进行会计处理的项目；

7）检查在建工程合约，以确定资本性支出；

8）验明在建工程是否已在资产负债表上恰当披露。

4.2.4 无形资产审计

（1）无形资产的审计目标

无形资产的审计目标一般包括：确定无形资产是否存在，是否归被审计单位所有；确定无形资产增减变动及无形资产摊销的记录是否完整；确定无形资产期末余额是否正确；确定无形资产在会计报表上的披露是否恰当。

（2）无形资产的实质性程序

1）获取或编制无形资产明细表，复核加计是否正确，并与总账数和明细账合计数核对是否相符，结合累计摊销、无形资产减值准备科目与报表数核对是否相符。

2）确定无形资产的所有权归属及存在。

3）检查无形资产的增加。

①检查投资者投入的无形资产是否按投资各方确认的价值入账，并检查确认价值是否公允，交接手续是否齐全；涉及国有资产的，是否有评估报告并经国有资产管理部门评审备案或核准确认。

②对自行研发取得、购入或接受捐赠的无形资产，检查其原始凭证，确认计价是否正确、法律程序是否完备（如依法登记、注册及变更登记的批准文件和有效期）；会计处理是否正确。

③对债务重组或非货币性资产交换取得的无形资产，检查有关协议等资料，确认其计价和会计处理是否正确。

④检查本期购入土地使用权相关税费计算清缴情况，与购入土地使用权相关的会计处理是否正确。

4）检查无形资产的减少。

①取得无形资产处置的相关合同、协议，检查其会计处理是否正确。

②检查房地产开发企业取得的土地用于建造对外出售的房屋建筑物，相关的土地使用权是否转入所建造房屋建筑物的成本。在土地上自行开发建造厂房等建筑物的，土地使用权和地上建筑物是否分别进行摊销和计提折旧。

③当土地使用权用于出租或增值目的时，检查其是否转为投资性房地产核算、会计处理是否正确。

5）检查被审计单位确定无形资产使用寿命的依据。

6）检查无形资产的后续支出是否合理；会计处理是否正确。

7）检查无形资产预计是否能为被审计单位带来经济利益，若否，检查是否将其账面价值予以转销，计入当期营业外支出。

8）检查是否存在用于债务担保的无形资产。如有，应取证并记录，并提请被审计单位作恰当披露。

9）检查无形资产是否已按照《企业会计准则》的规定在财务报表中作出恰当列报。

4.3 相关知识

4.3.1 存货相关知识

(1) 存货的内容

存货是指企业在日常活动中持有以备出售的产成品或商品、处在生产过程中的在产品、在生产过程或提供劳务过程中耗用的材料和物料。

存货包括：材料采购（或在途物资)、原材料、周转材料（如包装物、低值易耗品)、材料成本差异、自制半成品、库存商品、商品进销差价、委托加工物资、委托代销商品、分期收款发出商品、生产成本、制造费用、劳务成本、存货跌价准备等。

(2) 存货的核算

1) 企业可根据具体情况，对原材料、周转材料、库存商品的核算选用计划成本计价或实际成本计价，商品流通企业对库存商品可选用按进价核算或按售价核算；生产成本核算内容包括直接材料、直接人工、制造费用等成本项目的核算，企业应根据生产经营的特点和管理的要求组织成本核算。

2) 取得存货应按初始成本计量，包括采购成本、加工成本、其他成本等。

3) 发出存货应分别按实际成本和计划成本计价，按实际成本计价的存货，应分别选用先进先出法、加权平均法或个别认定法；计划成本计价的存货，除按计划成本转出原材料外，月末还应按存耗（销）比例分摊材料实际成本与计划成本的差异额；已计提存货跌价准备的存货，还应结转存货跌价准备；周转材料领用时，可以采用一次转销法、分次摊销法；存货发出时如果改变了存货用于生产经营的目的，还可能涉及进项税额转出的问题(如工程领用原材料)。

4) 期末存货按成本与可变现净值孰低计量，确定可变现净值，应当以取得的确凿证据为基础，并且考虑持有存货的目的、资产负债表日后事项的影响等因素。

5) 企业应当定期或不定期组织对存货进行清查，以保证账实相符。存货明细账的格式有数量金额式、三栏式、多栏式、横线登记式。

(3) 导致存货审计复杂的主要原因

对存货审计，需要针对采购与付款、存货与仓储等多个内部控制进行评价，容易导致较大的审计风险。

存货通常是资产负债表中的一个重要项目，由于其种类、项目繁多，差异性也较大，存放地点不同，给审计人员盘点时观察及鉴定带来困难；存货可能因为本身的过时、陈旧而使其价值减损，审计人员常因对客户产销活动及行业发展趋势认知不够及无法搜集价值评估相关资料，无法准确确定其可变现净值；同时存货有多种计价方法可供企业选择使用，这也给审计工作增加了复杂性。

存货是企业重要的存量资产，构成营运资本的主要组成部分。存货问题的复杂性以及存货与其他项目密切的关联度，要求对存货项目的审计应当予以特别的关注。一般认为存货审计是财务报表审计的重中之重。

(4) 存货监盘的含义

存货监盘是指审计人员现场观察被审计单位存货的盘点，并对已盘点存货进行适当检查和记录。它包括两层含义：一是应亲临现场观察被审计单位存货的盘点；二是在此基础上，应根据需要适当抽查已盘点存货。

尽管实施存货监盘，获取有关期末存货数量和状况的充分、适当的审计证据是注册会计师的责任，但这并不能取代被审计单位管理层定期盘点存货、合理确定存货的数量和状况的责任。

存货监盘作为存货审计的一项核心审计程序，通常可同时实现多项审计目标。如对存货存在的认定、完整性认定以及权利和义务的认定，监盘存货的目的在于获取有关存货数量和状况的审计证据，以确证被审计单位记录的所有存货确实存在，已经反映了被审计单位拥有的全部存货，并属于被审计单位的合法财产。

4.3.2 固定资产的内部控制

固定资产的内部控制制度和具体要求见表1-20。

表1-20　固定资产的内部控制制度和具体要求

控制制度	具体要求
预算制度	固定资产购建需有正规的预算，或事先加以计划
批准制度	企业的资本性预算只有经过董事会等高层管理机构批准方可生效，所有固定资产的取得和处置均经企业管理层的书面认可
账簿记录制度	应设置固定资产总账，按固定资产类别、使用部门设置明细账，按固定资产项目设置固定资产卡片。一套完善的账簿系统，为企业管理及审计人员分析固定资产取得和处置、复核折旧费用和修理费用都会带来帮助
职责分工制度	对固定资产的取得、记录、保管、使用、维修、处置等，均应明确划分责任，由专门部门和专人负责。明确的职责分工制度，有利于防止舞弊，降低审计风险
处置制度	固定资产投资转出、报废、出售等，都要有一定的申请报批程序
定期盘点制度	对固定资产的定期盘点，是验证账面各项固定资产是否真实存在并了解固定资产存放地点和使用状况以及发现是否存在未入账固定资产的必要手段
维护保养制度	建立维护保养制度的目的在于防止因各种自然和人为因素使固定资产遭受不必要的损失，以保持固定资产的使用性能、延长其使用寿命

4.3.3 无形资产相关知识

（1）无形资产的含义

无形资产是指企业拥有或控制的没有实物形态的可辨认非货币性资产，包括专利权、非专利技术、商标权、著作权、土地使用权、特许权等。商誉的存在无法与企业自身分离，不具有可辨认性，因此在财务报表中要单独列报。

（2）无形资产的核算

1）无形资产的初始计量。无形资产通常是按实际成本初始计量，即以取得无形资产并使之达到预定用途而发生的全部支出作为无形资产的成本。对于不同来源取得的无形资产，其成本构成不尽相同。

外购的无形资产，其成本包括购买价款、相关税费以及直接归属于使该项资产达到预定用途所发生的其他支出；不包括为引入新产品进行宣传发生的广告费、管理费用及其他间接费用以及达到预定用途后所发生的支出。购买无形资产的价款超过正常信用条件延期支付时，应以现值作为购入无形资产的成本。

对于研发所形成的无形资产，企业应根据实际情况区分研究阶段与开发阶段，研究阶段的支出应当费用化，开发阶段的支出满足资本化条件后的才能资本化；无法区分研究阶段与开发阶段的支出，应予费用化；开发阶段已经费用化的支出不能予以资本化。

2）无形资产的后续计量。对于使用寿命确定的无形资产，应在其确定的期限内对无形资产的价值进行摊销，摊销方法有直线法和生产总量法两种。

企业持有的无形资产通常来源于合同性权利或其他法定权利，且合同或法律规定了明确的使用年限，一般将合同或法律规定的年限作为无形资产的摊销年限，但合同性权利或其他法定权利在到期因续约等延续、且有证据表明企业不需要付出大额成本的，续约期应当计入使用寿命。合同或法律没有规定使用年限的，企业应当综合各方面因素进行判断，以确定无形资产能为企业带来经济效益的期限。

根据可获得的相关信息判断，如果无法合理估计某项无形的使用寿命，应将其作为使用寿命不确定的无形资产进行核算。对于使用寿命不确定的无形资产，在持有期间内不需要进行摊销，但应每年至少进行一次减值测试。

3）无形资产的价值复核。企业至少应当于每年年度终了，对使用寿命确定的无形资产的使用寿命、残值及摊销方法进行复核，如有改变，应按会计估计变更进行处理。如果有证据表明使用寿命不确定的无形资产在目前可以确定其使用寿命，则应视为会计估计变更，并估计其使用寿命，按照使用寿命有限的无形资产的处理原则进行处理。

4）无形资产的处置。无形资产的出售，应将其净收入与账面净值的差额计入营业外收入或营业外支出；无形资产出租，收入计入其他业务收入，相关的摊销和支出计入其他业务成本；应缴纳的营业税计入营业税金及附加；预期不能为企业带来经济利益的无形资产，应予以报废，按其账面净值转入“营业外支出”账户。

4.4 技能训练

4.4.1 职业能力测试——存货审计实训

注册会计师在查阅某企业某年度利润表时，发现该企业 12 月份利润水平明显低于以前各期及上年同期，于是查阅了“库存商品”明细账，发现 12 月份采用先进先出法计算商品销售成本，与以前各期采用的加权平均法不一致；再查阅“生产成本”明细账及“库存商品”的借方记录，发现 12 月份该企业多转成本 15 万元。

要求：根据上述资料，指出其存在的问题，并作出账务调整。

4.4.2 职业能力测试——固定资产审计实训

注册会计师对华良公司上年度固定资产折旧进行审查时发现，该公司于 1 月初新增已投入生产使用机器设备一台，原价 70 万元，预计净残值为 1.6 万元，预计使用年限为 8 年，使用年数总和法对该项固定资产计提折旧。又调查发现该公司其余固定资产均用直线法计提折旧。该公司对这一事项未在财务情况说明书中予以揭示。

要求：根据以上情况，审计人员如何确定该事项对该公司资产负债表和利润表的影响，对被审计单位提出如何要求？

4.4.3 职业能力测试——无形资产审计实训

注册会计师审计顶立公司上年度会计报表时，了解到该公司3月1日购买某项专有技术，支付价款360万元，根据规定，该项无形资产的有效使用年限为10年。12月31日，公司与转让该技术的单位发生合同纠纷，专有技术的使用范围也因受到一定的限制而可能造成减值。审计中未发现顶立公司进行账务处理。

要求：顶立公司在无形资产的管理上是否存在问题，如存在，注册会计师应如何提出审计意见？

4.4.4 职业能力测试——在建工程审计实训

1）注册会计师在审计中林公司某年度会计报表中一建工程项目时发现，该公司在建工程支出较大，明细账中只设有“综合楼”一个项目。经向公司有关负责人了解，并查问了有关工程预、决算资料，其“综合楼”项目中分别包括了行政楼、辅助生产车间土建、厂房改造等工程内容，但该公司并未按具体工程项目设立明细账户。此外，在注册会计师实施现场核查过程中，发现公司辅助生产车间项目已投入使用，但该公司有关人员理解为该项目尚未办理工程竣工验收手续，因此可不按规定转入固定资产进行会计核算。

要求：试指出该公司在建工程项目管理和账务处理上存在的问题，并提出审计意见。

2）正洋会计师事务所对林兴公司在建工程项目进行审计，审查发现上年度该公司某项在建工程因所处地理位置的季节性原因暂时停工两个月，在此期间发生的借款费用，全部计入到了当期损益。

要求：指出林兴公司存在的问题，并提出审计意见。

4.4.5 职业选择

注册会计师负责对A公司20×8年度财务报表进行审计。在对该公司固定资产进行审计时，注册会计师遇到以下事项，请代为作出正确的专业判断：

1）在查找已提前报废但尚未作出会计处理的固定资产时，以下审计程序中，注册会计师最有可能实施的是（　）。

A. 以检查固定资产实物为起点，检查固定资产的明细账和投保情况

B. 以检查固定资产明细账为起点，检查固定资产实物和投保情况

C. 以分析折旧费用为起点，检查固定资产实物

D. 以检查固定资产实物为起点，分析固定资产维修和保养费用

2）以下审计程序中，注册会计师最有可能获取固定资产存在的审计证据的是（　　）。

A. 观察经营活动，并将固定资产本期余额与上期余额进行比较

B. 询问被审计单位的管理当局和生产部门

C. 以检查固定资产实物为起点，检查固定资产明细账和相关凭证

D. 以检查固定资产明细账为起点，检查固定资产实物和相关凭证

3）注册会计师向A公司生产负责人询问的以下事项中，最有可能获取审计证据的是（　　）。

A. 固定资产的抵押情况　　B. 固定资产的报废或毁损情况

C. 固定资产的投保及其变动情况　　D. 固定资产折旧的计提情况

4.5 完成任务

4.5.1 存货的审计程序

1）了解内部控制并进行控制测试；

2）存货监盘；

3）取得盘存表，并执行包括分析、计价测试的实质性程序。

4.5.2 固定资产与在建工程的审计程序

1）取得或编制固定资产、累计折旧、固定资产减值准备、在建工程、在建工程减值准备明细表；

2）了解内部控制并进行控制测试；

3）实施包括分析、检查等内容的实质性程序。

4.5.3 无形资产的审计程序

1）取得无形资产明细表；

2）检查无形资产存在和所有权；

3）检查无形资产取得、摊销、减值等账务处理；

4）确定无形资产计价的正确性和合理性。

4.6 教研交流

本任务要求学生熟悉存货、固定资产、在建工程、无形资产的审计目标；掌握存货、固定资产的控制测试和存货、固定资产、在建工程、无形资产的实质性程序；尤其是存货的控制性测试与实质性程序是本任务的重点。

存货是企业流动性较大的资产，收发比较频繁，如果没有严格的管理与控制制度，将会产生严重的账实不符，从而造成会计信息不真实。同时，由于存货品种、数量繁多，一方面给注册会计师进行实质性程序带来困难，另一方面被审计单位也往往在此处做假，这又使注册会计师进行存货的监盘成为必需。所以，熟练掌握存货的审计程序与方法就成为难点所在。

建议老师带领学生到事务所为注册会计师审计做最基本的工作，比如作监盘记录，学习实质性程序的过程；也可以在学校内对班级的财产如何制定管理制度、如何定期盘点进行讨论，从而达到掌握重点、难点的目的。

任务5 借款与应付款项审计

5.1 任务描述

正洋会计师事务所以赵林为负责人的4人审计项目组对林兴公司借款与应付款项进行审

计。他们按照审计工作程序，采用分析性复核、重新测算、检查凭证等方式，重点关注资金走向和往来款项的核对，以查清事实、发现问题、防范审计风险。

5.2 任务分析

借款与应付款项是企业所承担的，需以未来资产偿付的经济义务，是企业的重要负债项目。注册会计师对这一项目进行审计，主要是防止企业低估或漏报债务，高估利润。因此，注册会计师在执行这部分内容的审计时，应将被审计单位是否低估债务作为审计的重点内容。

5.2.1 借款审计

(1) 借款的审计目标

借款的审计目标一般包括：确定被审计单位的各项借款是否真实存在，并且是否为被审计单位应履行的现时义务；确定各项借款的期末余额是否正确；确定各项借款的借入、偿还及计息的记录是否完整；确定各项借款是否已按照《企业会计准则》的规定在财务报表中作出恰当的列报。

(2) 借款的控制测试

借款的内部控制主要是借款的取得、抵押或担保、借款合同的签订需经过授权批准。审计人员应向被审计单位索取所有的借款合同、抵押手续，对合同中载明的借款单位、借款利率、借款条件分别逐一审阅，通过调查了解，关注抵押价值是否合理、利率是否符合中国人民银行的规定、借款合同的签署和抵押手续的办理是否经被审计单位授权，是否符合规定。

(3) 短期借款的实质性程序

1) 取得或编制短期借款明细表，复核加计数，并与报表数、总账数和明细账合计数是否相符。

2) 函证短期借款。对数额较大或注册会计师认为必要时，可向银行或其他债权人函证短期借款。

3) 检查短期借款的增加。对年度内增加的短期借款，应检查借款合同，了解借款数额、借款条件、借款用途、借款日期、还款期限、借款利率等内容，并与相关记录进行核对。

4) 检查短期借款的减少。对年度内减少的短期借款，应核查相关记录，核实还款数额，检查有无到期未偿还的短期借款。

5) 复核短期借款利息。

6) 检查外币短期借款的折算。

7) 检查短期借款的披露是否恰当。

(4) 长期借款的实质性程序

1) 获取或编制长期借款明细表，复核加计数，并与报表数、总账数和明细账合计数是否相符。

2) 函证长期借款。

3) 检查长期借款的增加。对年度内增加的长期借款，应检查借款合同，了解借款数额、借款条件、借款用途、借款日期、还款期限、借款利率等内容，并与相关记录进行核对。

4) 检查长期借款的减少。对年度内减少的长期借款，应核查相关记录，核实还款数额，检查有无到期未偿还的长期借款。

5）复核长期借款利息，如果被审计单位高估或低估利息支出，应作出记录，必要时进行调整。

6）检查借款费用的会计业务处理是否正确，借款费用符合资本化条件的应予以资本化，否则，计入当期损益。

7）核查长期借款的用途是否合理。

8）检查外币长期借款的折算。

9）检查长期借款是否已按照《企业会计准则》规定在财务报表中作出恰当的列报。

5.2.2 应付账款审计

（1）应付账款的审计目标

应付账款的审计目标一般包括：确定期末应付账款是否真实存在，是否为被审计单位应履行的现时义务；确定应付账款的期末余额是否正确；确定应付账款增减变动的记录是否完整；确定应付账款是否已按照《企业会计准则》的规定在财务报表中作出恰当的列报。

（2）应付账款的控制测试

单位应当加强应付账款的管理，由专人按照约定的付款日期、折扣条件等管理应付款项。已到期的应付款项需经有关授权人员审批后方可办理结算与支付。财会部门在办理付款业务时，应当对采购发票、结算凭证、验收证明等相关凭证的真实性、完整性、合法及合规性进行严格审核，并定期与供应商核对应付账款，如有不符，应查明原因，及时处理。

应付账款发生的控制测试可考虑与采购交易控制测试一并进行，支付的控制测试需单独实施。

（3）应付账款的实质性程序

1）取得或编制应付账款明细表，复核加计数，并与报表数、总账数和明细账合计数是否相符。

2）对应付账款实施实质性分析程序。将应付账款的期初、期末余额进行对比分析，分析其波动原因；计算应付账款与存货、流动负债的比率，与上期指标相对比，评价应付账款整体的合理性；分析存货和营业成本等项目的增减变动，判断应付账款增减变动的合理性。

3）函证应付账款。一般情况下，审计人员在控制风险较高、某项应付账款账户金额较大或被审计单位处于财务困难阶段时进行应付账款的函证。

4）检查是否有未入账的应付账款。

5）检查是否存在长期挂账的应付账款，如有，需分析其存在的原因，作出记录。

6）检查应付账款是否存在借方余额，如存在借款余额，需查明原因所在，必要时建议作重分类调整。

7）检查外币应付账款折算。

8）检查应付账款是否已按照《企业会计准则》的规定在财务报表中作出恰当的列报。

5.2.3 预收账款审计

（1）预收账款的审计目标

预收账款的审计目标一般包括：确定预收账款的期末余额是否正确；确定预收账款增减变动的记录是否完整；确定预收账款是否已按照《企业会计准则》的规定在财务报表中作

出恰当的列报。

（2）内部控制与控制测试

单位应当定期与往来客户核对预收款项，如有不符，应查明原因，及时处理。

预收账款的控制测试可考虑与销售的控制测试一并进行，重点分析企业的销售政策，防止人为截留收入或不符合收入确认条件提前确认收入等舞弊行为的发生。

（3）预收账款审计的实质性程序

1）获取或编制预收账款明细表，复核加计数，并与报表数、总账数和明细账合计数是否相符。

2）函证预收账款。对于重大项目，如大额或账龄较长的预收账款，应进行函证。

3）抽查预收账款相关的销货合同、收款凭证、发货凭证，检查销售业务已实现的是否及时转销预收账款，并与相关记录进行核对，保证预收账款期末余额真实、正确。

4）检查预收账款是否存在借方余额，如存在，应视具体情况，必要时建议作重分类调整。

5）检查预收账款长期挂账的原因。

6）检查预收账款是否已按照《企业会计准则》规定在财务报表中作出恰当的列报。

5.2.4 应付职工薪酬审计

（1）应付职工薪酬的审计目标

应付职工薪酬的审计目标一般包括：确定应付职工薪酬是否真实存在，是否为被审计单位应履行的现时义务；确定应付职工薪酬的期末余额是否正确；确定应付职工薪酬的各项记录是否完整；确定应付职工薪酬是否已按照《企业会计准则》的规定在财务报表中作出恰当的列报。

（2）应付职工薪酬审计的实质性程序

1）获取或编制应付职工薪酬明细表，复核加计数是否正确，并与报表数、总账和明细账的余额数核对相符。

2）实施实质性分析程序。检查各月职工薪酬是否存在异常波动，如果存在，应查明原因并进行相应的记录；比较本期与上期职工薪酬总额，要求被审计单位解释大幅度增减变动原因，并取得被审计单位管理层关于职工薪酬标准的决议。

3）检查职工薪酬核算的具体内容是否符合《企业会计准则》的相关规定。

4）检查职工薪酬的计提、分配、发放金额是否正确，所采用的计提依据与分配方法是否合理。

5）检查职工薪酬的计量和确定是否符合《企业会计准则》的相关规定。

6）检查职工薪酬明细账，核查各明细项目的支付和使用情况是否符合相关规定、会计处理是否正确、依据是否充分。

7）检查应付职工薪酬期末余额，核查被审计单位有无拖欠职工薪酬现象，了解其原因和拖欠性质。

8）检查被审计单位工薪制度。

9）确定应付职工薪酬是否已在资产负债表上作恰当披露。

5.2.5 应交税费审计

（1）应交税费的审计目标

应交税费审计目标一般包括：确定被审计单位应交和已交税费的计算是否正确、记录是否完整；确定应交税费的期末余额是否正确；确定应交税费在会计报表上的披露是否恰当。

(2) 应交税费审计的实质性程序

1) 取得或编制应交税费明细表，复核加计数是否正确，并与报表数、总账和明细账的余额数核对相符。

2) 查阅被审计单位纳税鉴定或纳税通知及征、免、减税的批准文件，了解被审计单位适用的税种、计税基础、税率以及征、免、减税的范围与期限，确认其在被审计期间内的应纳税项目具体内容。

3) 取得税务部门汇算清缴或其他确认文件、有关政府部门的专项检查报告、税务代理机构的专业报告、企业纳税申报有关资料等，分析其有效性，并与上述明细表及账面情况进行核对。

4) 检查应交增值税。获取或编制"应交增值税明细表"，复核加计其正确性，并与明细账核对相符；将"应交增值税明细表"与"企业增值税纳税申报表"核对，检查进项、销项的入账与申报期间是否一致、金额是否相符，"企业增值税纳税申报表"是否经税务机关认定；复核国内采购货物、进口货物、购进免税农产品、接受投资或捐赠、接受应税劳务等应计的进项税额的计算是否正确，是否按规定进行了会计处理；复核存货销售，或将存货用于投资、无偿馈赠他人、分配给股东（或投资者）应计的销项税额，以及将自产、委托加工的产品用于非应税项目应计的销项税额的计算是否正确，是否按规定进行了会计处理；检查出口货物退税的计算是否正确，是否按规定进行了会计处理。

5) 检查应交营业税。结合营业税金及附加和其他业务成本等项目，根据审定的当期营业额，检查营业税的计税依据是否正确，适用税率是否符合税法规定，是否按规定进行了会计处理，并分项复核本期应交款。

6) 检查应交消费税。结合营业税金及附加等项目，根据审定的应税消费品销售额（或数量），检查消费税的计税依据是否正确，适用税率（或单位税额）是否符合税法规定，是否按规定进行了会计处理，并分项复核本期应交款。

7) 结合所得税项目，确定应纳税所得额及所得税税率，复核应交所得税的计算是否正确，是否按规定进行了会计处理。

8) 检查除上述税项外的其他税项，如应交城市维护建设税、资源税、土地增值税、车船使用税、房产税，以及代扣税项的计算是否正确，是否按规定进行了会计处理。

9) 检查有关账簿记录和缴税凭证，确认本期已交税款和期末未交税款。

10) 确定应交税费是否已在资产负债表上作恰当披露。

5.2.6 其他应付款审计

(1) 其他应付款的审计目标

其他应付款的审计目标一般包括：确定期末其他应付款是否真实存在，是否为被审计单位应履行的现时义务；确定其他应付款的期末余额是否正确；确定其他应付款增减变动的记录是否完整；确定其他应付款是否已按照《企业会计准则》的规定在财务报表中作出恰当的列报。

(2) 其他应付款审计的实质性程序

1）取得或编制其他应付款明细表，复核加计数，并与报表数、总账数和明细账合计数是否相符。

2）抽查大额和异常的其他应付款明细账余额，检查原始凭证，必要时可进行函证。

3）请被审计单位协助，在其他应付款明细表上标出截至审计日已支付的其他应付款项，抽查付款凭证、银行对账单等，并注意这些凭证发生日期的合理性。

4）检查是否存在长期挂账的其他应付款，如有，需分析其存在的原因，作出记录。

5）检查其他应付款是否存在借方余额，如存在借方余额，需查明原因所在，必要时建议作重分类调整。

6）检查资产负债表日后的付款事项，确定有无未及时入账的其他应付款。

7）检查其他应付款是否已按照《企业会计准则》规定在财务报表中作出恰当的列报。

5.3 相关知识

5.3.1 借款审计的相关知识

取得借款是企业筹资手段之一，一般情况下其发生的笔数不多，但每笔发生的金额较大，且与国家法律、法规和相关合同、契约的规定相关。从会计角度看，漏记或不恰当地对一笔借款业务进行处理，将会导致重大错误，严重影响会计报表的公允反映。借款方式和借款条件的约定很可能还会影响到未来的财务状况。一般情况下，审计人员在执行借款业务审计时，应将被审计单位是否低估借款作为一个关注的要点。

5.3.2 应付职工薪酬相关知识

按《企业会计准则》的规定，会计核算一般使用“应付职工薪酬”科目。具体实务中，企业工资形式包括直接支付给职工的工资、奖金、津贴和补贴，还有应当为职工缴纳的住房公积金、医疗、养老、失业、工伤和生育保险，还有为职工提供的非货币性福利和应当支付的因解除劳动关系给予的辞退福利等。在会计核算过程中，需按应付职工薪酬的项目设置明细进行核算，并分清费用的归属期与实际支付期的不同。

5.3.3 应交税费相关知识

企业在一定时期内取得的营业收入和实现的利润需按规定向国家缴纳相应的税费。这些应交的税费通常应按权责发生制原则预先计算记入有关账户，在尚未缴纳前就形成了一项负债。

企业一般应缴纳的税费有：增值税（分小规模纳税人、一般纳税人）、营业税、消费税、房产税、土地使用税、印花税、企业所得税、城市维护建设税、教育费附加等；通过税务机关代征的工资附加有：住房公积金、基本养老保险、医疗保险等；代扣代缴的税金主要是个人所得税。

5.3.4 其他应付款相关知识

其他应付款主要是非购销行为所形成的债务，包括押金、保证金、租金、保险费等，常被认为是企业利润的“调节器”，审计人员应重点关注其中的异常项目（账龄长、发生额大、余额大等）。通过查阅有关文件记录，分析被审计单位会计政策、会计估计以及相关经济业务的合理性。

5.4 技能训练

5.4.1 职业能力测试——应付账款审计实训

1）注册会计师在对致远公司“应付账款”账户进行审计时，发现该账户年初余额出现异常波动，大幅增加。经查该公司在上年12月融资租入设备一台，价值32万元。经过查阅有关原始凭证、账簿记录，确定该公司将长期应付款记入“应付账款”账户。根据此问题，注册会计师向被审计单位提出审计意见，要求被审计单位进行相应的会计业务调整，试作调整会计分录。

2）注册会计师在对林兴公司上年12月31日的应付账款项目进行审计时，查阅了该公司年末应付账款明细账户情况（见表1－21）。

表1－21　应付账款明细账户本期发生额及余额明细表　单位：元

明细账户	期初余额		本期发生额		期末余额	
	借方	贷方	借方	贷方	借方	贷方
远东集团		120 000	160 000	180 000		140 000
飞扬公司		236 000	6 000	210 000		430 000
华威公司		214 500	214 500	200 000		200 000
林立公司		85 000	240 000	100 000	55 000	

要求：

1）假定以上应付账款的债权人不属于林兴公司的关联企业，请代注册会计师编制“应付账款明细表”（表1－22）。

表1－22　应付账款明细表

被审计单位：＿＿＿＿＿＿　索引号：＿＿＿＿＿＿

项目：＿＿＿＿＿＿　财务报表截止日期/期间：＿＿＿＿＿＿

编制：＿＿＿＿＿＿　复核：＿＿＿＿＿＿

日期：＿＿＿＿＿＿　日期：＿＿＿＿＿＿

单位：元

项目名称	借方余额			贷方余额			合计			备注
	原币	汇率	折合本位币	原币	汇率	折合本位币	原币	汇率	折合本位币	
一、关联方										
小计										
二、非关联方										
合计										

审计说明：

2）分析“应付账款明细表”的相关数据，可发现什么问题，注册会计应采取哪些审计程序？

5.4.2 职业选择

注册会计师计划测试B公司20×8年末长期银行借款余额的完整性。以下审计程序中，可能实现该审计目标的有（　　）。

A. 了解银行对B公司的授信情况

B. 检查长期银行借款明细账中本年新增借款的银行进账单

C. 向提供长期银行借款的银行寄发银行询证函

D. 重新计算并分析20×8年度长期借款利息

5.5 完成任务

该任务的审计程序可概括为：

1）取得应付款项明细表；

2）对应付账款、借款利息实施分析程序；

3）检查应付职工薪酬、应交税费是否存在重大错报；

4）通过函证等程序确定各账户余额的存在和完整性。

5.6 教研交流

本任务要求学生熟悉借款、应付账款、预收账款、应付职工薪酬、应交税费、其他应付款的审计目标；掌握银行借款、应付账款、预收账款的控制测试以及借款与应付款项的各项实质性程序；特别是应付账款的控制性测试与实质性程序是重点应掌握的内容。

熟练掌握银行借款、应付账款的审计程序与方法是本单元的难点。要解决重点与难点，一是进行教材中的技能训练；二是到会计师事务所去查阅审计工作底稿，有条件的学校最好带学生到企业进行相关业务的审计。

任务6 所有者权益审计

6.1 任务描述

正洋会计师事务所以赵林为负责人的4人审计项目组对林兴公司所有者权益项目进行审计，主要包括对企业实收资本、资本公积、盈余公积、未分配利润等四个方面进行审计，以取得相应的审计证据并形成审计结论。

6.2 任务分析

所有者权益既是企业财务报表的主要构成要素，也是财务审计分析的主要对象之一，通过对其分析，能够揭示企业经营管理的效果、效率，健全企业自我约束、自我监控机制，有效保护企业所有者的权益。

6.2.1 实收资本（股本）审计

(1) 实收资本（股本）的审计目标

实收资本（股本）的审计目标一般包括：确定实收资本（股本）是否存在；确定实收资本（股本）的增减变动是否符合法律、法规、合同、章程的规定，记录是否完整；确定实收资本（股本）的期末余额是否正确；确定实收资本（股本）是否已按照《企业会计准则》的规定，在财务报表中作出恰当的列报。

(2) 实收资本（股本）审计的实质性程序

1）取得或编制实收资本（股本）明细表，复核加计数，并与报表数、总账数和明细账合计数是否相符。

2）查阅公司章程、股东大会、董事会会议记录中有关实收资本（股本）的规定。

3）检查实收资本（股本）增减变动的原因，查阅其是否与董事会纪要、补充合同、协议、章程约定的时间和其他有关法律性文件的规定一致，逐笔追查至原始凭证，检查其会计处理是否正确。

4）根据证券登记公司提供的股东名录，检查被审计单位及其子公司、合营企业和联营企业是否有违反规定的持股情况。

5）检查投资者是否按合同、协议、章程约定的时间和方式缴付出资额，是否已经注册会计师验证。

6）对于以盈余公积、资本公积、未分配利润转增资本的项目，应取得股东会的相关资料，审核其是否符合国家有关规定，会计业务处理是否正确。

7）中外合作企业根据合同规定在合作期间归还投资的，应检查下列内容：如属于直接归还投资，检查是否符合相关的决议、公司章程和投资协议的规定，款项是否已付出，会计处理是否正确；如属于以利润归还投资，还需检查是否与利润分配的决议相符，并检查与利润分配有关的会计处理是否正确。

8）对于以权益结算的股份支付，应检查是否符合相关规定，会计处理是否正确。

9）检查认权股证及其有关交易，确定委托人及认股人是否遵守认股合约或认股权证中的有关规定。

10）检查被审计单位及其子公司、合营企业与联营企业是否有违反规定的持股情况。

11）以外币出资的，检查其折算汇率是否符合规定。

12）检查实收资本（股本）是否已按照《企业会计准则》规定在财务报表中作出恰当的列报。

6.2.2 资本公积审计

(1) 资本公积的审计目标

资本公积的审计目标包括：确定资产负债表中列示的资本公积是否真实存在；确定资本公积的增减变动是否符合法律、法规、合同、章程的规定，记录是否完整；确定资本公积的期末余额是否正确；确定资本公积是否已按照《企业会计准则》的规定在财务报表中作出恰当列报。

(2) 资本公积的实质性程序

1) 取得或编制资本公积明细表，复核加计数，并与报表数、总账数和明细账合计数是否相符。

2) 收集与资本公积变动有关的股东大会决议、董事会会议纪要和资产评估报告等相关文件资料，更新永久性档案，对于首次接受委托的，还要检查原始发生的依据是否充分。

3) 根据资本公积明细账，对股本溢价、公允价值变动、其他资本公积明细的发生额逐笔审查至原始凭证。

4) 检查资本公积各项目，考虑对所得税的影响。

5) 记录资本公积中不能转增资本的项目。

6) 检查资本公积是否已按照《企业会计准则》规定，在财务报表中作出恰当的列报。

6.2.3 盈余公积审计

(1) 盈余公积的审计目标

盈余公积的审计目标包括：确定资产负债表中列示的盈余公积是否真实存在；确定盈余公积的增减变动是否符合法律、法规、合同、章程的规定，记录是否完整；确定盈余公积的期末余额是否正确；确定盈余公积是否已按照《企业会计准则》的规定在财务报表中作出恰当列报。

(2) 盈余公积的实质性程序

1) 取得或编制盈余公积明细表，复核加计数，并与报表数、总账数和明细账合计数是否相符。

2) 搜集与盈余公积变动有关的股东大会决议、董事会会议纪要和政府主管部门、财政部门批复等相关文件资料，进行审阅，并更新永久性档案。

3) 对法定盈余公积、任意盈余公积的发生额逐笔审查至原始凭证。

4) 如为外商投资企业，应对储备基金、企业发展基金的发生额逐笔审查至原始凭证，审查是否符合有关规定，会计处理是否正确。

5) 如为中外合作经营企业，应对利润归还投资的发生额审查至原始凭证，并与“实收资本——已归还投资”科目的发生额核对，检查会计处理是否正确。

6) 检查盈余公积是否已按照《企业会计准则》规定在财务报表中作出恰当的列报。

6.2.4 未分配利润审计

(1) 未分配利润的审计目标

未分配利润的审计目标包括：确定资产负债表中列示的未分配利润是否存在；确定未分配利润的增减变动记录是否完整；确定未分配利润的期末余额是否正确；确定未分配利润是否已按照《企业会计准则》的规定在财务报表中作出恰当列报。

(2) 未分配利润的实质性程序

1) 取得或编制利润分配明细表，复核加计数，并与报表数、总账数和明细账合计数是否相符。

2) 搜集并检查与利润分配有关的股东大会决议、董事会会议纪要和政府批文及有关的合同、协议、公司章程等文件资料，更新永久性档案。

3）检查在资产负债表日后至财务报告批准报出日之间由董事会或类似机构制订的利润分配方案中拟分配的股利，是否在财务报表附注中单独披露。

4）检查本期未分配利润变动除净利润转入以外的全部相关凭证，并结合获取的文件资料，确定其会计处理是否正确。

5）了解本年利润弥补以前年度亏损的情况，如果已超过弥补期限，且已因为抵扣亏损而确认递延所得税资产的，应当进行调整。

6）结合以前年度损益调整账户的审计，检查以前年度损益调整的内容是否真实、合理，注意对以前年度所得税的影响。对重大调整事项应逐项核实其发生原因、依据和有关资料，复核数据的正确性。

7）检查未分配利润是否已按照《企业会计准则》规定在财务报表中作出恰当的列报。

6.3 相关知识

6.3.1 实收资本（股本）相关知识

实收资本是指企业实际收到投资者投入的资本，股本是股份有限公司依据公司章程的规定，实际收到股东投入公司的股本。除非在符合增资条件并经有关部门批准增资和按法定程序报经批准减少注册资本，其数额在会计期间一般不会发生变化。因此，审计人员应重点关注实收资本（股本）数额的真实性以及增减变化的合法性。

6.3.2 资本公积相关知识

资本公积是非生产经营活动带来的价值增值，主要包括投资者实际缴付的出资额超过其资本份额的差额，如股本溢价或资本溢价和其他资本公积。

6.3.3 盈余公积相关知识

盈余公积是企业按照规定从税后利润中提取的公共积累资金，是具有特定用途的留存收益，主要用于弥补亏损和转增资本，也可以按规定用于分配股利，主要包括按净利润10%提取的法定盈余公积金和企业自行确定提取的任意盈余公积金。

6.3.4 未分配利润相关知识

未分配利润是指未指定用途、尚未分配的净利润，即这部分利润没有分配给投资者，也未指定用途。未分配利润是企业当年税后利润在弥补以前年度亏损、提取公积金后加上年末未分配利润，再扣除向所有者分配的利润后的结余额，是企业留于以后年度分配的利润。

6.4 技能训练

6.4.1 职业能力测试——资本公积审计实训

正洋会计师事务所的注册会计师赵林审计×公司某年度会计报表时，发现该公司在某年度实收资本有异常变动，于是实施了进一步的审计程序，审计发现验资报告（丰华会计师事务所出具）显示该公司当年4月以资本公积400万元转增资本，但该公司截至转增资本之日财务报表累计亏损为126万元，进一步审查发现400万元资本公积中有160万元股权投资准备。于是，赵林认为被审计单位转增资本不合法，应当纠正。但公司以注册会计师已经出具验资报告并办理了变更登记为由，拒绝接受赵林的审计建议。

要求：

1）资本公积转增资本的条件是什么？本案例中不当之处在哪里？

2）在本案例中，注册会计师应当如何处理？

6.4.2 职业能力测试——盈余公积审计实训

正洋会计师事务所在进行×公司某年度会计报表审计时，发现该公司当年提取了5%的法定盈余公积21 250元，截至年末，法定盈余公积总额为384 000元；对该公司注册资本进行核查，发现注册资本总额为70万元。

要求：指出该公司存在的问题，并提出审计意见。

6.4.3 职业选择

筹资与投资循环审计中，注册会计师针对被审计单位实收资本增减变动的情况，一般无需审查的内容为（　　）。

A. 事先通知所有债务人，债务人无异议

B. 查阅其是否与董事会纪要、补充合同、协议及其他有关法律性文件的规定一致

C. 逐笔追查至原始凭证、检查其会计处理是否正确

D. 对首次接受委托的客户，除取得验资报告外，还应检查并复印记账凭证及进账单

6.5 完成任务

由于所有者权益在年度内变动的较少，所以对年度内发生的每项增减变动逐笔检查。检查所有者权益各科目发生变动的合法性和真实性。

6.6 教研交流

本任务要求学生熟悉实收资本、资本公积、盈余公积、未分配利润的审计目标；掌握实收资本、资本公积、盈余公积、未分配利润的实质性程序；其中，对所有者权益中涉及国家法律、法规规定较多的实收资本、未分配利润审计是重点和难点。

突破重点、难点的方法是在掌握国家法律、法规要求的前提下，多分析企业相关案例，同时到会计师事务所查阅工作底稿也会收获很大。

任务7　营业收入与成本审计

7.1 任务描述

正洋会计师事务所以赵林为负责人的4人审计项目组对林兴公司营业收入与营业成本进行

审计，主要审查企业是否建立了有效的收入、成本的内部控制制度，相关原则运用得是否合理、正确，并采用了分析性复核方法，通过计算相对数指标来判断收入、成本的发生额是否合理。

7.2 任务分析

对企业营业收入和营业成本的审计，是利润表审计的重要组成部分。通过营业收入和营业成本审计，可以核实企业的营业收入和营业成本是否真实、合法，查明企业有无违法乱纪行为，保护投资者利益，考核企业的经营成果。

7.2.1 营业收入审计

（1）营业收入的审计目标

营业收入的审计目标包括：确定利润表中记录的营业收入是否已发生，且与被审计单位有关；确定所有应当记录的营业收入均已记录；确定与营业收入有关的金额及其他数据是否已恰当记录，包括对销售退回、销售折扣和折让的处理是否恰当；确定营业收入是否已记录于正确的会计期间；确定营业收入已按照《企业会计准则》的规定在财务报表中作出恰当的列报。

（2）营业收入控制测试

控制测试的主要方面见表 1－23、表 1－24。

表 1－23 检查的项目及内容

检查的项目	重点检查的内容
销售与收款业务相关岗位及人员的设置情况	是否存在销售与收款业务不相容职务的混岗现象
销售与收款业务授权批准制度的执行情况	授权手续是否健全，是否存在越权审批行为
销售的管理情况	信用政策、销售政策的执行是否符合规定
收款的管理情况	销售收入是否及时入账，应收账款催收是否有效，坏账核销和应收票据的管理是否符合规定
销售退回的管理情况	销售退回手续是否齐全，退回货物是否及时入库

表 1－24 销售业务控制测试程序表

客户：		签名	日期	索引号		执行人
项目：	编制人			页次		
会计期间：	复核人			执行情况	索引号	
1. 选择（ ）份销售发票，作如下检查：						
1.1 核对销售发票、合同、订单中的品名、规格、数量、价格是否一致；						
1.2 检查销售合同、顾客信用是否已经批准；						
1.3 检查销售发票与货运单副本的品名、规格、数量、日期是否一致；						
1.4 检查销售发票中所列商品的单价，并与价目表核对，关注销售折扣；						
1.5 复核销售发票列示的数量、单价和金额及相关税金；						
1.6 从销售发票追查到销售记账凭证及科目汇总表，检查其金额是否一致；						
1.7 从销售记账凭证及科目汇总表追查至总账及明细分类账。						

续表

2. 抽查（ ）月的销售发票，检查其是否连续编号，加计总额并与该时间段的主营业务收入总额核对。			
3. 选择（ ）份运货单与相关的销售发票核对，检查已发出的商品是否已向客户开出发票。			
4. 选择（ ）份销售合同，检查有无限制性条款，核对销售发票和货运单的开具是否符合收入实现条件。			
5. 检查销售退回与折让的核准及会计处理：			
5.1 是否有对方税务机关开具的销售退回与折让证明单；			
5.2 是否附有经主管人员核准的红字发票；			
5.3 退回的商品是否有仓库签发的退货验收报告，并将其与红字发票核对；			
5.4 销售退回与折让的批准与红字发票的开具是否职责分离；			
5.5 会计处理是否正确，检查记账凭证，并追查至科目汇总表、销售明细账。			
6. 评价内部控制。			

需要说明的是，作为进一步审计程序类型之一的控制测试并非在任何情况下都需要实施。但当存在下列情形之一时，应当实施控制测试：①在评估认定层次重大错报风险时，预期控制的执行是有效的；②仅实施实质性程序不足以提供认定层次充分、适当的审计证据。

在控制测试中，还可以通过调查问卷方式来了解被审计单位对营业收入的管理情况，在确定了被审计单位的内部控制中可能存在的薄弱环节并对其控制风险作出评价后，审计人员应当判断继续实施控制测试的成本是否低于因此而减少的对交易、账户余额的实质性程序所需要的成本。如果被审计单位的相关内部控制不存在，或被审计单位的相关内部控制未得到有效执行，则不应再继续实施控制测试，而应直接实施实质性程序。

（3）主营业务收入审计的实质性程序

1）取得或编制主营业务收入项目明细表，复核加计是否正确，并与明细账、总账和报表余额核对相符。

2）审查主营业务收入的确认原则和方法的正确性和一贯性。

3）实施实质性分析程序。

审计人员应根据被审计单位的主营业务收入明细表，编制主营业务收入分析表，运用趋势分析、比率分析或合理性分析等方法，作如下比较分析：

①将本期与上期的主营业务收入进行比较，分析产品销售的结构和价格变动是否正常、合理，并分析异常变动的原因。

②比较本期各月主营业务收入的波动情况，分析其变动趋势是否正常，并查明异常现象和重大波动的原因。

③将本期重要产品的毛利率与上期进行比较分析，注意收入与成本是否配比，如发现重大波动和异常情况，须进行进一步追查，直至查明原因。

4）检查主营业务收入会计处理的恰当性和正确性。

抽查部分销售业务，将相应的明细账、相关原始凭证和客户订货单的有关项目进行比较核对。核对发货日期、销售数量、销售单价、品名、金额等是否相符，会计处理是否正确。

5）检查销售折扣与折让业务是否真实合理，被审计单位对销货退回、销货折扣与折让的处理是否符合相关规定，会计处理是否正确。

6）检查以外币结算的主营业务收入的折算方法是否正确。

7）实施销售的截止测试，以确定被审计单位的主营业务收入的会计记录归属期是否正确，是否有拖延或提前确认收入的情况。

审计中应该注意把握三个与主营业务收入确认有着密切关系的日期：一是发票开具日期或者收款日期；二是记账日期；三是发货日期（服务业则是提供劳务的日期）。检查三者是否归属于同一适当会计期间，这是主营业务收入截止测试的关键所在。

围绕上述三个重要日期，有三条审计路线（见表1－25）可供选择。

表1－25　　审查主营业务收入的主要审计路线

起点	审计方法	目　的
账簿记录	从报表日前后若干天的账簿记录查至记账凭证，检查发票存根与发运凭证	证实已入账收入是否在同一期间已开具发票并发货，有无多记收入。主要是为了防止高估营业收入
销售发票	从报表日前后若干天的发票存根查至发运凭证与账簿记录，确定已开具发票的货物是否已发货并于同一会计期间确认收入	防止低估营业收入
发运凭证	从报表日前后若干天的发运凭证查至发票开具情况与账簿记录，确定营业收入是否已记入恰当的会计期间	防止低估营业收入

为提高审计效率，审计人员应当凭借专业判断和掌握的信息、资料作出正确的判断，选择其中一条或两条审计路线，实施更有效的收入截止测试。

8）确定主营业务收入在利润表上是否恰当披露。

（4）其他业务收入的实质性程序

1）取得或编制其他业务收入项目明细表，复核加计是否正确，并与明细账、总账和报表余额核对相符。

2）计算本年度其他业务收入与其他业务成本的比率，并与上年度该比率比较，检查是否有重大波动，并查明重大波动的原因。

3）检查其他业务收入的内容是否真实、合法，会计处理是否正确，抽取重要的原始凭证进行核查。

4）对异常项目，应追查入账依据及有关法律文件是否充分。

5）抽查资产负债表日前后一定数量的记账凭证，实施截止测试，追踪到发票、收据等，确定入账时间是否正确，对于重大跨期事项作必要的调整建议。

6）检查其他业务收入是否已按照《企业会计准则》规定在财务报表中作出恰当的列报。

7.2.2　营业成本审计

（1）营业成本的审计目标

营业成本的审计目标一般包括：确定利润表中记录的营业成本是否已经发生，且与被审计单位有关；确定所有应当记录的营业成本是否记录完整；确定与营业成本有关的金额及其他数据是否已恰当记录；确定营业成本是否已记录于正确的会计期间；确定营业成本已记录于恰当的账户；确定营业成本与营业收入是否匹配；确定营业成本已按照《企业会计准则》的规定在财务报表中作出恰当的列报。

（2）主营业务成本审计的实质性测试程序

1）获取或编制主营业务成本明细表，复核加计是否正确，并与明细账、总账和报表余额核对相符。

2）取得或编制生产成本与主营业务成本倒轧表，与总账核对相符。

3）对主营业务成本实施实质性分析程序。比较分析当期与以前各期主营业务成本总额以及本期各月份的主营业务成本金额，如有异常波动，应查明原因。

4）检查主营业务成本的内容和计算方法是否符合有关规定，前后期是否一致，检查主营业务成本计算和结转是否符合配比原则。

5）抽查大额销售业务，查明主营业务成本计算方法是否前后一致，有无通过改变发出存货的核算方法而人为调节销售利润的现象。

6）检查主营业务成本账户中重大调整事项有无充分理由，评价其真实性、合理性。

7）在采用计划成本、定额成本、标准成本或售价核算存货的情况下，检查产品成本差异或商品进销差价的计算、分配和会计处理是否正确。

8）检查主营业务成本在会计报表中是否已经恰当披露。

（3）其他业务成本的实质性测试程序

1）获取或编制其他业务成本明细表、复核加计是否正确，并与总账和明细账合计数核对是否相符，结合主营业务成本科目与营业成本报表数核对是否相符。

2）复核其他业务成本明细表的正确性，并与相关科目交叉核对。

3）检查其他业务成本是否有相应的收入，并与上期其他业务收入、其他业务成本比较，检查是否有重大波动，如有，应查明原因。

4）检查其他业务成本内容是否真实，计算是否正确，配比是否恰当，并要抽查原始凭证予以核实。

5）对异常项目，应追查入账依据和有关法律文件是否充分。

6）检查除主营业务活动以外的其他经营活动发生的相关税费是否计入本科目。

7）检查其他业务成本是否已按照《企业会计准则》的规定在财务报表中作出恰当列报。

7.3 相关知识

7.3.1 营业收入的相关知识

（1）收入的分类与确认标准

营业收入包括主营业务收入和其他业务收入。主营业务收入是指企业在销售商品、提供劳务等主营业务活动中所产生的收入。其他业务收入是除主营业务活动以外的其他经营活动实现的收入，包括出租固定资产、出租无形资产、出租包装物和商品、销售材料和债务重组等实现的收入。各项收入的确认条件如表1－26所示。

表 1－26 收入确认条件表

销售商品收入	①企业已将商品所有权上的主要风险和报酬转移给购货方；②企业既没有保留通常与所有权相联系的继续管理权，也没有对已售出的商品实施有效控制；③收入的金额能够可靠地计量；④相关的经济利益很可能流入企业；⑤相关的已发生或将发生的成本能够可靠地计量。
提供劳务收入	①收入的金额能够可靠地计量；②相关的经济利益很可能流入企业；③交易的完工进度能够可靠地确认；④交易中已发生和将发生的成本能够可靠地计量。
让渡资产使用权收入	①相关的经济利益很可能流入企业；②收入的金额能够可靠地计量。

（2）主要业务及涉及的凭证、会计记录，如表 1－27 所示。

表 1－27 主要业务及涉及的凭证、会计记录

主要业务	凭　证	会计记录
接受顾客订单	顾客订货单、销售单、合同	
按销售单发货、装运	发运凭证、商品价目表	销售发票。记入收入、增加应收账款或银行存款。
销货退回、折扣与折让	贷项通知单	红字发票。冲减收入、减少应收账款或银行存款。

（3）内部控制

销售交易的内部控制实现目标主要包括六个方面：①登记入账的销售交易确已发货给真实的顾客（发生）；②所有销售交易均已登记入账（完整性）；③登记入账的销售数量确为发货的数量，已开具账单并登记入账（计价与分摊）；④销售交易的分类恰当（分类）；⑤销售交易的记录及时（截止）；⑥销售交易已正确记入明细账，并已正确汇总（准确性、计价和分摊）。为达到以上目标，需一定的控制措施。

1）适当的职责分离。主要包括：销售、发货、收款三项业务的部门或岗位分别设立。按规定：①单位在销售合同订立前，应当指定专门人员就销售价格、信用政策、发货及收款方式等具体事项与客户进行谈判。谈判人员应有两人以上，并与订立合同的人员相分离；②编制销售发票通知单与开具销售发票的人员应相互分离；③销售人员应避免接触销售现款。审计人员通常通过观察有关人员的活动，以及与这些人员进行讨论，来实现职责分离的控制测试。

2）正确的授权批准。主要包括：①非经正当审批，不得发出货物；②在销售发生之前，赊销已经正确审批；③销售价格、销售条件、运费、折扣等必须经过审批；④审批人应当在授权范围内审批，不得超越审批权限。

3）充分的凭证和记录。每个企业为适应其经营和管理要求，都有关于交易的产生、处理和记录等制度规定，其个性化非常明显，因此，必须结合具体情况才能评价各项控制是否足以发挥最大的作用。只有充分的记录手续，才有可能实现其他各项控制目标。

4）凭证的预先编号。销售发票和发运凭证必须预先编号，以防止重开、重记或漏开、漏记。常用的控制程序是清点各种凭证，看其编号是否连续。

5）按月寄出对账单。由不负责现金出纳和销售及应收账款记账的人员按月向顾客寄发对账单，能促使顾客在发现应付账款余额不正确后及时反馈信息，为了使这项有用的控制更加有效，最好将账户中出现的所有核对不符的账项，指定一位不掌管货币资金也不记载主营

业务收入、应收账款账目的主管人员处理。

6）内部核查。由内部审计人员或其他独立人员核查销售交易的处理和交易的处理记录，是实现内部控制目标不可缺少的一项控制措施，如表1-28所示。

表1-28　　内部控制目标及程序举例

内部控制目标	内部核查程序举例
登记入账的销售交易是真实的	检查销售发票的连续性并检查所附凭证
销售交易均经适当审批	了解顾客的信用情况，确定是否符合企业的赊销政策
所有销售交易均已登记入账	检查发运凭证的连续性，并将与主营业务收入明细账核对
登记入账的销售交易均经正确估价	将销售发票上的数量与发运凭证上的记录进行比较核对
登记入账的销售交易分类恰当	将登记入账的销售交易的原始凭证与会计科目表比较核对
销售交易的记录及时	检查开票员所保管的未开票发运凭证，确定是否包括所有应开票的发运凭证在内
销售交易已经正确记账	从发运凭证追查至主营业务收入明细账和总账

7.3.2　主营业务成本相关知识

主营业务成本核算企业因销售商品、提供劳务或让渡资产使用权等日常活动而发生的实际成本。它与主营业务收入具有严格的匹配关系，审计人员应当重点审计主营业务成本的结转方法是否正确，并把审计过程和专业判断记录在审计工作底稿中。

7.4　技能训练

7.4.1　职业能力测试

会计师事务所以赵林为负责人的审计组对×企业某年度财务收支进行审计，有关资料和审计情况如下：

该企业生产和销售两种产品，其中，甲产品售价260元件，成本180元/件；乙产品售价340元/件，成本260元/件。

1）12月5日，企业向外地B公司发出乙产品100件，以预收货款结算销售款，开出销售发票，产品已发出，企业已确认收入并结转销售成本。

2）12月17日，企业发出甲产品300件委托其他单位代销，年末收到代销结算清单。清单反映产品已经销售，但尚未结算货款。企业已确认销售收入并结转销售成本。

3）12月18日，销售甲产品260件，乙产品350件，收到银行本票一张，存入银行。发票与提货单交付，但购货尚未提货。企业已确认销售收入，未结转销售成本。

4）12月20日，销售产品给异地L公司，其中，甲产品400件，乙产品160件，至年末没有办妥货款结算手续。企业已确认销售收入并结转销售成本。

企业对上述业务的处理，对主营业务收入与成本有无影响？如有，请具体计算其影响数额。

7.4.2　职业选择

为了证实某月份被审计单位有关营业收入的发生认定，下列程序中最有效的是（　　）。

A. 从发运凭证追查到销售发票副本和主营业务收入明细账

B. 从销售发票追查到发运凭证

C. 从主营业务收入明细账追查到发运凭证

D. 从销售发票追查到主营业务收入明细账

7.5 完成任务

营业收入及成本的审计程序可概括为：

1）根据明细账资料编制营业收入及营业成本分析表。

2）了解被审计单位的内部控制等实际情况，评估审计风险，找出审计的重点。

3）对营业收入及营业成本实施实质性程序。

7.6 教研交流

本任务要求学生熟悉营业收入、营业成本的审计目标；重点掌握营业收入的控制测试及营业收入与营业成本的实质性程序。

营业收入是企业利润的主要来源。对于上市公司而言，在粉饰报表时，主要手段是对收入的高估与虚构，因此，要求学生要突破重点、难点，就要将所学到的会计知识，如收入确认的条件、不同的销售方式下确认收入的时点有何不同等运用到审计程序中去。也要针对不同的审计目标运用不同的审计程序。

建议学生能够设计出从原材料投产、产出产成品、销售库存商品、形成营业收入的一系列控制制度。在设计过程中就能够把握控制测试的重心所在，同时要掌握实质性程序，还要去企业看账、查账，即将理论融于实践。

任务8 期间费用审计

8.1 任务描述

正洋会计师事务所注册会计师赵林负责的4人审计项目组对林兴公司20×8年度的期间费用进行审计，提出具体的、有针对性的审计建议，并对审计结果下发审计意见书。

8.2 任务分析

对期间费用进行审计可以发现财务制度等内控制度的健全程度，以及执行方面的薄弱环节和存在的问题，客观地分析费用增减原因，全面地评价年度经营业绩目标完成情况，进一步规范企业管理。

8.2.1 销售费用审计

(1) 销售费用的审计目标

销售费用的审计目标是：确定利润表中列示的销售费用是否真实发生，且与被审计单位有关；确定销售费用的记录是否完整，其计算是否正确；确定销售费用归属的会计期间和会计处理是否正确；确定销售费用是否已经按照《企业会计准则》的规定，在财务报表中作出恰当的列报。

(2) 销售费用的实质性程序

1) 获取或编制销售费用明细表、复核加计是否正确，并与总账和明细账合计数核对是否相符。

2) 检查销售费用的明细项目的设置是否符合规定的核算内容和范围，检查是否划清销售费用与其他费用的界限。

3) 将销售费用的本年度数额与上年度数额进行比较，同时，将本年各月的销售费用进行比较，发现异常波动应及时查明原因。

4) 检查重大或异常的销售费用，审查其原始凭证的合法性，检查其会计处理是否正确。

5) 检查销售费用的期末结转是否正确，查明有无人为调节利润的情况。

6) 检查销售费用是否已按照《企业会计准则》的规定，在财务报表中作出恰当列报。

8.2.2 管理费用审计

(1) 管理费用的审计目标

管理费用的审计目标一般包括：确定利润表中记录的管理费用是否已经发生，且与被审计单位有关；确定所有应当记录的管理费用是否均已记录；确定与管理费用有关的金额及其他数据是否已恰当记录；确定管理费用是否已记录于正确的会计期间；确定管理费用是否已记录于恰当的账户；确定管理费用是否已按照企业会计准则的规定，在财务报表中作出恰当的列报。

(2) 管理费用的实质性程序

1) 获取或编制管理费用明细表，复核加计是否正确，与报表数、总账数及明细账数合计数核对是否相符。

2) 检查管理费用的明细项目的设置是否符合规定的核算内容和范围，结合成本费用的审计，检查是否存在费用分类错误，若有，应提请被审计单位调整。

3) 计算分析管理费用中各项目发生额及占费用总额的比率，将本期与上期管理费用各主要明细项目作比较分析，判断其变动的合理性；比较本期各月的管理费用，对有重大波动和异常情况的项目应查明原因，检查费用的开支是否符合有关规定、计算是否正确、原始凭证是否合法、会计处理是否正确，必要时作适当处理。

4) 将管理费用中的职工薪酬、无形资产摊销、长期待摊费用摊销额等项目与各有关账户进行核对，分析其勾稽关系的合理性，并作出相应记录。

5) 选择管理费用中重要的明细项目作重点检查。

6) 抽取资产负债表日前后一定时间内的一定数量的凭证，实施截止性测试，对于重大跨期项目，应作必要调整。

7）检查管理费用是否已按照《企业会计准则》的规定在财务报表中作出恰当的列报。

8.2.3 财务费用审计

（1）财务费用的审计目标

财务费用的审计目标一般包括：确定利润表中列示的财务费用是否真实发生，且与被审计单位有关；确定财务费用的记录是否完整，其计算是否正确；确定财务费用归属的会计期间和会计处理是否正确；确定财务费用是否已经按照《企业会计准则》的规定在财务报表中作出恰当的列报。

（2）财务费用的实质性程序

1）获取或编制财务费用明细表、复核加计是否正确，并与总账和明细账合计数核对是否相符。

2）检查财务费用的明细项目的设置是否符合规定的核算内容和范围，检查是否划清财务费用与其他费用的界限。

3）将财务费用的本年度数额与上年度数额进行比较，同时将本年各月的财务费用进行比较，发现异常波动应及时查明原因。

4）检查重要或异常的财务费用，审查其原始凭证的合法性，检查其会计处理是否正确，必要时可对财务费用实施截止测试，检查有无跨期入账项目，如有，应作必要调整。

5）检查利息收入、利息支出明细账，核查其计算金额与会计处理是否正确。

6）检查汇兑损益明细账，检查汇兑损益计算方法是否正确，前后各期是否一致，所用汇率是否正确。

7）检查财务费用否已按照《企业会计准则》的规定，在财务报表中作出恰当的列报。

8.3 相关知识

8.3.1 销售费用相关知识

销售费用是企业在销售商品过程中发生的费用，包括运输费、广告费、业务宣传费等。费用的发生通常与企业付款方面的内部控制有关，审计人员首先应当了解企业是否建立相关职能部门费用开支的预算制度和考核制度，再对现金支付的费用是否经授权批准、转账列支的费用是否与相关会计政策相符等方面进行测试。

8.3.2 管理费用相关知识

管理费用是企业发生的与生产业务、销售业务无直接关系的费用。费用的发生通常与企业付款方面的内部控制有关，审计人员首先应了解企业是否建立相关职能部门费用开支的预算制度和考核制度，再对现金支付的费用是否经授权批准、转账列支的费用是否与相关会计政策相符等方面进行测试。

8.3.3 财务费用相关知识

财务费用包括利息支出、利息收入、银行手续费等，其发生额的大小一般与企业的短期借款、长期借款、应付债券的平均余额有关。按照《企业会计准则》的规定，借款费用在满足资本化条件下可予以资本化，计入资产价值中，否则应当予以费用化，计入当期损益（财务费用）。为防止会计报表出现重大错报，审计人员应通过对借款合同的审阅和商业信用的了解，判断企业是否有未入账的借款费用；通过对在建工程的审计，判断企业是否应存在资本化的借款费用；通过其他相关方面的调查了解，判断企业对专门借款和一般借款的划分是否合理、有关会计政策是否合理以及是否得到正确运用。

8.4 技能训练

8.4.1 职业能力测试

注册会计师在对H公司财务费用进行审计时，发现该公司将为改扩建厂房而借入的借款的利息计入财务费用，其会计分录为：

借：财务费用 67 000

贷：应计利息 67 000

要求：指出上述案例中存在的问题，并加以调整。

8.4.2 职业选择

下列项目中，应记入“管理费用”账户的有（ ）。

A. 融资租赁的初始直接费用

B. 行政管理部门的职工薪酬

C. 购买股票作为长期股权投资时支付的证券交易印花税

D. 企业应交的房产税

E. 依据法院判决应承担的因对外提供担保而涉及诉讼的诉讼费

8.5 完成任务

期间费用的审计程序可以概括为：

1）取得管理费用、销售费用、财务费用明细表；

2）对各项费用的明细实施分析程序；

3）检查重要项目的真实性和正确性；

4）进行截止测试。

8.6 教研交流

本任务要求学生熟悉销售费用、管理费用、财务费用的审计目标；掌握销售费用、管理费用、财务费用的实质性程序，尤其管理费用的实质性程序是审计的重点。

管理费用名目繁多，很容易造成该记不该记的都归在这个“垃圾桶”里的情况，所以审计起来是难点。一方面要掌握国家相关法律、法规的规定，另一方面要熟悉被审计单位的规章制度，才能较好地突破难点。

建议学生到事务所查看工作底稿，最好能够参加社会实践。

任务9　完成审计工作

9.1　任务描述

正洋会计师事务所注册会计赵林负责的审计项目组承接了林兴公司20×8年度的会计报表审计工作后，对该公司货币资金、存量资产、应收款项、借款与应付款项、所有者权益、销售收入、销售成本、期间费用等实施了实质性程序。依据审计工作的总体时间安排，审计小组在约定时限内完成了所有审计程序，取得了充分适当的审计证据，已进入审计工作的完成阶段。

9.2　任务分析

审计完成阶段是实质性审计工作的结束，其主要工作有：整理审计工作底稿与评价执行审计业务中收集到的各类审计证据，以形成审计结论；会计师事务所注册会计师、部门经理、主任会计师分级复核审计工作底稿；审计期后事项和或有事项；完成审计报告。

9.2.1　持续经营审计

（1）管理层的责任和注册会计师的责任

1）管理层的责任。企业管理层的责任是：根据《企业会计准则》的规定，对持续经营能力作出评估，考虑运用持续经营假设编制财务报表的合理性。如果认为以持续经营假设为基础编制财务报表不再合理时，管理层应当采用其他基础来编制财务报表，如清算基础。

2）注册会计师的责任。在执行财务报表审计业务时，注册会计师的责任是考虑管理层运用持续经营假设的适当性和披露的充分性。注册会计师应当按照《审计准则》的要求，实施必要的审计程序。获取充分、适当的审计证据，确定可能导致对持续经营能力产生重大疑虑的事项或情况是否存在重大的不确定性，并考虑对审计报告的影响；未提及持续经营能力存在的重大不确定性的审计报告，不应被视为注册会计师对被审计单位能够持续经营作出的保证。

（2）持续经营审计程序

在计划审计工作和实施风险评估程序时，注册会计师应当考虑是否存在可能导致对持续经营能力产生重大疑虑的事项或情况及相关的经营风险，评价管理层对持续经营能力所作的评估，并考虑已识别的事项或情况对重大错报风险评估的影响。

被审计单位在财务、经营以及其他方面存在的某些事项或情况可能导致经营风险，这些事项或情况单独或连同其他事项或情况可能导致对持续经营假设产生重大疑虑。

需要说明的是，以下持续经营审核表1-29中列举的事项或情况并不可能涵盖所有可能导致对被审计单位持续经营假设产生疑虑的事项或情况，同时也不可能认为当存在一项或多项所列举的事项或情况时，就必然导致被审计单位无法持续经营，对此，注册会计师应作出职业判断。

表1－29　　持续经营能力审计程序表

客户：		签名	日期	索引号		执行人
项目：	编制人			页次		
会计期间：	复核人			执行情况	索引号	
1. 关注被审计单位在财务、经营等方面存在影响持续经营能力的各种事项或情况，并作出初步评价。						
2. 了解被审计单位管理层对于存在的影响持续经营能力的各种事项或情况计划采取的措施，并判断其能否缓解对持续经营能力的影响。						
3. 与管理层分析和讨论现金流量、盈利和其他方面的预测及最近的会计报表。						
4. 审查合同及债务契约的履行情况。						
5. 查阅股东大会、董事会会议及其他重要会议有关财务困境的记录。						
6. 向被审计单位的律师询问有关诉讼或索赔的情况。						
7. 审查有无改善措施及财务援助计划，并评估其存在性、合法性和可行性。						
8. 复核期后事项并考虑其是否可能改善或影响持续经营能力。						
9. 向被审计单位索取关于持续经营能力评价的书面声明。						
10. 对于应披露的持续经营事项，验明是否已作恰当披露。						

当识别出可能导致对持续经营能力产生重大疑虑的事项或情况时，还需要实施进一步的审计程序，包括复核管理层提出的应对计划、判断计划的可行性和结果、取得管理层声明等。

9.2.2　期初余额审计

（1）期初余额的审计目标

期初余额的审计目标为：检查期初余额是否存在对本期会计报表有重大影响的错报或漏报；检查上期期末余额是否正确结转至本期，或者已恰当地重新表述；检查上期适用的会计政策是否恰当、是否一贯遵循、变更是否合理；检查上期期末存在的或有事项是否已作恰当处理。

（2）期初余额审计的程序

1）分析被审计单位选用的会计政策的恰当性和一贯性。

2）了解上期会计报表是否经过其他会计师事务所审计。

3）实施进一步审计程序。如上期财务报表未经审计，或者通过查阅前任注册会计师的工作底稿后未能获取有关期初余额的充分、适当的审计证据，对期初余额不能得出满意结论，注册会计师应当根据期初余额有关账户的不同性质，实施进一步审计程序。

4）考虑账户的性质和本期财务报表中的重大错报风险。

5）考虑期初余额对于本期财务的重要程度。

9.3 相关知识

9.3.1 持续经营审计相关知识

持续经营假设是会计确认和计量的四大假设之一，对会计确认、计量、列报会产生很大的影响。它是指被审计单位在编制财务报表时，假定其经营活动在可预见的将来会继续下去，能够正常地经营，并在此基础上实现资产的变现和债务的清偿。在某一特定的单位，如果这一假设不能成立，资产应以清算价格计价。

按照规定，企业以持续经营为基础编制不再合理的，应当采用其他基础编制财务报表，并在附注中披露这一事实。

执行财务报表审计业务时，注册会计师的责任是考虑管理层运用持续经营假设的适当性和披露的充分性。注册会计师应当按照《审计准则》的要求，实施必要的审计程序，获取充分、适当的审计证据，确定可能导致对持续经营能力产生重大疑虑的事项或情况是否存在重大的不确定性，并考虑对审计报告的影响。另外，财务报告审计的目标是注册会计师对被审计单位财务报表的合法性和公允性发表意见，注册会计师的审计意见旨在提高财务报告的可依赖程度。因此，未提及持续经营能力存在重大不确定性的审计报告，不应被视为注册会计师对被审计单位能够持续经营作出的保证。

9.3.2 期初余额审计对审计报告的影响

如果实施相关审计程序后，无法获取有关期初余额充分、适当的审计证据，注册会计师应当出具保留意见或无法表示意见的审计报告。

如果期初余额存在重大影响本期财务报表的错报或漏报，注册会计师应当提请被审计单位进行调整，如错报的影响未能得到正确的会计处理和恰当的列报，注册会计师应当出具保留意见或否定意见的审计报告。

如果与期初余额相关的会计政策未能在本期得到一贯运用，并且会计政策的变更未能得到正确的会计处理和恰当的列报，审计人员应当出具保留意见或否定意见的审计报告。

如果前任注册会计师出具了非标准审计报告，注册会计师应当考虑该审计报告对本期财务报表的影响，如果导致出具非标准审计报告的事项对本期财务报表仍然相关并且影响重大，审计人员应当对本期财务报表出具非标准审计报告。

9.4 技能训练

公开发行 A 股的 X 股份有限公司（以下简称 X 公司）系 ABC 会计师事务所的常年审计客户。A 和 B 注册会计师负责对 X 公司 2010 年度财务报表进行审计，并确定财务报表层次的重要性水平为 120 万元。X 公司 2010 年度财务报告于 2011 年 2 月 25 日获董事会批准，并于同日报送证券交易所。X 公司适用的增值税税率为 17%。其他相关资料如下：

资料一： X 公司未经审计的 2010 年度财务报表部分项目的年末余额或本年发生额如表 1－30 所示。

表 1-30　　X公司2010年度财务报表部分项目的年末余额或本年发生额

项　目	金额（万元）
资产总额	21 000
股本	7 500
资本公积——股本溢价	4 000
法定盈余公积	1 000
未分配利润	900
销售收入	18 000
利润总额	300
净利润	200

资料二：在对X公司的审计过程中，A和B注册会计师注意到以下事项：

1）和B注册会计师在审计X公司2009年度财务报表时，通过实施销售截止测试发现，X公司2010年1月，主营业务收入明细账和主营业务成本明细账上记载的一批甲产品的销售业务，在2009年12月已收妥款项，并符合销售收入的确认条件，但在当月未做任何会计处理，而在2010年1月进行了如下会计处理：借记“银行存款”1 170万元，贷记“主营业务收入”1 000万元、“应交税费——应交增值税（销项税额）”170万元；同时结转相应的主营业务成本，借记“主营业务成本”870万元，贷记“存货——甲产品”870万元。在对2009年度财务报表审计时，A和B注册会计师建议将上述会计处理作为审计调整分录，调整X公司2009年度的财务报表。X公司调整了2009年度的财务报表，但未调整2010年度的相关账户和财务报表。

2）造厂房和生产线，X公司于2010年6月1日分别向F银行借入年利率为5%的专项长期借款900万元，向H银行借入年利率为6%的专项长期借款600万元。该工程预计建造期为1年6个月，采用出包方式，按照工程进度于每月月初支付当月工程进度款。2010年6月至12月，每月月初实际支付的工程进度款分别为800万元、250万元、50万元、50万元、100万元、20万元和100万元。X公司2010年12月31日未经审计的该项在建工程余额为14 172 500元，其中包括利息费用472 500元（不考虑专项长期借款闲置部分的利息收入）。

3）公司会计政策规定，对应收款项采用账龄分析法计提坏账准备。根据债务单位的财务状况、现金流量等情况，确定坏账准备计提比例分别为：账龄1年以内的（含1年，以下类推），按其余额的10%计提；账龄1~2年的，按其余额的30%计提；账龄2~3年的，按其余额的50%计提；账龄3年以上的，按其余额的80%计提。X公司2010年12月31日未经审计的应收账款账面余额为51 929 000元，相应的坏账准备余额为6 364 900元。应收账款账面余额明细情况如表1-31所示。

4）公司根据企业会计准则的规定，按照“成本与可变现净值孰低”对期末存货进行计价。2010年11月末，X公司持有的500公斤乙产品的账面成本总额为900万元，由于市场价格下跌，预计可变现净值为800万元，由此计提了存货跌价准备100万元。2010年12月，乙产品的数量未发生增减变动，但X公司与Z公司于2010年12月5日签订了购销合同，约定于2011年1月以每公斤12 400元的价格（不含增值税，下同）向Z公司销售乙产品400

表 1-31　　应收账款账面余额明细表

账龄 客户名称	1 年以内	1~2 年	2~3 年	3 年以上
应收账款-a 公司	35 150 000	500 000	932 000	
应收账款-b 公司	2 000 000	15 100 000	54 000	
应收账款-c 公司	600 000		25 000	
应收账款-d 公司	9 500 000	-12 000 000		
应收账款-e 公司				68 000
小计	47 250 000	3 600 000	1 011 000	68 000

公斤。2010 年 12 月 31 日，由于市场价格上升，乙产品的单位可变现净值为每公斤 18 500 元。对此，X 公司未做任何会计处理，仍保留 100 万元的存货跌价准备。

5）2010 年 1 月，X 公司为 G 公司向银行借款 4 000 万元提供信用担保。2010 年 12 月，因 G 公司未能偿还到期债务，银行向法院起诉，要求 X 公司承担连带责任，支付借款本息 4 240 万元。2011 年 1 月 20 日，法院终审判决银行胜诉，并于 2011 年 1 月 25 日执行完毕。考虑到 G 公司已宣告破产清算，无法向其追偿债务，X 公司在 2010 年度作了如下会计处理：借记"营业外支出"4 240 万元，贷记"预计负债"4 240 万元。这一事项使得 X 公司 2010 年末的营运资金和 2011 年 1 月的经营活动产生的现金流量净额均出现负数。针对可能导致对持续经营能力产生重大疑虑的上述事项，X 公司提出了拟采取的改善措施。A 和 B 注册会计师实施了必要的审计程序，认为 X 公司编制 2010 年度财务报表所依据的持续经营假设是合理的，但持续经营能力仍存在重大的不确定性（针对该事项，X 公司已经作为日后事项作出了会计调整）。

要求：

1）在资料一的基础上，如果不考虑审计的重要性水平，针对资料二中的事项 1 至事项 5，请分别回答 A 和 B 注册会计师是否需要提出审计处理建议？若需提出审计调整建议，请直接列示审计调整分录（审计调整分录均不考虑对 X 公司 2010 年度的企业所得税、期末结转损益及利润分配的影响，下同）。

2）在资料一的基础上，如果考虑审计的重要性水平，假定 X 公司只存在资料二的 5 个事项中的 1 个事项，X 公司拒绝接受 A 和 B 注册会计师针对事项 1 至事项 4 提出的审计处理建议（如果有），接受针对事项 5 提出的审计处理建议（如果有）。在不考虑其他条件的前提下，请指出 A 和 B 注册会计师应当针对该 5 个独立存在的事项分别出具何种意见类型的审计报告。

3）在资料一的基础上，如果考虑审计的重要性水平，假定 X 公司同时存在资料二中的事项 4 和事项 5，并且拒绝接受 A 和 B 注册会计师对事项 4 提出的审计处理建议（如果有），但接受对事项 5 提出的审计处理建议（如果有）。在不考虑其他条件的前提下，请指出 A 和 B 注册会计师应当出具何种意见类型的审计报告，并请代为续编审计报告（见表 1-32）。

表 1－32

审 计 报 告
X 股份有限公司全体股东： 我们审计了后附的 X 股份有限公司（以下简称 X 公司）的财务报表，包括 2010 年 12 月 31 日的资产负债表，2010 年度的利润表、股东权益变动表和现金流量表以及财务报表附注。 一、管理层对财务报表的责任 按照企业会计准则的规定编制财务报表是 X 公司管理层的责任。这种责任包括：①设计、实施和维护与财务报表编制相关的内部控制，以使财务报表不存在由于舞弊或错误而导致的重大错报。②选择和运用恰当的会计政策。③作出合理的会计估计。 二、注册会计师的责任 我们的责任是在实施审计工作的基础上对财务报表发表审计意见。我们按照中国注册会计师审计准则的规定执行了审计工作。中国注册会计师审计准则要求我们遵守职业道德规范，计划和实施审计工作以对财务报表是否存在重大错报获取合理保证。 审计工作涉及实施审计程序，以获取有关财务报表金额和披露的审计证据。选择的审计程序取决于注册会计师的判断，包括对由于舞弊或错误导致的财务报表重大错报风险的评估。在进行风险评估时，我们考虑与财务报表编制相关的内部控制，以设计恰当的审计程序，但目的并非对内部控制的有效性发表意见。审计工作还包括评价管理层选用会计政策的恰当性和作出会计估计的合理性，以及评价财务报表的总体列报。 我们相信，我们获取的审计证据是充分、适当的，为发表审计意见提供了基础。 ………… ABC 会计师事务所（盖章）　　中国注册会计师：A（签名并盖章） 中国××市　　中国注册会计师：B（签名并盖章） 2011 年 2 月 25 日

9.5 完成任务

该任务的审计程序可以概括为：

1）判断被审计单位的持续经营能力；

2）考虑期初余额对财务报表和审计报告的影响；

3）编制审计差异调整表和试算平衡表；

4）草拟审计报告。

9.6 教研交流

本任务要求学生熟悉持续经营审计的内容和期初余额的审计目标；掌握持续经营、期初余额的审计程序，这是本任务的重点。

本任务的难点是熟练分析企业相关案例，并进行持续经营及期初余额的审计。建议学生最好能够参加社会实践。

单元2

代理记账业务

职业背景

私营企业成立初期企业规模较小，业务较少，会计人员短缺，鉴于在降低企业开支、节约会计成本的同时能够享受高水平、规范化的会计全程服务，提高会计工作效率，代理记账业务应运而生，并且受到中小企业的青睐。同时，代理记账业务也成为会计师事务的主要业务之一。

学习目标

☐ 了解代理记账的内容、方式及优点

☐ 掌握代理记账的业务规范及应注意的问题

☐ 掌握代理记账的业务流程及相关知识

☐ 理解代理记账人员的职责及法律常识，获得代理记账的基本技能

1.1 任务描述

大连爱特贸易有限公司是一家经营办公耗材的小型企业，有员工25人。公司开业时申请为一般纳税人，增值税税率为17%，主要销售的产品是惠普公司的打印机、打印纸、墨盒等。公司由于缺少会计专业人员，同时也为了提高工作效率，于是找到了大连万成会计师事务所洽谈代理记账业务。万成事务所代理部门经理将爱特公司的代理记账业务交与小王具体负责。请问小王应如何签订代理记账协议？应注意哪些问题？签订协议后又应做好哪些服务性工作？

1.2 任务分析

1.2.1 代理记账业务概述

(1) 代理记账业务概念

代理记账是指会计咨询、服务机构及其他组织等经批准设立，从事会计代理记账业务的

中介机构，他们接受独立核算单位的委托，代其办理记账、算账、报账业务的一种社会性会计服务活动。代理记账的主体是经批准设立从事会计代理记账业务的中介机构，包括会计师事务所、代理记账公司及其他具有代理记账资格的中介机构；代理记账的对象是不具备设置会计机构或者在有关机构中设置专职会计人员的独立核算单位，如小型经济组织、应当建账的个体工商户等。

（2）代理记账方式

代理记账方式分为客户送达和上门服务两种。客户送达是由客户将准备的原始资料送到公司，公司按时进行会计核算和税款申报，并最终形成财务报告。上门服务是代理记账机构派会计师，根据业务需要每月分次到客户单位进行记账工作。

（3）代理记账服务的内容

1）审核原始凭证；

2）填制证账凭证；

3）登记会计账簿；

4）编制会计报表；

5）填制纳税申报表并申报；

6）财税政策传递及电话答疑。

1.2.2 代理记账业务流程

代理记账业务流程为：签订代理记账合同→交接单据→记账→报税→打印税单→会计资料整理装订→日常回访。

（1）签订代理记账合同

1）考察。

①公司派出调查小组，对客户进行实地考察，并通过交谈、查看账表、凭证等形式，了解客户基本情况、财务经营状况、内部控制制度等。

②调查小组将考察情况整理成文，并提出考察意见。报公司领导研究后，决定是否签约。

2）签约。

双方根据《代理记账管理暂行办法》签订协议，确定主要服务内容，以及各自的权利、义务。代理记账公司在约定的时间里，与客户办理账务交接。

（2）交接单据

每月的固定时间（具体按合同规定），由客户提供原始单据，代理记账人员应逐一核对无误后查收，双方应在交接清单中签字，以明确责任。

（3）记账

记账人员依照《会计基础工作规范》、《会计代理协议》及公司相关规定做好记账工作。具体有：

1）审核原始凭证。对委托单位交来的各种原始凭证除由企业的出纳人员审核以外，还要由代理记账人员进行审核。审核的内容主要包括以下三个方面：

①审核原始凭证的内容和填制手续是否合规。主要核实凭证所记录的经济业务是否与实际情况相符；凭证必须具备的基本内容是否填写齐全；文字和数字是否填写正确、清楚；有

关人员是否签字盖章。审核中若发现不符合实际情况、手续不完备或数字计算不正确的原始凭证，应退回委托单位，要求他们予以补办手续。

②审核原始凭证反映的经济业务内容是否合理、合法。主要查明发生的经济业务是否符合国家的政策、法令和制度，有无违反财经纪律等违法乱纪的行为。

③技术性审核。根据原始凭证的填写要求，审核原始凭证的摘要和数字及其他项目是否填写正确，数量、单价、金额、合计是否填写正确，大、小写金额是否相符。若有差错，应退回委托单位。

2）汇总原始凭证。原始凭证经审核无误后，对于相同业务的原始凭证应进行汇总，以节省记账时间、提高工作效率。常用的原始凭证汇总表有：发出材料汇总表、工资结算汇总表、销售日报，差旅费报销单等（表样见本单元 1.4 技能训练部分）。

3）填制记账凭证或电子凭证。记账凭证填制的正确与否直接关系到记账的真实性和正确性，因此，记账凭证必须依据审核无误的原始凭证或原始凭证汇总表填制。但不同内容和类别的原始凭证不能汇总填制在一张记账凭证上，否则无法反映经济业务的来龙去脉和账户的对应关系。以自制原始凭证或汇总原始凭证代替记账凭证使用的，也必须具备记账凭证所应有的项目。

实行会计电算化的单位，其机制记账凭证应当符合对记账凭证的一般要求，并应认真审核，做到会计科目使用正确、数字准确无误。在打印出来的机制记账凭证上要加盖制单人员、审核人员、记账人员和会计主管人员印章或者签字，以明确责任。

4）登记账簿。设置和登记会计账簿是编制财务报表的基础，是连接会计凭证与财务报表的中间环节。记账人员应根据企业的规模大小，选择适合的账务处理程序，根据记账凭证登记账簿。

日记账的登记一般由客户财会部门的出纳员根据经济业务发生的时间顺序逐日逐笔登记。代理记账人员只需登记库存现金和银行存款总账并与之核对，以发挥内部牵制的作用。

5）编制和报送会计报表。代理记账公司在会计报表送出之前，公司内部实行三级复核制。

①记账人员对相关凭证进行初次复核，要求做到科目使用正确、数字准确无误。

②复核人员进行二次复核，对凭证的合理性、合法合规性、完整正确性再次确认。

③最后由公司领导进行三次复核，看客户中有些问题是否查清、是否已作记录，是否存在核算不完善或存在未解决的问题，会计核算工作是否符合公司质量要求。

④复核完毕后，打印出来的报表、凭证由相关责任人签字、盖章。

⑤将会计报表报送给相关会计使用者和税务部门（一般在网上报税时，一并报送税务机关）。

（4）报税

每月月初，公司将当期纳税申报资料交给客户，客户审核签章后，公司协助客户在网上办理当期纳税手续，解缴税款。

（5）打印税单

网上申报工作完成后，由外勤会计至相应纳税账户所在银行集中打印税单，并与实际申报数据进行核对，对于客户由于疏忽或遗忘未及时缴存银行账户的税款，再次进行通知。

(6) 会计资料的整理装订

由记账人员或专门的会计助理人员将每月的会计凭证整理装订成册，并严格按照《会计制度》和《会计工作基础规范》的要求保管会计档案。

(7) 日常回访

由代理记账公司的专门人员在纳税申报完成后，对客户进行回访，保持与客户之间的沟通，及时了解客户对代理记账的满意度，听取客户意见，以进一步改进工作，提高服务水平。

1.3 相关知识

1.3.1 代理记账的特征及适用条件

(1) 代理记账的特征

代理记账是指从事会计代理记账业务的中介机构接受独立核算单位的委托，代替其办理记账、算账、报账业务的一种社会性会计服务活动。它具有如下特征：

1) 代理记账的主体是经批准设立从事会计代理记账业务的中介机构，包括会计师事务所、代理记账公司及其他具有代理记账资格的中介机构；

2) 代理记账的对象是不具备设置会计机构或者在有关机构中设置专职会计人员的独立核算单位，如小型经济组织、应当建账的个体工商户等；

3) 代理记账的内容主要是代替独立核算单位办理记账、算账、报账等业务；代理记账的性质是一种社会性会计服务活动，是会计工作社会化、专门化的表现；

4) 代理记账在法律上的表现则是通过签订委托合同的方式，来明确和规范委托及受托双方的权利义务关系。

(2) 代理记账的适用条件

一个单位是否选择代理记账取决于该单位是否具备配备专职会计人员的条件，这应该由各单位根据自身会计业务的需要自主决定。一般而言，单位规模的大小、经济业务和财务收支的繁简程度、经营管理的要求等是决定单位是否配备专职会计人员的主要因素。单位规模大、经济业务多、财务收支量大、在经营管理上要求高的单位，一般应该单独设置会计机构并配备专职的会计人员，以便及时组织本单位各项经济活动和财务收支的核算，实行有效的会计监督，以保证会计工作的效率和会计信息的质量。由此可见，代理记账的委托单位应该而且必须是小型的经济组织和应当建账的个体工商户。应当建账的个体工商户，则是指从事生产经营并有固定生产经营场所，而且没有免除建账义务的个体工商户。这可以在国家税务总局于 1997 年 6 月 19 日颁发的《个体工商户建账管理暂行办法》中找到依据。

需要明确指出的是，一个单位是否设置专职会计人员应该由单位自行决定，但是建账则是强制性的要求，是否建账的最终核定权归行政主管机关。

1.3.2 代理记账的优点

中小企业选择代理记账能够在降低企业开支、节约会计成本的同时，享受高水平和规范化的会计、税务全程服务，提高会计工作的效率。有利于加强企业的财务基础建设和提高整体管理水平，维护企业的合法权益。其优点具体体现在以下几个方面：

(1) 服务专业、减少风险

有些单位经常发生由于会计人员业务水平低、知识不全面等违反财税法规而被处罚的情况。在社会上找个人兼职会计，则往往由于兼职人员代理单位多、责任心不强、职业水平低等原因，导致会计资料混乱，账表数据不符，漏报、错报、重复申报税款、该设而不设明细账核算等诸多缺点，大大增加了企业的纳税风险。

从事委托记账的人员，都有着多年的会计从业经验，定期整理、更新、学习最新的财税法规，执业水平与最新的税收法规同步。同时，如实行电脑记账，对各项会计核算、账簿设置规范到位。最大限度地满足客户的会计核算需要并减少纳税风险。

（2）节省费用、提高效益

按财务制度要求，一般企业财务人员设 3 人，出纳 1 人，会计 2 人。委托事务所记账，企业只需设 1 名出纳即可，减少了 2 名会计，而财税公司的代理收费往往不及一名专职财务人员的工资多，还节省了专职会计人员的福利、社保费、培训费用等。

（3）会计工作不会中断、申报及时

很多单位财务人员频繁更换，会计核算容易中断。而代理记账，即便事务所有人员流动，也不会中断客户的会计工作，能够及时进行会计核算和税务申报。

（4）安全保密、无偿咨询

单位自己找会计（包括兼职会计），如用人不当、监管不严，财务人员容易将财务资料泄露，甚至出现财务人员以掌握企业的经营要挟老板谈条件的情况；而代理记账人员经过事务所的挑选，在品行、职业道德及业务技能方面都有着不可比拟的优势。同时，除了日常业务的核算外，还为公司提供免费的财务、税务及其他政策咨询，更能帮助企业及时解决经营过程中的难题。

1.4 技能训练

1.4.1 职业单项选择题

1）在代理记账业务中，现金日记账和银行存款日记账一般由（　　）来登记。

A. 企业财务部门的出纳员　　B. 代理记账人员

C. 根据代理记账合同中规定来确定　　D. 双方均进行记录

2）代理记账公司在会计报表送出之前，公司内部要实行（　　）复核制。

A. 二级　　B. 四级

C. 三级　　D. 无需复核

1.4.2 职业多项选择题

1）代理记账是一种民事法律关系，这种法律关系形成的法律依据有（　　）。

A.《中华人民共和国合同法》　　B.《代理记账管理暂行办法》

C.《会计法》　　D.《公司法》

2）审核原始凭证的内容主要包括（　　）。

A. 审核原始凭证的内容和填制手续是否合规

B. 审核原始凭证反映的经济业务内容是否合理、合法

C. 技术性审核

D. 是否进行了汇总

1.4.3 职业判断题

1）在代理记账法律关系中，受托人的法律地位问题，一直没有得到彻底的解决，实践中争议很大。（ ）

2）中小企业选择代理记账能够在降低企业开支节约会计成本的同时，享受高水平和规范化的会计、税务全程服务，但是同时也存在着收费过高的问题。（ ）

3）一个单位是否设置专职会计人员，应该由单位自行决定，但建账则是强制性的要求。（ ）

4）一个单位是否设置专职会计人员、建账，都应该由单位自行决定。（ ）

1.4.4 职业综合技能训练

大连万通水泵制造有限公司本月发生的经济业务如下：

1）经济业务发生涉及的原始凭证如表2－1所示。

表2－1 上海浦东发展银行现金缴款单

对方科目：

交款日期××年5月1日

收款单位名称	大连万通水泵制造有限公司	款项来源	销售
账号（或科目）	4291000817	上海浦东发展银行 大连高新园区支行 现金清讫	金额
币种（大写）人民币贰仟元整			百 十 万 千 百 十 元 角 分 ¥ 2 0 0 0 0 0

券别数额	100元	50元	10元	5元	2元	1元	5角	2角	1角	5分	2分	1分	合计金额	收款银行盖章
整把券														
零张券														

收款复核： 收款员：

2）经济业务发生涉及的原始凭证如表2－2至表2－4所示。

表2－2 收　料　单

仓库：材料库　　第2号

供货单位：大连钢铁厂　　××年5月6日　　单位：元

名称	规格	单位	数量	单价	金额	备注
钢材		千克	1 000	30	30 000.00	

二交会计

负责人：马明　　经手人：赵强

表 2-3 **大连市增值税专用发票**

2102053140 № 00688309

开票日期 ××年5月6日

全国统一发票监制章 大连 国家税务总局监制

购货单位	名　　称：大连万通水泵制造有限公司 纳税人识别号：120000987654321 地址、电话：沙河口区尖山街216号、84713589 开户银行及账号：浦发银行高新园区支行4291000817					密码区		
货物或应税劳务名称钢材	规格型号	单位	数量	单价	金额	税率	税额	
		千克	1 000	30	30 000.00	17%	5 100.00	
合计					¥30 000.00		¥5 100.00	
价税合计（大写）	⊕叁万伍仟壹佰元整					（小写）	¥35 100.00	
销货单位	名称：大连钢铁厂 纳税人识别号：120000987612345 地址、电话：甘井子区北石道街115号、86555321 开户银行及账号：工商银行甘井子区支行6254000556					备注		

第二联：发票联 购货方记账

大连钢铁厂 财务专用章

收款人：　　复核：　　开票人：贾颖　　销货单位：

表 2-4　**上海浦东发展银行转账支票存根**

支票号码 00006795

科　　目________

对方科目________

出票日期××年5月6日

收款人：	大连钢铁厂
金　额：	35 100.00
用　途：	货款

单位主管　　会计

3）经济业务发生涉及的原始凭证如表2-5至表2-7所示。

表 2-5 **收　料　单**

仓库：材料库　　第2号

供货单位：大连钢铁厂　　××年5月7日　　单位：元

名称	规格	单位	数量	单价	金额	备注
钢材		千克	700	30	21 000.00	

二 交会计

负责人：马明　　经手人：赵强

表 2－6

大连增值税专用发票

2102053140　　　　　　　　　　　　№　00688311

开票日期　××年5月7日

购货单位	名　　称：大连万通水泵制造有限公司 纳税人识别号：120000987654321 地址、　电话：沙河口区尖山街216号、84713589 开户银行及账号：浦发银行高新园区支行4291000817					密码区	
货物或应税劳务名称钢材	规格型号	单位	数量	单价	金额	税率	税额
		千克	700	30	21 000.00	17%	3 570.00
合计					¥21 000.00		¥3 570.00
价税合计（大写）	⊕贰万肆仟伍佰柒拾元整					（小写）	¥24 570.00
销货单位	名称：大连钢铁厂 纳税人识别号：120000987612345 地址、电话：甘井子区北石道街115号、86555321 开户银行及账号：工商银行甘井子区支行6254000556					备注	

第二联：发票联　购货方记账

收款人：　　复核：　　开票人：贾颖　　销货单位：

表 2－7

商业承兑汇票

出票日期　（大写）　　××年　零伍月　零柒　日

付款人	全　　称	大连万通水泵制造有限公司	收款人	全　　称	大连钢铁厂
	账　　号	4291000817		账　　号	6254000556
	开户银行	浦发银行高新园区支行		开户银行	工商银行甘井子区支行
出票金额	人民币（大写）	贰万肆仟伍佰柒拾元整		亿 千 百 十 万 千 百 十 元 角 分	¥ 2 4 5 7 0 0 0
汇票到期日（大写）		贰零零×年零捌月零柒日	行号	浦发银行高新园区支行	
交易合同号码		供销字0054309	地址	大连高新园区142号	
		出票人签章			

此联承兑人留存

4）经济业务发生涉及的原始凭证如表2－8所示。

5）经济业务发生涉及的原始凭证如表2－9所示。

6）经济业务发生涉及的原始凭证如表2－10、表2－11所示。

7）经济业务发生涉及的原始凭证如表2－12、表2－13所示。

8）经济业务发生涉及的原始凭证如表2－14、表2－15所示。

9）经济业务发生涉及的原始凭证如表2－16所示。

10）经济业务发生涉及的原始凭证如表2－17所示。

表 2－8　　辽宁省大连市商业货物销售剪贴发票

辽宁大连

发票联

全国统一发票监制章 国家税务总局监制

购货单位：万通水泵制造有限公司　　××年5月8日　　№ 100352

编号	品名	数量	单价	单价	金额 十	万	千	百	十	元	角	分
	文具	10	件	78.00				7	8	0	0	0
合计（人民币大写）：⊗仟柒佰捌拾零元零角零分							¥	7	8	0	0	0

②报销凭证

大连进步商场有限责任公司 财务专用章

现金收讫

销售企业名称（盖章）　　收款人：　　开票人：张莉

表 2－9　　中国人民银行支付系统专用凭证　　No 00001325890

报文种类：CMT100　　交易种类：HVPS　贷记

发起行行号：10255　　支付交易序号：00876589

发起行名称：中信银行鞍山支行

付款人账号：7216000030　　委托日期：××.05.09

付款人名称：鞍山金达建筑有限公司

接收行行号：30301

收款人账号：4291000817　　收报日期：200×.05.10

收款人名称：大连万通水泵制造有限公司

货币符号、金额：RMB6 900.00　　密押：

附言：货款

入账

流水号：800803

第1次打印　　打印日期：××.05.10

上海浦东发展银行 大连高新园区支行 转讫

第二联：作客户通知单

表 2－10　　工资结算汇总表

××年5月　　单位：元

车间或部门	应发工资 岗位工资	综合奖金	岗位津贴	合计	代扣款项	实发金额
生产车间：						
生产工人	28 000	7 000	5 000	40 000		40 000
车间管理人员	3 500	900	600	5 000		5 000
企业管理人员	10 000	4 500	2 500	17 000		17 000
合计	41 500	12 400	8 100	62 000		62 000

会计主管：　　审核：　　制单：李丽

表 2－11　　上海浦东发展银行转账支票存根

支票号码 00006796

科　　目＿＿＿＿＿＿＿＿

对方科目＿＿＿＿＿＿＿＿

出票日期 ××年 5 月 13 日

收款人：	
金　额：	62 000. 00
用　途：	付工资

单位主管　　　　　　会计

表 2－12　　大连增值税专用发票

全国统一发票监制章　大　连　国家税务总局监制

2102053140　　　　　　　　　　№　00684255

开票日期　××年 5 月 17 日

购货单位	名　　称：大连海鳗商贸公司 纳税人识别号：120000981123356 地址、电话：中山区槐树街 116 号、82355689 开户银行及账号：农业银行中山区支行 45681000555				密码区		
货物或应税劳务名称	规格型号	单位	数量	单价	金额	税率	税额
潜水泵		台	70	1 800	126 000.00	17%	21 420.00
合计					¥126 000.00		¥21 420.00
价税合计（大写）	⊕壹拾肆万柒仟肆佰贰拾元整						（小写）¥147 420.00
销货单位	名　　称：大连万通水泵制造有限公司 纳税人识别号：120000987654321 地址、电话：沙河口区尖山街 216 号、84713589 开户银行及账号：浦发银行高新园区支行 4291000817				备注（大连万通水泵制造有限公司 财务专用章）		

第四联　记账联　销货方记账

收款人：　　　　复核：　　　　开票人：吴明　　　　销货单位：

表 2－13　　上海浦东发展银行进账单（收账通知）

××年 5 月 17 日　　　　№0133557

出票人	全　称	大连海鳗商贸公司	持票人	全　称	大连万通水泵制造有限公司
	账　号	45681000555		账　号	4291000817
	开户银行	农行中山区支行		开户银行	浦发行高新园区支行

人民币（大写）	千	百	十	万	千	百	十	元	角	分
壹拾肆万柒仟肆佰贰拾元整		¥	1	4	7	4	2	0	0	0

票据种类	转账支票
票据张数	1 张

单位主管　　　会计　　　复核　　　记账

上海浦东发展银行 大连高新园区支行 转讫

收款人开户银行盖章

此联是持票人开户银行交给持票人的收账通知

表 2－14

领　料　单

领料部门：第一车间　　　　　　　　　　　　　　　　　　　　领料编号：1422

领料用途：水泵　　　　　××年5月20日　　　　　　　　　　发料仓库：1#

材料编号	材料规格及名称	计量单位	数　量		价　格	
			请领	实领	单价	金额（元）
1422	钢材	千克	2 000	2 000	30	60 000
备　注					合　计	60 000

仓库记账后转财会科

审批人：　　　　记账：　　　　发料人：王玉　　　　领料人：张芳

表 2－15

发料凭证汇总表

××年5月31日　　　　　　　　　　单位：元

用　途	甲材料		合　计
	数　量	金　额	
生产产品领用			
潜水泵	1 400	42 000	42 000
离心泵	600	18 000	18 000
合计			60 000

会计主管：　　　　记账：　　　　审核：　　　　制单：李丽

表 2－16

工资费用分配表

××年5月31日　　　　　　　　　　单位：元

分配对象	生产工时	工资分配		福利费（14%）	合计
		分配率	分配金额		
潜水泵	650		26 000	3 640	29 640
离心泵	350		14 000	1 960	15 960
基本生产车间小计	1 000	40	40 000	5 600	45 600
车间管理人员			5 000	700	5 700
行政管理人员			17 000	2 380	19 380
合计			62 000	8 680	70 680

会计主管：　　　　审核：　　　　制单：李丽

表 2－17

折旧费用分配表

××年5月31日　　　　　　　　　　单位：元

使用部门	本月应计折旧额				合　计
	房屋、建筑物	机器设备	其他设备	运输工具	
基本生产车间	1 200	800	416		2 416
行政管理部门	1 000			300	1 300
合　计					3 716

会计主管：　　　　审核：　　　　制单：李丽

11）经济业务发生涉及的原始凭证如表2－18所示。

表2－18 制造费用分配表

××年5月31日

分配对象	分配标准（生产工人工资）（元）	分配率	分配金额（元）
潜水泵	26 000	0.2029	5 275.40
离心泵	14 000	0.2029	2 840.60
合计	40 000		8 116

会计主管： 审核： 制单：李丽

12）经济业务发生涉及的原始凭证如表2－19所示。

表2－19 产 品 入 库 单

交库部门： ××年5月31日 产成品库： 单位：元

产品类型	产品名称	产品编号	计量单位	实收数量	单位成本	实际成本
	潜水泵		台	100	769.154	76 915.40
合计						

记账： 主管： 保管：刘东 交库：

13）经济业务发生涉及的原始凭证如表2－20、表2－21所示。

表2－20 产 品 出 库 单

用途：销售 ××年5月17日 产成品库： 单位：元

产品类型	产品名称	产品编号	计量单位	数量	单位成本	总成本
	潜水泵		台	70		
合计						

记账： 主管： 保管：刘东

表2－21 产品销售成本计算表

××年5月31日 单位：元

产品名称	本期销售		
	数　量	单位成本	总成本
潜水泵	70	769.15	53 840.50
合　计			53 840.50

会计主管： 审核： 制单：李丽

14）经济业务发生涉及的原始凭证如表2－22所示。

15）月末结转本月应交而未交增值税12 750元。

16）月末，将损益类账户结转到“本年利润”账户，其中，主营业务收入126 000元，主营业务成本53 840.5元，营业税金及附加1 402.5元，管理费用21 460元。

表 2－22　　城市维护建设税和教育费附加计算表

××年5月31日

项　目	城市维护建设税			教育费附加		地方教育费附加		合　计
	计税额	比　例	提取额	比　例	提取额	比　例	提取额	
增值税	12 750	7%	892.50	3%	382.50	1%	127.50	1 402.50
营业税								
消费税								
合　计	12 750		892.50		382.50		127.50	1 402.50

会计主管：　　　　审核：　　　　制单：李丽

17）计算并结转本月应交所得税 16 268.01 元。

1.4.5　根据以上原始凭证所反映的经济业务编制记账凭证

1）分析：这笔经济业务是大连万能水泵制造有限公司出纳员张玲填制的“现金缴款单”，将 2 000 元现金存入银行。根据上述原始凭证，代理记账人员王芳在审核原始凭证的基础上，编制记账凭证，如表 2－23 所示。

表 2－23　　付　款　凭　证

贷方　　　　出纳编号：01

科目　库存现金　　××年5月1日　　凭证编号：01

摘　要	借方科目		金　额									记账
	总账科目	明细科目	百	十	万	千	百	十	元	角	分	
现金存银行	银行存款					2	0	0	0	0	0	√
合　计					¥	2	0	0	0	0	0	

附单据壹张

会计主管：林平　　稽核：王楠　　制单：张玲　　出纳：张玲　　记账：王芳

2）分析：这笔经济业务是大连万能水泵制造有限公司购入钢材，取得增值税专用发票上注明价款 3 万元，进项税额 5 100 元，通过支票付款，材料验收入库。代理记账人员王芳在审核原始凭证的基础上，编制记账凭证如表 2－24 所示。

3）分析：这笔经济业务是大连万通水泵制造有限公司购入钢材，取得增值税专用发票上注明价款 21 000 元，进项税 3 570 元，开出期限 3 个月的商业承兑汇票，材料验收入库。根据上述原始凭证，代理记账人员王芳在审核原始凭证的基础上，编制记账凭证如表 2－25 所示。

4）分析：这笔经济业务是大连万通水泵制造有限公司用现金 780 元购买办公用品。根据上述原始凭证，代理记账人员王芳在审核原始凭证的基础上，编制记账凭证如表 2－26 所示。

5）分析：这笔经济业务是收到银行入账通知单，鞍山金达建筑有限公司所欠货款 6 900 元汇入企业账户。根据上述原始凭证，代理记账人员王芳在审核原始凭证的基础上，编制记账凭证如表 2－27 所示。

表2－24 **付 款 凭 证**

贷方　　　　　　　　　　　　　　　　　　　　　　　　出纳编号：02

科目 银行存款　　　　　　××年5月6日　　　　　　凭证编号：02

摘要	借方科目		金额									记账
	总账科目	明细科目	百	十	万	千	百	十	元	角	分	
购材料	原材料	钢材			3	0	0	0	0	0	0	√
	应交税费	增值税（进项）				5	1	0	0	0	0	
合计				¥	3	5	1	0	0	0	0	

附单据叁张

会计主管：林平　　稽核：王楠　　制单：张玲　　出纳：张玲　　记账：王芳

表2－25 **转 账 凭 证**

××年5月7日　　　　　　凭证编号：03

摘要	借方		贷方		金额									记账
	总账科目	明细科目	总账科目	明细科目	百	十	万	千	百	十	元	角	分	
购材料	原材料	钢材	应付票据				2	1	0	0	0	0	0	√
	应交税费	增值税（进项）	应付票据					3	5	7	0	0	0	
合计						¥	2	4	5	7	0	0	0	

附单据叁张

会计主管：林平　　稽核：王楠　　出纳：张玲　　记账：王芳

表2－26 **付 款 凭 证**

贷方　　　　　　　　　　　　　　　　　　　　　　　　出纳编号：03

科目 库存现金　　　　　　××年5月8日　　　　　　凭证编号：04

摘要	借方科目		金额									记账
	总账科目	明细科目	百	十	万	千	百	十	元	角	分	
支付办公费	管理费用	办公费					7	8	0	0	0	√
合计						¥	7	8	0	0	0	

附单据壹张

会计主管：林平　　稽核：王楠　　制单：张玲　　出纳：张玲　　记账：王芳

6）分析：这笔经济业务是大连万通水泵制造有限公司开出的转账支票，支付职工工资62 000元。根据上述原始凭证，代理记账人员王芳在审核原始凭证的基础上，编制记账凭证如表2－28所示。

表 2－27　　　　　　　　　　　**收　款　凭　证**

借方　　　　　　　　　　　　　　　　　　　　　　　　　　　　　　出纳编号：04

科目　银行存款　　　　　　　××年5月10日　　　　　　　　　凭证编号：05

摘　要	贷方科目		金　额									记账
	总账科目	明细科目	百	十	万	千	百	十	元	角	分	
收回货款	应收账款	鞍山金达建筑有限公司				6	9	0	0	0	0	√
合　计					¥	6	9	0	0	0	0	

附单据壹张

会计主管：林平　　稽核：王楠　　制单：张玲　　出纳：张玲　　记账：王芳

表 2－28　　　　　　　　　　　**付　款　凭　证**

贷方　　　　　　　　　　　　　　　　　　　　　　　　　　　　　　出纳编号：05

科目　银行存款　　　　　　　××年5月13日　　　　　　　　　凭证编号：06

摘　要	贷方科目		金　额									记账
	总账科目	明细科目	百	十	万	千	百	十	元	角	分	
发放工资	应付职工薪酬				6	2	0	0	0	0	0	√
合　计				¥	6	2	0	0	0	0	0	

附单据贰张

会计主管：林平　　稽核：王楠　　制单：张玲　　出纳：张玲　　记账：王芳

7）分析：这笔经济业务是大连万通水泵制造有限公司销售潜水泵，开出增值税专用发票上注明价款126 000元，销项税21 420元，款已收存银行。根据上述原始凭证，代理记账人员王芳在审核原始凭证的基础上，编制记账凭证如表2－29所示。

表 2－29　　　　　　　　　　　**收　款　凭　证**

借方　　　　　　　　　　　　　　　　　　　　　　　　　　　　　　出纳编号：06

科目　银行存款　　　　　　　××年5月17日　　　　　　　　　凭证编号：07

摘　要	贷方科目		金　额									记账
	总账科目	明细科目	百	十	万	千	百	十	元	角	分	
销售	主营业务收入	潜水泵		1	2	6	0	0	0	0	0	√
	应交税费	增值税（销项）			2	1	4	2	0	0	0	
合　计			¥	1	4	7	4	2	0	0	0	

附单据贰张

会计主管：林平　　稽核：王楠　　制单：张玲　　出纳：张玲　　记账：王芳

8）分析：这笔经济业务是大连万通水泵制造有限公司生产潜水泵领用原材料42 000元，生产离心泵领用原材料18 000元。根据上述原始凭证，代理记账人员王芳在审核原始凭证的基础上，编制记账凭证如表2-30所示。

表2-30 转账凭证

××年5月31日 凭证编号：08

摘要	借方		贷方		金额									记账
	总账科目	明细科目	总账科目	明细科目	百	十	万	千	百	十	元	角	分	
领材料	生产成本	潜水泵	原材料	钢材			4	2	0	0	0	0	0	√
	生产成本	离心泵	原材料	钢材			1	8	0	0	0	0	0	
合计						¥	6	0	0	0	0	0	0	

附单据贰张

会计主管：林平 稽核：王楠 制单：李丽 记账：王芳

9）分析：这笔经济业务是大连万通水泵制造有限公司月末分配工资，根据工资费用分配表，本月生产工人工资共计4万元。按生产工时比例分配。其他人员的工资可以直接计入。

分配率 =40 000 ÷（650 +350）=40（元/工时）

生产潜水泵的生产工人工资 =650 ×40 =26 000（元）

生产离心泵的生产工人工资 =350 ×40 =14 000（元）

根据上述原始凭证，代理记账人员王芳在审核原始凭证的基础上，编制记账凭证如表2-31所示。

表2-31 转账凭证

××年5月31日 凭证编号：09

摘要	借方		贷方		金额									记账
	总账科目	明细科目	总账科目	明细科目	百	十	万	千	百	十	元	角	分	
分配工资	生产成本	潜水泵	应付职工薪酬				2	9	6	4	0	0	0	√
	生产成本	离心泵	应付职工薪酬				1	5	9	6	0	0	0	
	制造费用		应付职工薪酬					5	7	0	0	0	0	
	管理费用		应付职工薪酬				1	9	3	8	0	0	0	
合计						¥	7	0	6	8	0	0	0	

附单据壹张

会计主管：林平 稽核：王楠 制单：李丽 记账：王芳

10）分析：这笔经济业务是大连万通水泵制造有限公司月末计提折旧，其中，生产车间固定资产计提折旧2 416元，行政管理部门固定资产计提折旧1 300元。根据上述原始凭证，代理记账人员王芳在审核原始凭证的基础上，编制记账凭证如表2-32所示。

表 2－32　　　　　　　　　　**转　账　凭　证**

××年 5 月 31 日　　　　　　　　　　凭证编号：10

摘要	借方		贷方		金额									记账
	总账科目	明细科目	总账科目	明细科目	百	十	万	千	百	十	元	角	分	
计提折旧	管理费用		累计折旧					1	3	0	0	0	0	√
	制造费用		累计折旧					2	4	1	6	0	0	
合　计							¥	3	7	1	6	0	0	

附单据壹张

会计主管：林平　　　　稽核：王楠　　　　制单：李丽　　　　记账：王芳

11）分析：这笔经济业务是大连万通水泵制造有限公司月末按照生产工人工资比例分配结转制造费用。其计算如下：

归集本月发生制造费用＝5 000＋700＋2 416＝8 116（元）

分配率＝8 116÷（26 000＋14 000）＝0. 2029

潜水泵应分配制造费用＝26 000×0. 2029＝5 275. 40（元）

离心泵应分配制造费用＝14 000×0. 2029＝2 840. 60（元）

根据上述原始凭证，代理记账人员王芳在审核原始凭证的基础上，编制记账凭证如表 2－33 所示。

表 2－33　　　　　　　　　　**转　账　凭　证**

××年 5 月 31 日　　　　　　　　　　凭证编号：11

摘要	借方		贷方		金额									记账
	总账科目	明细科目	总账科目	明细科目	百	十	万	千	百	十	元	角	分	
结转制造费用	生产成本	潜水泵	制造费用					5	2	7	5	4	0	√
	生产成本	离水泵	制造费用					2	8	4	0	6	0	
合　计							¥	8	1	1	6	0	0	

附单据壹张

会计主管：林平　　　　稽核：王楠　　　　制单：李丽　　　　记账：王芳

12）分析：这笔经济业务是大连万通水泵制造有限公司月末结转完工入库产品成本，其中，潜水泵本月投产本月全部完工，离心泵本月投产本月尚未完工，根据产品入库单，结转本月完工潜水泵的生产成本 76 915. 40（42 000＋29 640＋5 275. 4）元。根据上述原始凭证，代理记账人员王芳在审核原始凭证的基础上，编制记账凭证如表 2－34 所示。

13）分析：这笔经济业务是大连万通水泵制造有限公司月末结转已销产品成本，其中，潜水泵本月销售成本 53 840. 50 元。根据上述原始凭证，代理记账人员王芳在审核原始凭证的基础上，编制记账凭证如表 2－35 所示。

14）分析：这笔经济业务是大连万通水泵制造有限公司月末计算本月应交城建税 892. 50 元，教育费附加 382. 50 元，地方教育费附加 127. 50 元。根据上述原始凭证，代理记

表 2-34　　　　**转 账 凭 证**

××年5月31日　　　　凭证编号：12

摘要	借方		贷方		金额									记账
	总账科目	明细科目	总账科目	明细科目	百	十	万	千	百	十	元	角	分	
产品完工	库存商品	潜水泵	生产成本	潜水泵			7	6	9	1	5	4	0	√
合计						¥	7	6	9	1	5	4	0	

附单据壹张

会计主管：林平　　稽核：王楠　　制单：李丽　　记账：王芳

表 2-35　　　　**转 账 凭 证**

××年5月31日　　　　凭证编号：13

摘要	借方		贷方		金额									记账
	总账科目	明细科目	总账科目	明细科目	百	十	万	千	百	十	元	角	分	
结转销售成本	主营业务成本	潜水泵	库存商品	潜水泵			5	3	8	4	0	5	0	√
合计						¥	5	3	8	4	0	5	0	

附单据贰张

会计主管：林平　　稽核：王楠　　制单：李丽　　记账：王芳

账人员王芳在审核原始凭证的基础上，编制记账凭证如表2-36所示。

表 2-36　　　　**转 账 凭 证**

××年5月31日　　　　凭证编号：14

摘要	借方		贷方		金额									记账
	总账科目	明细科目	总账科目	明细科目	百	十	万	千	百	十	元	角	分	
计算税金	营业税金及附加		应交税费	城建税					8	9	2	5	0	√
	营业税金及附加		应交税费	教育费附加					3	8	2	5	0	
	营业税金及附加		应交税费	地方教育费附加					1	2	7	5	0	
合计							¥	1	4	0	2	5	0	

附单据壹张

会计主管：林平　　稽核：王楠　　制单：李丽　　记账：王芳

15）分析：月末，“应交税费——应交增值税”明细科目有贷方余额，表示未交增值税，有借方余额表示多交增值税，无论借方或贷方余额，一律转入“应交税费——未交增值税”账户中。本题为贷方余额12 750元，月末结转业务没有原始凭证（下同）。代理记账人员王芳在汇总计算的基础上，编制记账凭证如表2-37所示。

表 2－37　　**转　账　凭　证**

××年 5 月 31 日　　凭证编号：15

摘　要	借　方		贷　方		金　额									记账
	总账科目	明细科目	总账科目	明细科目	百	十	万	千	百	十	元	角	分	
转出增值税	应交税费	转出未交增值税	应交税费	未交增值税			1	2	7	5	0	0	0	√
合　计						¥	1	2	7	5	0	0	0	

附单据　张

会计主管：林平　　稽核：王楠　　制单：李丽　　记账：王芳

16）分析：月末，要将各损益类科目发生额转入本年利润，代理记账人员王芳在汇总计算各损益类账户发生额的基础上，编制记账凭证如表 2－38、表 2－39 所示。

表 2－38　　**转　账　凭　证**

××年 5 月 31 日　　凭证编号：16#2－1

摘　要	借　方		贷　方		金　额									记账
	总账科目	明细科目	总账科目	明细科目	百	十	万	千	百	十	元	角	分	
结转损益类	主营业务收入		本年利润			1	2	6	0	0	0	0	0	√
合　计					¥	1	2	6	0	0	0	0	0	

附单据　张

会计主管：林平　　稽核：王楠　　制单：李丽　　记账：王芳

表 2－39　　**转　账　凭　证**

××年 5 月 31 日　　凭证编号：16#2－2

摘　要	借　方		贷　方		金　额									记账
	总账科目	明细科目	总账科目	明细科目	百	十	万	千	百	十	元	角	分	
结转损益类	本年利润		主营业务成本				5	3	8	4	0	5	0	√
	本年利润		营业税金及附加					1	4	0	2	5	0	
	本年利润		管理费用				2	1	4	6	0	0	0	
合　计						¥	7	6	7	0	3	0	0	

附单据　张

会计主管：林平　　稽核：王楠　　制单：李丽　　记账：王芳

17）分析：月末，代理记账人员王芳在汇总计算所得税的基础上，编制记账凭证如表 2－40、表 2－41 所示。

表 2-40

转 账 凭 证

××年5月31日

凭证编号：17

摘要	借方		贷方		金额									记账
	总账科目	明细科目	总账科目	明细科目	百	十	万	千	百	十	元	角	分	
计算所得税	所得税费用		应交税费	应交所得税			1	6	2	6	8	0	1	√
合计						¥	1	6	2	6	8	0	1	

附单据 张

会计主管：林平　　稽核：王楠　　制单：李丽　　记账：王芳

表 2-41

转 账 凭 证

××年5月31日

凭证编号：18

摘要	借方		贷方		金额									记账
	总账科目	明细科目	总账科目	明细科目	百	十	万	千	百	十	元	角	分	
结转所得税	本年利润		所得税费用				1	6	2	6	8	0	1	√
合计						¥	1	6	2	6	8	0	1	

附单据 张

会计主管：林平　　稽核：王楠　　制单：李丽　　记账：王芳

1.5 完成任务

代理记账业务流程为：接受委托单位咨询→谈委托事宜→签订书面委托合同→结算委托代理费用→承接代理会计记账业务→接受会计原始凭证→审核会计原始凭证→填制会计记账凭证→登记会计账簿→编制会计报表→代理纳税申报→移送会计资料→定期客户回访→接受客户投诉。

1.6 教研交流

1.6.1 本单元重点与难点

本单元中有关代理记账的业务流程是重点，能够充分体现对受训教师职业能力的要求；但难点应是对代理记账的原则、业务规范和法律责任的把握。

1.6.2 如何把握重点、难点

受训教师应按照“理论知识够用，实践技能扎实”的原则，并结合中职学生的特点，来发现教学任务中的重点与难点。

代理记账业务本身就是双方互惠的业务，所以应避免给双方造成麻烦和经济利益的损失。委托人的委托意图是能够提高工作效率，避免因为记账、报税不及时给企业带来的经营风险，所以要求受托人要熟练掌握代理记账业务流程。同时，业务流程也体现了对中职教师及学生职业能力的要求。但在履行受托责任的过程中，一定要严格按照国家的相关法律法规及会计人员的职业道德要求来规范操作，避免不必要的法律纠纷及给受托人带来利益和信誉损失。

1.6.3 如何解决重点与难点

对于代理记账的业务流程，在教学法中最好使用角色扮演法，通过委托人和受托人之间的谈判来形成委托代理协议；再通过工商、税务、银行等各部门角色的扮演，熟记第一步做什么，第二步做什么等以及完成每一步所需要的资料。同时，在代理过程中也了解各部门的法规要求及其对行为的约束，从而更好地完成任务。

单元3

税务代理

职业背景

从事经济活动的单位和个人与税收均有着千丝万缕的联系，然而要求每一位从事经济活动的人都能通晓和操作税务业务是不可能的，因此税务代理应运而生，这也是经济社会发展中专业化分工的必然趋势。

学习目标

- ☐ 了解税务登记代理，包括开业代理、变更代理、注销代理的相关规定、时间要求及操作要点
- ☐ 了解增值税一般纳税人认定登记管理规程及认定登记操作要点
- ☐ 熟悉发票领购管理规程及领购发票的操作要点
- ☐ 掌握代理纳税申报操作规范、代理填制各种纳税申报表的方法及各税种的税收法律法规

任务1　税务登记

1.1　任务描述

税务登记是整个税收征收管理的首要环节，是税务的“户籍”管理，是税务机关对纳税人的开业、变动、歇业等基本情况及生产经营项目进行登记管理的一项基本制度，也是纳税人已经纳入税务机关监督管理的一项证明。根据法律法规规定，具有应税收入、应税财产

或应税行为的各类纳税人，都应依照有关规定办理税务登记。

宏达服装有限公司开业不久，委托新华税务师事务所的小刘做税务代理。小刘到宏达公司搜集并整理有关税务登记材料去办税大厅办理税务业务。

1.2 任务分析

1.2.1 开业税务登记

小刘以企业的名义向税务机关办理税务登记申报，开业税务登记操作要点：

1）填写“申请税务登记报告书”，详细写明申请税务登记的原因和要求。

2）提供办理税务登记所必备的资料和复印件：①工商营业执照或其他核准执业证件；②有关合同、章程、协议书；③组织机构统一代码证书；④法定代表人或负责人或业主的居民身份证、护照或者其他合法证件。

“税务登记表”分三种类型，分别适用于单位纳税人、个体经营、临时任务登记纳税人、企业分支机构、个体工商户和其他单位。

适用于单位纳税人的税务登记表具体格式见表3-1。税务代理人员应根据企业的经济类型领取相应的表格，填制完毕后，将登记表及有关资料报送税务机关审核。

3）领取税务登记证件。税务机关将税务登记资料审核完毕、发放税务登记证件时，小刘及时到税务机关领取税务登记证件，并将其交给企业保管。

1.2.2 变更代理

小刘为宏达服装有限公司顺利地办理了开业税务登记，又学习了办理变更登记和注销登记。

1）变更税务登记申报。纳税人在工商行政管理机关办理变更登记的，应当自工商行政管理部门办理变更登记之日起30日内，向原税务机关如实提供下列证件、资料，申报办理变更税务登记：①工商变更登记表及工商营业执照复印件；②纳税人变更登记内容的决议及有关证明文件；③税务机关发放的原税务登记证件（登记证正、副本和登记表等）；④其他有关资料。

纳税人按照规定不需要在工商行政管理机关办理变更登记，或者其变更登记的内容与工商登记内容无关的，应当自税务登记内容实际发生变化之日起30日内，或者自有关机关批准或者宣布变更之日起30日内，持下列证件到原税务登记机关申报办理变更税务登记：①纳税人变更登记内容的有关证明文件；②税务机关发放的原税务登记证件（登记证正、副本和税务登记表等）；③其他有关资料。

2）填写“税务登记变更表”（见表3-2）提交税务机关审核。

3）领取变更后的税务登记证及有关资料。税务代理人员应及时到税务机关领取重新核发的税务登记证件及有关资料，送交企业存档。

1.2.3 注销代理

（1）注销代理申报

税务代理人员应按照规定的期限以纳税人的名义向税务机关办理注销税务登记申报，填

表3－1

税务登记表

（适用单位纳税人）

填表日期：

纳税人名称				纳税人识别号			
登记注册类型				批准设立机关			
组织机构代码				批准设立证明或文件号			
开业（设立）日期		生产经营期限		证照名称		证照号码	
注册地址				邮政编码		联系电话	
生产经营地址				邮政编码		联系电话	
核算方式	请选择对应项目打“√” □ 独立核算 □ 非独立核算				从业人数		其中外籍人数
单位性质	请选择对应项目打“√” □ 企业 □ 事业单位 □ 社会团体 □ 民办非企业单位 □ 其他						
网站网址				国标行业	□□ □□ □□ □□		
适用会计制度	请选择对应项目打“√” □ 企业会计制度 □ 小企业会计制度 □ 金融企业会计制度 □ 行政事业单位会计制度						

经营范围	请将法定代表人（负责人）身份证复印件粘贴在此处

项目 内容 联系人	姓名	身份证件 种类	身份证件 号码	固定电话	移动电话	电子邮箱
法定代表人（负责人）						
财务负责人						
办税人						

税务代理人名称	纳税人识别号	联系电话	电子邮箱

注册资本或投资总额	币种	金额	币种	金额	币种	金额

投资方名称	投资方经济性质	投资比例	证件种类	证件号码	国籍或地址
自然人投资比例		外资投资比例		国有投资比例	

分支机构名称	注册地址	纳税人识别号

以下由税务机关填写：

纳税人所处街乡				隶属关系	
国税主管税务局		国税主管税务所（科）		是否属于国税、地税共管户	
地税主管税务局		地税主管税务所（科）			
经办人（签章）： 国税经办人： 地税经办人： 受理日期： 年 月 日	国家税务登记机关 （税务登记专用章）： 核准日期： 年 月 日 国税主管税务机关：			地方税务登记机关 （税务登记专用章）： 核准日期： 年 月 日 地税主管税务机关：	
国税核发《税务登记证副本》数量： 本 发证日期： 年 月 日					
地税核发《税务登记证副本》数量： 本 发证日期： 年 月 日					

国家税务总局监制

表 3－2　　变更税务登记表

纳税人名称		纳税人识别号		
变更登记事项				
序号	变更项目	变更前内容	变更后内容	批准机关名称及文件
送缴证件情况：				
纳税人 经办人： 年 月 日		法定代表人（负责人）： 年 月 日		纳税人（签章） 年 月 日
经办税务机关审核意见： 经办人： 年 月 日		负责人： 年 月 日		税务机关（签章） 年 月 日

报“注销税务登记申请审批表”并提交相关证明文件和资料（资料同上）。

（2）填报“注销税务登记申请审批表”

根据企业的实际情况填写“注销税务登记申请审批表”，经企业盖章后，报送税务机关办理审批手续。将已领购或已购未用的发票、“发票领购簿”、“税务登记证”等税收票证交回税务机关审验核销。

（3）领取注销税务登记的有关批件

税务机关在纳税人结清了全部纳税事项后，核发“注销税务登记通知书”。税务代理人员应及时到税务机关领回有关注销税务登记的批件和资料。

1.3 相关知识

1.3.1 开业税务代理

企业、企业设在外地的分支机构和从事生产经营的场所、个体工商户和从事生产经营的事业单位（以下统称从事生产经营的纳税人），都应持相关证件向生产经营所在地税务机关申报办理税务登记：

1）从事生产、经营的纳税人领取工商营业执照（含临时工商营业执照）的，应当自领取工商营业执照之日起30日内申报办理税务登记，税务机关核发税务登记证及副本（纳税人领取临时工商营业执照的，税务机关核发临时税务登记证和副本）。

2）从事生产、经营的纳税人未办理工商营业执照但经有关部门批准设立的，应当自有关部门批准设立之日起30日内申报办理税务登记，税务机关核发税务登记证和副本。

3）从事生产、经营的纳税人未办理工商营业执照、也未经有关部门批准设立的，应当自纳税义务发生之日起30日内申报办理税务登记，税务机关核发临时税务登记证和副本。

4）有独立的生产经营权、在财务上独立核算并定期向发包人或者出租人上交承包费或租金的承包人、承租人，应当自承包、承租合同签订之日起30日内，向其承包、承租业务发生地税务机关申报办理税务登记，税务机关核发临时税务登记证和副本。

5）从事生产、经营的纳税人外出经营，自其在同一县（市）实际经营或提供劳务之日起，在连续的12个月内累计超过180天的，应当自期满之日起30日内，向生产、经营所在地税务机关申报办理税务登记，税务机关核发临时税务登记证和副本。

6）境外企业在中国境内承包建筑、安装、装配、勘探工程和提供劳务的，应当自项目合同或协议签订之日起30日内，向项目所在地税务机关申报办理税务登记，税务机关核发临时税务登记证和副本。

上述规定以外的其他纳税人，除国家机关、个人和无固定生产经营场所的流动性农村小商贩外，均应当自纳税义务发生之日起30日内，向纳税义务发生地税务机关申报办理税务登记。税务机关核发税务登记证和副本。

1.3.2 变更代理

变更税务登记是指纳税人办理税务登记后，需要对原登记内容进行更改，从而向税务机关申报办理税务登记。其适用范围主要有以下几种：①改变名称；②改变法人代表；③改变经济性质；④增设或撤销分支机构；⑤改变住所或经营地点（涉及主管税务机关变动的办理注销登记）；⑥改变生产、经营范围或经营方式；⑦增减注册资本；⑧改变隶属关系；⑨改变生产经营期限；⑩改变开户银行和账号；⑪改变生产经营权属以及改变其他税务登记内容。

1）纳税人税务登记内容发生变化的，应当向原税务登记机关申报办理变更税务登记。

2）纳税人已在工商行政管理机关办理变更登记的，应当自工商行政管理机关变更登记之日起30日内，向原税务机关申报办理变更税务登记。

3）纳税人按照规定不需要在工商行政管理机关办理变更登记，或者其变更登记的内容与工商登记内容无关的，应当自税务登记内容实际发生变化之日起30日内，或者自有关机关批准或者宣布变更之日起30日内，到原税务登记机关申报办理变更税务登记。

税务机关应当自受理之日起30日之内，审核办理变更税务登记。纳税人税务登记表和税务登记证中的内容都发生变更的，税务机关按变更后的内容重新核发税务登记证件；纳税人税务登记表的内容发生变更而税务登记证中的内容未发生变更的，税务机关不再核发税务登记证件。

1.3.3 注销税务登记代理

1）纳税人发生解散、破产、撤销以及其他情形，依法终止纳税义务的，应当在向工商行政管理机关或者其他机关办理注销登记前，持有关证件和资料向原税务登记机关申报办理注销税务登记；按规定不需要在工商行政管理机关或者其他机关办理注册登记的，应当自有关机关批准或者宣告终止之日起15日内，持有关证件和资料向原税务机关申报办理注销税务登记。

2）纳税人被工商行政管理机关吊销营业执照或者被其他机关予以撤销登记的，应当自营业执照被吊销或者被撤销登记之日起15日内，向原税务机关申报办理注销税务登记。

3）纳税人因住所、经营地点变动，涉及改变税务登记机关的，应当在向工商行政管理机关或者其他机关申请办理变更、注销登记前，或者在住所、经营地点变动前，持有关证件和资料，向原税务登记机关申报办理注销税务登记，并自注销税务登记之日起30日内向新地点税务机关申报办理税务登记。

4）境外企业在中国境内承包建筑、安装、装配、勘探工程和提供劳务的，应当在项目完工、离开中国境内前15日内，持有关证件和资料，向原税务登记机关申报办理注销税务登记。

5）纳税人办理注销税务登记前，应当向税务机关提交相关证明文件和资料，结清应纳税款、多退（免）税款、滞纳金和罚款，缴销发票、税务登记证件和其他税务证件，经税务机关核准后，办理注销税务登记手续。

1.4 技能训练

1.4.1 职业单项选择题

1）纳税人发生解散、破产、撤销以及其他情形，依法终止纳税义务的，按照规定不需要在工商行政管理部门办理注销登记的，应当自有关机关批准或宣告终止之日起（　　）日内，办理注销税务登记。

A. 5　　B. 10　　C. 15　　D. 30

2）税务代理人员以纳税人、扣缴义务人名义向税务机关办理开业税务登记，应自领取营业执照之日起（　　）日内申报登记。

A. 10　　B. 5　　C. 30　　D. 60

3）纳税人需要办理注销税务登记的，应当在向工商行政管理机关办理注销登记（　　），持有关证件向主管税务机关办理注销税务登记。

A. 之前　　B. 之日起15日内

C. 之日起30日内　　D. 之后

1.4.2 职业多项选择题

1）代理开业税务登记，要求纳税人提供税务登记所必备的资料包括（　　）。

A. 居民身份证、护照和其他合法证件

B. 营业执照

C. 有关合同、章程、协议书

D. 有关银行账号证明

2）纳税人需要办理变更税务登记的情形有（　　）。

A. 改变名称

B. 改变法人代表

C. 纳税人被工商行政机关吊销营业执照

D. 增设或撤销分支机构

3）纳税人在办理注销登记前，应当向税务机关结清（　　），缴销发票和其他税务证件。

A. 税款　　B. 利息　　C. 滞纳金　　D. 罚款

1.4.3 职业技能练习

模拟完成办理税务登记，即准备相关材料、提交相关材料、税务机关审核发证的登记注册。

1.5 完成任务

1.5.1 开业税务登记流程

填写"申请税务登记报告书"→交税务机关审核→领取税务登记证。

1.5.2 变更税务登记流程

变更税务登记申报，填写"税务登记变更表"→提交税务机关审核→领取变更后的税务登记证和有关资料。

1.5.3 注销税务登记流程

注销代理申报，填报"注销税务登记申请审批表"→提交税务机关审核→领取注销税务登记的有关批件。

1.6 教研活动

1.6.1 讨论本任务的教学重点

1）纳税人对原税务登记内容发生了哪些变化，需要办理变更税务登记？

2）办理税务登记所必备的资料有哪些？

1.6.2 讨论怎么解决教学重点问题？

1）对照变更税务登记的适用范围，查找需变更税务登记的内容，解决实际工作中申报办理的变更税务登记问题。

2）主要通过咨询税务机关，解决办理税务登记所必备的资料。

任务2　一般纳税人资格认证代理

2.1　任务描述

由于我国对增值税的征收实行凭增值税专用发票抵扣税款的制度，对于增值税纳税人会计核算是否健全，是否能够按照国家统一的会计制度规定设置账簿，根据合法、有效凭证核算，是否能够准确核算销项税额、进项税额和应纳税额有较高的要求。但是，对于众多的纳税人来说，其会计核算水平却高低不同。另外，对某些经营规模很小的纳税人，其销售货物或提供增值税应税劳务的对象大多是最终消费者，也无需开具增值税专用发票。因此，为了严格增值税的征收管理和对某些经营规模小的纳税人简化计税办法，将纳税人按其经营规模及会计核算健全与否划分为一般纳税人和小规模纳税人，分别实行不同的征收管理办法。因此，符合增值税一般纳税人条件的企业，应在向税务机关办理税务登记的同时，申请办理一般纳税人认定手续。

小刘在为宏达公司办理税务登记代理的同时，还为宏达公司办理一般纳税人资格认定代理。

2.2　任务分析

2.2.1　增值税一般纳税人认定登记操作要点

1）针对“增值税一般纳税人申请认定表”的主要内容，小刘向税务机关提供企业的有关资料。如企业设立的合同、章程，企业申办工商登记、税务登记的报表和证件，企业已实现销售的情况，会计、财务核算的原始资料等。对企业可能实现或已经实现的年度应税销售额，企业会计、财务处理的方法和管理制度，企业财务人员的办税能力能否具备增值税一般纳税人的条件等问题，写出有关增值税一般纳税人认定登记的核查报告，作为“增值税一般纳税人申请认定表”的附件，报送主管国税局。

2）对于税务机关审核后认定为正式一般纳税人的企业，税务代理人员可将加盖一般纳税人戳记的税务登记证副本、“增值税一般纳税人申请认定表”交企业存档。如果企业暂被认定为临时一般纳税人，企业应准确核算增值税的进项税额、销项税额，待临时一般纳税人期满后，向税务机关提出转为正式一般纳税人的申请。

2.2.2　增值税一般纳税人认定登记管理规程

1）符合增值税一般纳税人条件的企业，应当在向税务机关办理税务登记的同时，申请办理一般纳税人认定手续；已开业经营的小规模企业（商业零售企业除外），若当年应税销售额超过小规模纳税人标准的，应在次年1月底之前，申请办理一般纳税人认定手续。

2）企业申请办理一般纳税人认定手续，应当向所在地主管国税局提出书面申请，说明企业的经济形式、生产经营范围、产品名称及用途、企业注册资本、会计核算等问题，经税务机关审核后填写“增值税一般纳税人申请认定表”（见表3－3）。

表3－3　　增值税一般纳税人申请认定表

纳税人识别号 210211610450116

纳税人名称：海达服装有限公司　　　　申请时间：

年度实际销售额或年度预计销售额		生产货物的销售额	出口销售额2 000万元
		加工、修理修配的销售额	
		批发、零售的销售额	
		应税销售额合计	2 000万元
		固定资产规模	248万元
会计财务核算状况		专业财务人员人数	5人
		设置账簿种类	齐全
		能否准确核算进项、销项税额	能够
企业类别	工业	中外合资经营工业企业	
	商业		
核发税务登记证副本数量		1本	
基层税务部门意见 （盖章） 年　月　日		县（区）级税务部门意见 （盖章） 年　月　日	市（地）级税务部门意见 （盖章） 年　月　日

期限：　　年　　月　　日至　　年　　月　　日

注：

①本表一式三份，纳税人填报后，经主管税务机关审核后，一份交给纳税人，两份主管税务机关自存。

②纳税人在办理开业登记时，可以按预计销售额填写。经主管税务机关审核后，认定为增值税一般纳税人。享有增值税一般纳税人的所有权利及义务。一个会计年度结束后，纳税人根据实际经营情况。据实填写本表，交主管税务机关审核。

3）企业总、分支机构不在同一县市的，应分别向其机构所在地主管税务机关申请办理一般纳税人认定登记手续。企业总机构已被认定为增值税一般纳税人的，其分支机构可持总机构为增值税一般纳税人的证明，向主管税务机关申请认定为一般纳税人。除商业企业之外，纳税人总分支机构实行统一核算，其总机构年应税销售额超过小规模企业标准，但分支机构年应税销售额未超过小规模企业标准的，其分支机构可申请办理一般纳税人认定手续。在办理认定手续时，必须提供总机构所在地主管税务机关批准其总机构为一般纳税人的证明（总机构申请认定表的影印件）。

4）县级以上国家税务机关对经审核符合增值税一般纳税人条件的企业，在“增值税一般纳税人申请认定表”上签署意见，并将企业的“税务登记证”副本首页上方加盖“增值税一般纳税人”戳记。对从事商业经营的新办企业和小规模企业，一般是先认定为增值税临时一般纳税人，经过3个月或半年时间的考核后，再转为正式的一般纳税人。

5）新办小型商贸企业是指新办小型商贸批发企业。由于新办小型商贸批发企业尚未进行正常经营，对其一般纳税人资格，一般情况下，需要经过一定时间的实际经营才能审核认定。

对新办工业企业增值税一般纳税人的认定，主管税务机关也应及时组织对纳税人的实地查验，核实是否拥有必要的厂房、机器设备和生产人员，是否具备一般纳税人财务核算条件。

2.3 相关知识

2.3.1 办理增值税一般纳税人认定的条件

从事货物销售和提供加工、修理修配劳务（以下简称“增值税应税劳务”）的纳税人，必须符合如下条件，方可申请一般纳税人认定。

1）销售货物或提供增值税应税劳务的年销售额在规定标准以上的企业、单位。其中，从事货物生产或提供增值税应税劳务的纳税人，包括以从事货物生产或提供增值税应税劳务为主，并兼营货物批发或零售（指全部增值税应税销售额中，批发或零售货物的销售额小于50%）的纳税人，年应税销售额在50万元（含50万元）以上；从事货物批发或零售的纳税人，年应税销售额在80万元（含80万元）以上。

2）销售货物或提供增值税应税劳务的年应税销售额在规定标准以下的小规模工业企业，会计核算健全，能够准确核算销项税额、进项税额和应纳税额，能够提供准确税务资料的，年应税销售额在30万元（含30万元）以上的。

3）纳税人总分支机构实行统一核算，虽然其分支机构年应税销售额未达到规定标准，但总机构已达到规定标准的，其分支机构可申请办理一般纳税人的认定。

4）具有进出口经营权的企业。

5）个体经营者必须在年销售额符合上述规定标准，会计核算健全，采取查账征收款至少3个月以上等三个条件同时具备，才能申请认定一般纳税人的认定。

6）新办商贸企业经主管税务机关审查核实有经营场地、经营资金、生产设备和财务人员，并经审查测算其生产经营能力达到一般纳税人标准的，可办理一般纳税人的暂时认定，经半年辅导期后，如确实符合一般纳税人的标准，才给予办理正式认定手续。

2.3.2 不予办理一般纳税人认定的对象

1）其他个人；

2）不经常发生增值税应税行为的企业、企业性单位和非企业性单位；

3）全部销售免税货物的企业；

4）从事货物零售业务的小规模企业；

5）提供伪造、冒领或不符合真实情况的申报资料（营业执照、有关合同、章程、协议书等），无厂房设备及经营场所、无经营资金、无生产经营人员的“三无”企业；

6）经审查测算年销售额达不到一般纳税人标准的新办企业，在当年内不予办理一般纳税人的认定。

2.4 技能训练

2.4.1 职业单项选择题

1）增值税一般纳税人的企业机构所在地为A地，其分支机构在B地，应向（ ）主管税务机关申请办理一般纳税人认定登记手续。

A. A地　　B. B地　　C. 各自机构所在地　　D. 经营地

2）已开业的增值税小规模企业，若其年应税销售额超过小规模纳税人标准的，应在（　　）以前，申请办理一般纳税人认定登记手续。

A. 本年12月31日　　B. 次年6月30日

C. 本年6月30日　　D. 次年1月31日

3）按照现行规定，下列各项中必须被认定为小规模纳税人的是（　　）。

A. 年应税销售额60万元的汽车修理厂

B. 年不含税销售额90万元以上的从事货物批发的纳税人

C. 年不含税销售额为80万元以下，会计核算制度健全的从事货物零售的纳税人

D. 年不含税销售额为50万元以下的成品油加油站

2.4.2 职业多项选择题

1）下列各项中，可选择按小规模纳税人纳税的有（　　）。

A. 年应税销售额70万元的个体加工厂

B. 不经常发生应税行为的企业

C. 年应税销售额20万元的其他个人

D. 非企业性单位

2）按现行增值税规定，下列单位和个人可认定为增值税一般纳税人的有（　　）。

A. 某商业批发企业年应税销售额80万元

B. 某商业零售企业年应税销售额81万元

C. 某生产企业年应税销售额50万元

D. 某加工企业年应税销售额60万元

3）按现行增值税规定，下列单位和个人不得认定为增值税一般纳税人的有（　　）。

A. 某电子配件厂年销售额20万元，财务核算健全，其总公司年销售额为80万元

B. 某人批发果品，年销售额为90万元

C. 年销售额为60万元，财务核算健全的锅炉修配厂

D. 只生产并销售免税药品，年销售额120万元的药厂

2.4.3 职业技能训练

填制“增值税一般纳税人申请认定表”。

海达服装有限公司，根据合同规定生产经营规模为每年加工生产各种服装20万件，其产品全部由合资美方在美国销售，年出口销售额300万美元，销售利润率应保持在18%以上。公司会计年度采用历年制，按照《企业会计准则》的有关规定进行财务处理。公司财务会计5人，均有会计执业证书。

海达服装有限公司的产品于20×9年8月开始出口销售。根据该公司出口产品销售收入明细账、增值税应交税费明细账、出口产品原始单据等资料，确认该公司20×9年8月出口销售额30.6万美元，按当月1日汇率折算人民币302.05万元。出口产品销售成本247.08万元，产品销售毛利率18.2%，公司财务核算制度较为健全。

税务会计人员根据上述情况向主管国税局提交“关于海达服装有限公司申请认定增值税一般纳税人的报告”，并填写“增值税一般纳税人申请认定表”，如表3-3所示。

2.5 完成任务

本任务的业务流程可以概括为：向所在地主管国税局提出书面申请，填写“增值税一般纳税人申请认定表”→税务机关审核并签署意见→将企业的“税务登记证”副本首页上方加盖“增值税一般纳税人”戳记。

2.6 教研活动

2.6.1 讨论本任务的教学重点

增值税一般纳税人认定登记管理规程。

2.6.2 讨论怎么解决教学重点

通过对增值税一般纳税人认定登记管理规程的讲解，发现如果违反一般纳税人认定登记管理规程不被认定为一般纳税人，会为纳税人整个生产经营活动带来哪些严重的不良后果。

任务3 领购发票代理

3.1 任务描述

发票是指一切单位和个人在购销商品、提供或者接受劳务服务以及从事其他经营活动时，所提供给对方的收付款的书面证明。它是财务收支的法定凭证，是会计核算的原始凭据，是税务检查的重要依据。

开业不久，宏达公司生意兴隆，订货的、购货的客户很多，必然需要开具发票。小刘又带着相关资料到税务机关办理领购发票事宜。

3.2 任务分析

3.2.1 代理增值税专用发票领购操作要点

增值税一般纳税人在办理完毕一般纳税人认定手续后，应按照一定的程序领购专用发票。其基本程序如下：

1）向当地主管税务机关提出领购专用发票申请。单位或个人在申请购票时，必须提出并填制领购发票申请报告。

2）按照税务机关要求提供相关的证件。一般领购发票的单位或者个人必须提供盖有“增值税一般纳税人”确认专章的税务登记证件、经办人身份证明和其他有关证明，提供财务印章或发票专用章的印模。

3）主管税务机关经审核后，发给发票领购簿。购票申请报告经有权国家税务机关审查批准后，购票者应当领取国家税务机关核发的“发票领购簿”或者“增值税专用发票购领簿”。

4）凭发票领购簿向主管税务机关领购专用发票。领购专用发票的单位和个人凭“发票购领用证”核准的发票种类、数量及购票方式，向税务机关领购发票。对批量供应发票的单位和个人，每次供应发票的数量仅限于1个月内的用量。用票户第二次领购发票，应带“发票领购用证”及已用完发票存根经税务机关审验后，供给相应数量的发票。税务机关实行验旧领新的发票领购制度，并通过电脑检查用票户是否缴纳税款。用票户如需领购其他种类或增加相同种类发票数量，按首次领购发票办理领购手续。

5）一般纳税人临时到外地经营的规定。一般纳税人临时到外地经营的，又未持有“外出经营活动税收管理证明”的，可以向经营地主管税务机关申请领购专用发票。但是在领用时要提供相应的担保。一般有两种担保方式：一种是由担保人给予担保，从而领用发票；另一种是由领购人缴纳一定的保证金来领购发票，该保证金的最高限额为1万元人民币。

6）一般纳税人对领购的专用发票的检查。一般纳税人对领购的专用发票应及时进行检查，如有缺联、少份，缺写错号，联次错位、未印防伪标志等印制问题，应整本退回。纳税人在购买专用发票时，应当场对专用发票的一至四联的规定位置加盖发票专用章和“专用发票销货单位栏戳证章”，并由发票销售窗口经办人员监督，经检查无误后方可将专用发票交付纳税人使用（发票专用章用红印色，专用发票销货单位栏戳证章用蓝印色）。

3.2.2 代理自制发票审批程序与操作要点

《发票管理办法实施细则》规定：凡有固定生产经营场所、财务核算和发票管理制度健全、发票使用量较大的单位，可以申请印制印有本单位名称的发票，即自制发票。如果统一发票式样不能满足业务需要，也可以自行设计本单位的发票式样，报经县（市）以上税务机关批准，到指定的印刷厂印制。自制发票仅限于普通发票。

1）要求用票单位根据业务特点和经营需要，设计发票式样，预计使用数量。

2）填写“企业自制发票申请审批表”，写明所需发票的种类、名称、格式、联次和需求数量，连同发票式样一同提交主管税务机关审批。

3）取得税务机关核准的“发票印制通知书”后，到指定的印刷厂印制。发票印制完毕，税务代理人员应建立发票领用存的管理制度，按季度向主管税务机关报送“发票领用存情况季报表”。

3.3 相关知识

3.3.1 代理发票领购的适用范围

1）依法办理税务登记的单位和个人领取“税务登记证”后可以申请领购发票，属于法定的发票领购对象。

2）依法不需要办理税务登记的单位，发生临时经营业务需要使用发票的，可以凭单位介绍信和其他有效证件，到税务机关代开发票。

3）临时到本省、自治区、直辖市以外从事经营活动的单位和个人，凭所在地税务机关开具的“外出经营活动税收管理证明”，在办理纳税担保的前提下，可向经营地税务机关申请领购经营地的发票。

3.3.2 增值税专用发票的领购范围

一般纳税人凭发票领购簿、IC卡和经办人身份证明领购专用发票。一般纳税人有下列情形之一的，不得领购开具专用发票：

1）会计核算不健全，即不能按会计制度和国家税务机关的要求准确提供增值税销项税额、进项税额、应纳税额数据及其他有关增值税资料。

2）有《税收征管法》规定的税收违法行为，拒不接受税务机关处理的。

3）其他不得领用专用发票的情况。有以下行为之一，经税务机关责令限期改正而仍未改正的：①私自印制专用发票；②向个人或国家税务机关以外的单位买取专用发票；③借用他人专用发票；④向他人提供专用发票；⑤未按规定开具专用发票；⑥未按规定保管专用发票；⑦未按规定申报专用发票的购、用、存情况；⑧未按规定接受国家税务机关检查；⑨销售的货物全部属于免税项目者。

如果一般纳税人有上列情况但已领购使用专用发票的，税务机关应当收缴其结存的专用发票，纳税人应停止使用专用发票。

3.4 技能训练

3.4.1 职业单项选择题

1）下列项目符合增值税专用发票管理规定的是（　　）。

A. 被盗、丢失专用发票的，处5 000元以下罚款

B. 被盗、丢失专用发票的，一年内停止领购专用发票

C. 取得非法代开专用发票的，不得作为增值税合法抵扣凭证抵扣进项税

D. 代开、虚开专用发票不按偷税处理

2）企业发生的下列行为中，按规定允许开具增值税专用发票的是（　　）。

A. 商业企业零售烟酒　　B. 小规模纳税人销售货物

C. 销售免税的货物　　D. 服装厂向商场销售服装

3）发票丢失，应于丢失的（　　）书面报主管税务机关，并在报刊和电视等传播媒介上公告声明作废。

A. 当日　　B. 次日　　C. 5日内　　D. 1个月内

3.4.2 职业多项选择题

1）根据增值税专用发票管理制度的规定，下列情况不得开具增值税专用发票（　　）。

A. 生产企业直接出口货物

B. 轮胎厂将轮胎销售给汽车厂（一般纳税人）

C. 酒厂直接向消费者销售白酒

D. 农业生产者销售免税农产品

2）以下（　　）行为经税务机关责令限期改正而仍未改正者不得领购开具增值税专用发票。

A. 不能向税务机关准确提供有关增值税计税资料者

B. 未按规定开具增值税专用发票

C. 未按规定接受税务机关检查的

D. 销售的货物全部属于免税项目的

3）企业自制发票，应凭（　　）及自行设计的发票式样，办理自制发票审批。

A. 税务登记证副本　　B. 企业申请自制发票报告

C. 经办人身份证明　　D. 发票领购簿

3.4.3 练习

1）代理申请领购发票的单位提出购票申请。

2）准备申请领购发票的资料。

3.5 完成任务

3.5.1 代理增值税专用发票的领购流程

向当地主管税务机关提出领购专用发票申请→按照税务机关要求提供相关的证件→主管税务机关经审核后发给发票领购簿→凭发票领购簿向主管税务机关领购专用发票。

3.5.2 代理自制发票审批程序

用票单位根据需要设计发票式样，预计使用数量→填写“企业自制发票申请审批表”，连同发票式样提交主管税务机关审批→取得税务机关核准的“发票印制通知书”后，到指定的印刷厂印制。

3.6 教研活动

3.6.1 讨论本任务的教学重点

增值税专用发票的领购范围。

3.6.2 讨论怎么解决教学重点

正确办理领购发票手续，不能违反增值税专用发票领购范围的规定，否则会给纳税人的购销活动带来哪些经济损失？

任务4 纳税申报代理

4.1 任务描述

纳税申报是指纳税人、扣缴义务人为了正确履行纳税、扣缴义务，就纳税事项向税务机关提出书面申请的一种法定手续。进行纳税申报是纳税人和扣缴义务人必须履行的义务。纳税人无论有无应税收入以及其他应税所得，均应在规定的期限内向主管税务机关办理纳税申报；扣缴义务人在扣缴税款期限，无论有无代扣、代收税款，也必须在规定的期限内向税务机关报送代扣代缴、代收代缴报告表。享受减税、免税的纳税人，在减免期限内，也要按规定办理纳税申报。

宏达公司开业已有1个月，下月15日前须申报纳税。为了正确地计算纳税，小刘学习了税收实体法相关税种如何计算与缴纳。

4.2 任务分析

4.2.1 增值税纳税申报代理

增值税纳税申报分为“一般纳税人”和“小规模纳税人”两种，其中包括出口货物退免税的申报。其计税原始资料的稽核与办税程序均有不同的要求。

（1）增值税一般纳税人

1）必报资料：①“增值税纳税申报表（适用于增值税一般纳税人）”及其“增值税纳税申报表附列资料（表一）、（表二）”和“固定资产抵扣情况表”；②使用防伪税控系统的纳税人，必须报送记录当期纳税信息的IC卡（明细数据备份在软盘上的纳税人，还须报送备份数据软盘）、“增值税专用发票存根联明细表”及“增值税专用发票抵扣联明细表”；③资产负债表和利润表；④“成品油购销存情况明细表”（发生成品油零售业务的纳税人填报）；⑤主管税务机关规定的其他必报资料。

纳税申报实行电子信息采集的纳税人，除向主管税务机关报送上述必报资料的电子数据外，还需报送纸质的“增值税纳税申报表（适用于一般纳税人）”（主表及附表）。

2）备查资料：①已开具的增值税专用发票和普通发票存根联；②符合抵扣条件并且在本期申报抵扣的增值税专用发票抵扣联；③海关进口增值税专用缴款书、运输费用结算单据、购进农产品收购发票或销售发票；④代扣代缴税款凭证存根联；⑤主管税务机关规定的其他备查资料。

备查资料是否需要在当期报送，由各省级国家税务局确定。

（2）小规模纳税人必报资料

小规模纳税人由于计税方法简单，其纳税申报的操作也相对容易。

1）代理小规模纳税人的增值税申报，应在规定的期限内向主管税务机关报送纳税申报表。

2）税务代理人员在编制纳税申报表时，应按以下规范操作：①核查销售原始凭证及相关账户，稽核销售货物、应税劳务和视同销售的收入。②对于有经营免税项目或有混合销售、兼营非增值税应税劳务的，应通过核查原始凭证及核算过程，正确区分征免税项目及非应税项目的销售收入，将免税销售额和非应税劳务销售额分离出来。③核查“应交税费——应交增值税”明细账，将含税收入换算成不含税销售额，乘以征收率，计算出当期应纳税额。

（3）生产企业“免、抵、退”税申报

1）申报程序。生产企业在货物出口并按会计制度的规定在财务上作销售后，先向主管征税机关办理增值税纳税和免、抵税申报，并向主管征税机关退税部门办理退税申报。退税申报期为每月1—15日（逢节假日顺延）。

2）申报资料。

①生产企业向征税机关的征税部门办理增值税纳税及免、抵、退税申报时应提供下列资

料：

- “增值税纳税申报表”及其规定的附表；
- 退税部门确认的上期“生产企业出口货物免、抵、退税申报汇总表”；
- 税务机关要求的其他资料。

②生产企业向征税机关的退税部门办理“免、抵、退”税申报时应提供下列凭证资料：

- “生产企业出口货物免、抵、退税申报汇总表”；
- “生产企业出口货物免、抵、退税申报明细表”；
- 经征税部门审核签章的当期“增值税纳税申报表”；
- 有进料加工业务的，还应填报“生产企业进料加工登记申报表”、“生产企业进料加工进口料件申报表明细表”、“生产企业进料加工海关登记手册核销申请表”、“生产企业进料加工贸易免税证明”。
- 装订成册的报表及原始凭证：“生产企业出口货物免、抵、退税申报明细表”、与进料加工业务有关的报表、加盖海关验讫章的出口货物报关单（出口退税专用）、经外汇管理部门签章的出口收汇核销单（出口退税专用）或有关部门出具的中远期收汇证明、出口货物证明、企业签章的出口发票、主管退税部门要求提供的其他资料。

增值税纳税申报表（见表3－4）。

表3－4　　增值税纳税申报表

（适用于增值税一般纳税人）

根据《中华人民共和国增值税暂行条例》第二十二条及第二十三条的规定，制定本表。

纳税人不论有无销售额，均应按主管税务机关核定的纳税期限填报本表，并于次月1日至15日内，向当地税务机关申报。

税款所属时间：自　　年　　月　　日至　　年　　月　　日

填表日期：　　年　　月　　日　　　　　　　　　　金额单位：元（列至角分）

纳税人识别号					所属行业：
纳税人名称	（公章）	法定代表人姓名		注册地址		营业地址	
开户银行及账号		企业登记注册类型			电话号码	

项目		栏次	一般货物及劳务		即征即退货物及劳务	
			本月数	本年累计	本月数	本年累计
销售额	（一）按适用税率征税货物及劳务销售额	1				
	其中：应税货物销售额	2				
	应税劳务销售额	3				
	纳税检查调整的销售额	4				
	（二）按简易征收办法征税货物销售额	5				
	其中：纳税检查调整的销售额	6				
	（三）免、抵、退办法出口货物销售额	7				
	（四）免税货物及劳务销售额	8				
	其中：免税货物销售额	9				
	免税劳务销售额	10				

续表

项目		栏次	一般货物及劳务		即征即退货物及劳务	
			本月数	本年累计	本月数	本年累计
税款计算	销项税额	11				
	进项税额	12				
	上期留抵税额	13				
	进项税额转出	14				
	免抵退货物应退税额	15				
	按适用税率计算的纳税检查应补缴税额	16				
	应抵扣税额合计	17 = 12 + 13 − 14 − 15 + 16				
	实际抵扣税额	18（如 17 < 11，则为 17，否则为 11）				
应纳税额		19 = 11 − 18				
期末留抵税额		20 = 17 − 18				
简易征收办法计算的应纳税额		21				
按简易征收办法的纳税检查应补缴税额		22				
应纳税额减征额		23				
应纳税额合计		24 = 19 + 21 − 23				
期初未缴税额（多缴为负数）		25				
实收出口开具专用缴款书退税额		26				
本期已缴税额		27 = 28 + 29 + 30 + 31				
①分次预缴税额		28				
②出口开具专用缴款书预缴税额		29				
③本期缴纳上期应纳税额		30				
④本期缴纳欠缴税额		31				
期末未缴税额（多缴为负数）		32 = 24 + 25 + 26 − 27				
其中：欠缴税额（≥0）		33 = 25 + 26 − 27				
本期应补（退）税额		34 = 24 − 28 − 29				
即征即退实际退税额		35				
期初未缴查补税额		36				
本期入库查补税额		37				
期末未缴查补税额		38 = 16 + 22 + 36 − 37				
授权声明	如果你已委托人申报，请填写下列资料：为一切税务事宜，现授权______（地址）为本纳税人的申报人，任何与本申报表有关的往来文件，都可寄予此人。授权人签字：	申报人声明	此纳税申报表是根据《中华人民共和国增值税暂行条例》的规定填报的，我相信它是真实的、可靠的、完整的。声明人签字：			

4.2.2 消费税纳税申报代理

消费税纳税申报代理操作要点：消费税纳税申报包括销售自产应税消费品的纳税申报、委托加工应税消费品代收代缴申报、出口应税消费品的免税或退税申报。

（1）自产或委托加工应税消费品

1）自产应税消费品于销售环节纳税，自产自用的于移送使用时纳税。自产应税消费品纳税申报应首先确定应税消费品适用的税目税率，核实计税依据，在规定的期限内向主管税务机关报送消费税纳税申报表。

2）委托加工应税消费品，由受托方办理代收代缴消费税申报。税务代理人员首先应确定双方是否为委托加工业务，核查组成计税价格的计算。如为受托方申报，应向主管税务机关报送代收代缴申报表；如为委托方申报，应向主管税务机关提供已由受托方代收代缴税款的完税证明。

（2）出口应税消费品

1）生产企业。有进出口经营权的生产企业自营或委托出口应税消费品的申报，税务代理人员应向主管征税机关提供“两单一票”办理免税手续。如发生退关或国外退货，出口时已予以免税的，经所在地主管税务机关批准，可暂不办理补税，待其转为国内销售时，再在当期办理补缴消费税的申报手续，于报送消费税纳税申报表的同时，提供“出口货物转内销证明”。

2）外贸企业。外贸企业出口应税消费品退（免）税实行专用税票管理制度，其申报程序如下：

①生产企业将应税消费品销售给外贸企业出口，应到主管征税机关办理消费税专用税票开具手续，然后办理消费税纳税申报手续。

②应税消费品出口后，外贸企业凭“两单两票”及消费税专用税票向主管退税机关办理退税手续，报送“出口退税货物进货凭证申报明细表”和“出口货物退税申报明细表”。

③出口的应税消费品办理退税后，发生退关或国外退货，外贸企业应在当期向主管退税机关申报补缴已退的消费税税款，办理“出口商品退货已补税证明”。

（3）代理填制“消费税纳税申报表”的方法

为了在全国范围内统一、规范消费税纳税申报资料，加强消费税管理的基础工作，国家税务总局统一制定了五类消费税纳税申报表。

1）烟类应税消费品消费税纳税申报表（见表3－5）。

2）酒及酒精消费税纳税申报表

3）成品油消费税纳税申报表

4）小汽车消费税纳税申报表

5）其他应税消费品消费税纳税申报表

4.2.3 营业税纳税申报代理

（1）营业税纳税申报代理操作要点

交通运输业、建筑业、金融保险业、邮电通信业、文化体育业、娱乐业、服务业等营业税纳税申报操作要点如下：

1）核查营业收入相关账户及主要的原始凭证，计算应税营业收入。

2）根据企业应税项目的具体情况，确认税前应扣除的营业额。

3）核查兼营非应税劳务、混合销售以及减免税项目的营业额，确认应税营业额和适用的税目税率。

4）核查已发生的代扣代缴营业税义务的情况，确认应扣缴税额。

表 3－5　　烟类应税消费品消费税纳税申报表

税款所属期：　　年　　月　　日至　　年　　月　　日

纳税人名称（公章）：　　　　　　　　　　　　　　　　　　纳税人识别号：

填表日期：　　年　　月　　日　　单位：卷烟万支、雪茄烟支、烟丝千克；　　金额单位：元（列至角分）

<table>
<tr><td rowspan="2">项目
应税消费品名称</td><td colspan="2">适用税率</td><td rowspan="2">销售数量</td><td rowspan="2">销售额</td><td rowspan="2">应纳税额</td></tr>
<tr><td>定额税率</td><td>比例税率</td></tr>
<tr><td>卷　烟</td><td>30 元/万支</td><td>56%</td><td></td><td></td><td></td></tr>
<tr><td>卷　烟</td><td>30 元/万支</td><td>36%</td><td></td><td></td><td></td></tr>
<tr><td>雪茄烟</td><td>—</td><td>36%</td><td></td><td></td><td></td></tr>
<tr><td>烟　丝</td><td>—</td><td>30%</td><td></td><td></td><td></td></tr>
<tr><td>合　计</td><td>—</td><td>—</td><td>—</td><td>—</td><td></td></tr>
<tr><td colspan="2">本期准予扣除税额：</td><td colspan="4" rowspan="3">声　明
此纳税申报表是根据国家税收法律的规定填报的，我相信它是真实的、可靠的、完整的。
经办人（签章）：
财务负责人（签章）：
联系电话：</td></tr>
<tr><td colspan="2">本期减（免）税额：</td></tr>
<tr><td colspan="2">期初未缴税额：</td></tr>
<tr><td colspan="2">本期缴纳前期应纳税额：</td><td colspan="4" rowspan="4">（如果你已委托人申报，请填写）
授权声明
为一切税务事宜，现授权＿＿＿＿（地址）＿＿＿＿为本纳税人的申报人，任何与本申报表有关的往来文件，都可寄予此人。
授权人签章：</td></tr>
<tr><td colspan="2">本期预缴税额：</td></tr>
<tr><td colspan="2">本期应补（退）税额：</td></tr>
<tr><td colspan="2">期末未缴税额：</td></tr>
</table>

以下由税务机关填写：

受理人（签章）：　　　　　　　受理日期：　　年　　月　　日　　　　　　受理税务机关（章）：

5）计算填表后，按规定期限向主管税务机关报送营业税纳税申报表及其他计税资料。代扣代缴的营业税要履行报缴税款手续。

（2）代理填制“营业税纳税申报表”的方法

交通运输业、娱乐业、服务业、建筑业、金融保险业营业税纳税人，除经税务机关核准实行简易申报方式外，均据此进行纳税申报。邮电通信业、文化体育业、转让无形资产和销售不动产的营业税纳税人仍按照各地的申报办法进行纳税申报。

（3）营业税纳税申报表

凡按全国统一的《营业税纳税人纳税申报办法》进行纳税申报的营业税纳税人均应报送以下资料：

1）“营业税纳税申报表”（见表 3－6）；

2）按照纳税人发生营业税应税行为所属的税目，分别填报相应税目的营业税纳税申报表附表；同时发生两种或两种以上税目应税行为的，应同时填报相应的纳税申报表附表；

3）凡使用税控收款机的纳税人应同时报送税控收款机 IC 卡；

4）主管税务机关规定的其他申报资料。

纳税申报资料的报送方式、报送的具体份数由省一级地方税务局确定。

表 3－6

营业税纳税申报表

（适用于查账征收的营业税纳税人）

纳税人识别号：

纳税人名称（公章）：

税款所属时间：自　　年　　月　　日至　　年　　月　　日　　填表日期：　　年　　月　　日　　金额单位：元（列至角分）

税目	营业额				税率（%）	本期税款计算			税款缴纳								
											本期已缴税额				本期应缴税额计算		
	应税收入	应税减除项目金额	应税营业额	免税收入		小计	本期应纳税额	免（减）税额	期初欠缴税额	前期多缴税额	小计	已缴本期应纳税额	本期已被扣缴税额	本期已缴欠缴税额	小计	本期期末应缴税额	本期期末应缴欠缴税额
1	2	3	4＝2－3	5	6	7＝8＋9	8＝（4－5）×7	9＝5×7	10	11	12＝13＋14＋15	13	14	15	16＝17＋18	17＝8－13－14	18＝10－11－15
交通运输业																	
建筑业																	
邮电通讯业																	
服务业																	
娱乐业																	
金融保险业																	
文化体育业																	
销售不动产																	
转让无形资产																	
合计																	
代扣代缴项目																	
总　计																	

纳税人或代理人声明：	如纳税人填报，由纳税人填写以下各栏							
此纳税申报表是根据国家税收法律的规定填报的，我确定它是真实的、可靠的、完整的。	办税人员（签章）		财务负责人（签章）		法定代表人（签章）		联系电话	
	如委托代理人填报，由代理人填写以下各栏							
	代理人名称		经办人（签章）		联系电话		代理人（公章）	

以下由税务机关填写：

受理人：　　　　年　　月　　日　　　　受理税务机关（签章）：

本表一式三份，一份纳税人留存。一份主管税务机关留存，一份征收部门留存。

(4) 金融保险业营业税纳税申报表

1）“金融保险业营业税纳税申报表”；

2）“贷款（含贴现、押汇、透支等）利息收入明细表”；

3）“外汇转贷利息收入明细表”；

4）“委托贷款利息收入明细表”；

5）“融资租赁收入明细表”；

6）“自营买卖股票价差收入明细表”；

7）“自营买卖债券价差收入明细表”；

8）“自营买卖外汇价差收入明细表”；

9）“自营买卖其他金融商品价差收入明细表”；

10）“金融经纪业务及其他金融业务收入月汇总明细表”；

11）“保费收入明细表”；

12）“储金业务收入明细表”；

13）主管税务机关规定的其他资料。

4.2.4 所得税纳税申报代理

(1) 企业所得税纳税申报代理操作要点

根据税法规定，纳税人应在月份或者季度终了后15日内报送申报表及月份或者季度财务报表。年度终了后5个月内向其所在地主管税务机关报送“企业所得税年度纳税申报表”（见表3-7、表3-8）和税务机关要求报送的其他有关资料，办理结清税款手续。

表3-7　中华人民共和国企业所得税年度纳税申报表（A类）

税款所属期间：　年　月　日至　年　月　日

纳税人名称：

纳税人识别号：□□□□□□□□□□□□□□□□□□　金额单位：元（列至角分）

类别	行次	项目	金额
利润总额计算	1	一、营业收入（填附表一）	
	2	减：营业成本（填附表二）	
	3	营业税金及附加	
	4	销售费用（填附表二）	
	5	管理费用（填附表二）	
	6	财务费用（填附表二）	
	7	减产减值损失	
	8	加：公允价值变动收益	
	9	投资收益	
	10	二、营业利润	
	11	加：营业外收入（填附表一）	
	12	减：营业外支出（填附表二）	
	13	三、利润总额（10+11-12）	

续表

类别	行次	项　目	金　额
应纳税所得额计算	14	加：纳税调整增加额（填附表三）	
	15	减：纳税调整减少额（填附表三）	
	16	其中：不征税收入	
	17	免税收入	
	18	减计收入	
	19	减：免税项目所得	
	20	加计扣除	
	21	抵扣应纳税所得额	
	22	加：境外应税所得弥补境内亏损	
	23	纳税调整后所得（13＋14－15＋22）	
	24	减：弥补以前年度亏损（填附表四）	
	25	应纳税所得额（23－24）	
应纳税额计算	26	税率（25%）	
	27	应纳所得税额（25×26）	
	28	减：减免所得税额（填附表五）	
	29	减：抵免所得税额（填附表五）	
	30	应纳税额（27－28－29）	
	31	加：境外所得应纳所得税额（填附表六）	
	32	减：境外所得抵免所得税额（填附表六）	
	33	实际应纳所得税额（30＋31－32）	
	34	减：本期累计实际已预缴的所得税额	
	35	其中：汇总纳税的总机构分摊预缴的税额	
	36	汇总纳税的总机构财政调库预缴的税额	
	37	汇总纳税的总机构所属分支机构分摊的预缴税额	
	38	合并纳税（母子体制）成员企业就地预缴比例	
	39	合并纳税企业就地预缴的所得税额	
	40	本年应补退的所得税额（33－34）	
附列资料	41	以前年度多缴的所得税额在本年抵减额	
	42	以前年度应缴未缴在本年入库所得税额	

纳税人公章： 经办人： 申报日期：　　年　　月　　日	申报中介机构公章： 经办人执业证件号码： 申报日期：　　年　　月　　日	主管税务机关受理专用章： 受理人： 受理日期：　　年　　月　　日

1）核查收入核算账户和主要的原始凭证，计算当期生产经营收入、财产转让收入、股息收入等各项应税收入。

2）核查成本核算账户和主要的原始凭证，根据行业会计核算制度，确定当期产品销售

表 3－8 **企业所得税纳税申报表**（适用于核定征收企业）

税款所属期间：　年　月至　年　月

纳税人识别码：　　　　　　　　　　　　　　金额单位：元（列至角分）

纳税人名称			
纳税申报栏			
项目	行次	本期数	累计数
收入总额	1		
成本费用	2		
应税所得率	3		
应纳税所得额	4		
适用税率	5		
应缴所得税额（4×5）	6		
减：实际已预缴的所得税额	7		
应补退的所得税额（8＝6－7）	8		
纳税人公章： 经办人（签章）： 申报日期：　年　月　日		主管税务机关受理专用章： 受理人： 受理日期：　年　月　日	

备注：本表一式三份，主管税务机关受理后退还纳税人保存一份，由主管税务机关留存两份。

填报说明（略）

成本或营业成本。

3）核查主要的期间费用账户和原始凭证，确定当期实际支出的销售费用、管理费用和财务费用。

4）核查税金核算账户，确定税前应扣除的税金总额。

5）核查损失核算账户，计算资产损失、投资损失和其他损失。

6）核查营业外收支账户及主要原始凭证，计算营业外收支净额。

7）经过上述六个步骤的操作，税务代理人员可据此计算出企业当期收入总额、不征税收入和免税收入额，再按税法规定核查允许的各项扣除及允许弥补的以前年度亏损，计算当期应税所得额。

8）根据企业适用的所得税税率，计算应纳所得税额。

（2）企业所得税纳税申报表的填制

企业所得税纳税申报表的填制方法见表 3－7、表 3－8。

4.2.5 个人所得税纳税申报代理

（1）个人所得税纳税申报代理操作要点

1）居民纳税义务人。居民纳税义务人是指在中国境内有住所，或者无住所而在境内居住满 1 年的个人，应负无限纳税义务。本书主要介绍我国境内的企业、外国企业常驻代表机构中的中方和外籍人员工薪所得，劳务报酬所得，利息、股息、红利所得申报的操作规范。

①核查有关工薪所得、劳务报酬所得和利息、股息、红利所得结算账户，审核支付单位

工薪支付明细表，奖金和补贴性收入发放明细表，劳务报酬支付明细表，福利性现金或实物支出，集资债券利息、股息、红利支出，确定应税项目和计税收入。

②根据税法有关税前扣除项目的具体规定，确定免予征税的所得，计算应税所得。

③核查外籍个人来源于中国境内由境外公司支付的收入，来源于中国境外由境内、境外公司支付的所得，根据有无住所或实际居住时间，以及在中国境内企业任职的实际情况，确认纳税义务。

④核查税款负担方式和适用的税率，计算应纳税额，并于每月7日前向主管税务机关办理代扣代缴所得税申报手续。

2）非居民纳税义务人。非居民纳税义务人是指在中国境内无住所又不居住，或无住所而在境内居住不满1年，但有从中国境内取得所得的个人。非居民纳税义务人只负有限纳税义务。对非居民纳税义务人来源于中国境内的工薪所得，根据在境内实际居住的时间、支付方式和税收协定的有关规定来确定是否征税。劳务报酬所得主要根据税收协定有关独立劳务和非独立劳务的判定来确定具体的计税方法。由于利息、股息、红利所得情况各异，征免界定均有具体规定。因此，非居民纳税义务人个人所得税的纳税申报，其计税资料的取得与核实比较复杂。

①核查外籍个人因任职、受雇、履约等出入境的实际日期，确定与其派遣公司或雇主的关系，通过出入境签证、职业证件、劳务合同等来判定其所得适用的税目和发生纳税义务的时间。

②核查纳税义务人来源于中国境内，分别由境内、境外支付的工薪所得明细表，根据税款负担方式和雇主为其负担税款的情况，将不含税收入换算成含税收入。

③核查纳税义务人从中国境内企业取得的各种补贴、津贴及福利费支出明细，除税法规定免予征税的项目外，将其并入工薪所得计算纳税。

④核查纳税义务人劳务报酬所得支付明细表，通过审核外籍个人来华提供劳务服务与派遣公司的关系，判定其属于非独立劳务或独立劳务，前者应按工薪所得计税，后者则适用劳务报酬的计税方法。

⑤核查纳税义务人来源于中国境内的利息、股息、红利所得的计税资料，根据其投资的具体内容来判定征免。

⑥核查担任境内企业或外企商社高级职务的外籍个人来源于中国境内的工薪所得和实际履行职务的期间，据以计算应税所得。

⑦在对非居民纳税义务人工薪所得、劳务报酬所得、利息、股息、红利所得等全部计税资料进行核查后，分类计算应税所得，按一定的税款负担方式计算出支付单位应代扣代缴的个人所得税税额。

（2）代理填制个人所得税纳税申报表的方法

个人所得税申报表主要设置了7类9种，其中较常用的为7种：个人所得税纳税申报表、个人所得税纳税申报表（适用于年所得12万元以上的纳税人申报）、扣缴个人所得税报告表、个人独资企业和合伙企业投资者个人所得税申报表（见表3－9）、特定行业个人所得税月份申报表、特定行业个人所得税年度申报表、个体工商户所得税年度申报表。

表 3－9　　　　个人独资企业和合伙企业投资者个人所得税申报表

纳税人编码：　　　　　　申报期：　年　　月　　日至　　月　　日　　　　　　金额单位：元

投资者姓名		投资者身份证号码			
企业名称		企业税务登记证号		企业电话	
企业地址		行业类别		企业银行账号	

项　目	行次	本期数	累计数	补充材料
一、收入总额	1			1. 年平均职工人数＿人 2. 工资总额＿元 3. 从其他企业取得的生产经营所得 （1）（分配比例%） （2）（分配比例%） （3）（分配比例%） （4）（分配比例%）
减：成本	2			
费用、税金	3			
营业外支出	4			
二、企业利润总额	5			
三、纳税调整增加额	6			
1. 超过规定标准扣除的项目	7			
（1）从业人员工资支出	8			
（2）职工福利费	9			
（3）职工教育经费	10			
（4）工会经费	11			
（5）利息支出	12			
（6）广告费	13			
（7）业务招待费	14			
（8）教育和公益事业捐赠	15			
（9）提取折旧费	16			
（10）无形资产摊销	17			
（11）其他	18			
2. 不允许扣除的项目	19			
（1）资本性支出	20			
（2）无形资产受让、开发支出	21			
（3）违法经营罚款和被没收财物损失	22			
（4）税收滞纳金、罚金、罚款	23			
（5）灾害事故损失赔偿	24			
（6）非教育和公益事业捐赠	25			
（7）各种赞助支出	26			
（8）计提的各种准备金	27			
（9）投资者的工资	28			
（10）与收入无关的支出	29			
3. 应税收益项目	30			
（1）少计应税收益	31			

续表

项　　目	行次	本期数	累计数	补充材料
(2) 未计应税收益	32			填表人签字：
四、纳税调整减少额	33			
1. 弥补亏损	34			纳税人签字：
2. 国库券利息收入	35			
3. 投资者标准费用扣除额	36			（本栏目由税务机关填写）
4. 其他	37			
五、经纳税调整后的经营生产所得	38			
六、应纳税所得额（分配比例%）	39			收到日期：
七、适用税率	40			接受人：
八、应纳所得税额	41			审核日期：
减：减、免所得税额	42			审核记录：
九、应缴入库所得税额	43			主管税务机关盖章
加：期初未缴所得税额	44			年　月　日
减：实际已缴纳所得税额	45			主管税务官员签字：
十、期末应补（退）所得税额	46			

4.2.6 其他税种纳税申报代理

(1) 土地增值税纳税申报代理操作要点

1) 核查房地产投资立项合同、批准证书和房地转让合同，确认投资立项与转让的时间及房地产开发项目的性质。如属于免税项目，应向主管税务机关申请办理免征土地增值税的申报手续。

2) 核查应收账款、预收账款、经营收入、其他业务收入、固定资产清理账户及主要的原始凭证，确认本期应申报的转让房地产收入。

3) 核查土地使用权转让合同及付款凭证，确认土地出让金的实际缴付金额。

4) 核查开发成本账户及开发建筑承包合同与付款凭证，确认土地征用及拆迁补偿费、前期工程费等开发支出。

5) 核查财务费用账户及相关借款合同，确认利息支出，并按税法规定计算扣除。对于其他房地产开发费用，应根据利息计算分摊情况，以土地出让金和开发成本为基数，按规定比例计算。

6) 核查经营税金和管理费用账户及缴税原始凭证，确认与转让房地产有关的税金。

7) 核查旧房及建筑物房地产评估机构出具的评估报告及原始资料，确认重置成本价及成新度折扣率。

经过以上步骤操作之后可计算得出土地增值额，按适用税率计算应纳税额。由于房地产开发项目投资大、工期长，在项目全部竣工结算前，难以计算纳税人转让房地产的增值额，一般按预收款收入的一定比例预缴税款，待竣工结算后清算，多退少补。因此，房地产企业土地增值税预缴申报，可主要依确认征免和核查转让房地产收入的程序进行操作。

（2）印花税纳税申报代理操作要点

印花税的计税方法虽然简单，然而税目有13个，税率也都有不同的规定，涉及企业生产经营的各个环节，纳税人稍有疏忽，就会因零星税额的漏缴而受到严厉的处罚。进行印花税纳税申报，税务代理人员应详细了解委托人应税凭证的范围，做到及时贴花、不漏不缺。

印花税纳税申报代理操作要点如下：

1）了解企业生产经营所属的行业以及生产经营项目的特点，确定应税凭证可能发生的主要范围。

2）核查企业当期书立的购销合同、加工承揽合同、货物运输合同、技术合同、营业账簿、权利许可证照等，按合同金额和适用的税率计算应纳税额。

3）核查企业具有合同性质的票据、单据，如运输费用发票。购销单位相互之间开出的订单、要货单、传真函件等，均应视为应税凭证，按规定贴花。

4）核查企业可能发生应税凭证业务的核算账户，如"实收资本"、"资本公积"、"固定资产"、"制造费用"、"管理费用"等，以防止漏缴税款。

5）加工承揽合同、货物运输合同等在计税时可作一定金额扣除的应税凭证，还应核查计税金额与扣除金额，确定计税依据。

6）将本期各应税凭证印花税税额汇总计算后，如税额较小，可到税务机关购买印花税票贴花完税并在每枚税票的骑缝处画销；税额较大的（税法规定为超过500元）可用税收缴款书缴纳税款。如果企业应税凭证种类多，纳税次数发生频繁，且金额较大，可向主管税务机关申请采取汇总缴纳的方法。

（3）房产税纳税申报代理操作要点

1）房产税纳税申报代理操作要点。房产税征税对象单一，但是有关纳税义务人的确认、计税依据的计算、减税免税的规定却较为复杂。为能准确把握应纳税额的计算，维护纳税人应享有的税收权益，应按下述规范要领操作：

①核查应税房屋及与房屋不可分割的各种附属设施，或一般不单独计算价值的配套设施，确认产权所属关系，以此判定纳税义务人。

②核查应税房产投入使用或竣工、验收的时间，确认纳税义务发生的时间。

③核查"固定资产"、"在建工程"、"其他业务收入"等核算账户，确认应税房产的净值或租金收入，确定房产税的计税依据。

④核查在征税范围内按现行政策应予以减税免税的房产。如危房、险房、停止使用、企业停产闲置不用的房产，因大修理停用在半年以上的房产等，报请税务机关审核同意可暂免征收房产税。

2）代理填制房产税纳税申报表的方法。房产税纳税申报表有关计税依据、适用税率等各栏的内容税法已有明确规定，在此只对一些特殊要求加以说明。

①房产原值：为"固定资产账户"借方所载的房屋造价（或购价）。其中，第1栏"上期申报房产原值（评估值）"，填写经税务机关审核认可的房产原值，或没有房产原值经税务机关评估的价值；第2栏"本期增减"，反映纳税人因为原有房产进行改建、扩建，或因毁损而增减的房屋原值；第4~6栏在确定第3栏本期实际房产原值的基础上，区分为从价、从租计税和免税的房产原值。

②计税依据：第8栏从价计税的为房产原值减除10%~30%折旧后的余值，第9栏从租

计征的为实际取得的租金收入。

③应纳税额：按本期应缴和汇算填报，其中，第13栏缴纳次数，按主管地方税务机关的规定填写，如全年分2次或4次缴纳，第14栏“本期应纳税额”为全年应纳税额的1/2或1/4。

(4) 城镇土地使用税纳税申报代理操作要点与申报表填制方法

城镇土地使用税计税方法直观简单，申报操作的重点环节是确定纳税义务人和计税土地面积及类别。

1）城镇土地使用税纳税申报代理操作规范。

①核查企业土地使用证标示的土地面积和实际占用的土地面积，在此基础上，核查土地实际所处的类区和用途，以确定征税土地面积的数量和适用的单位税额。

②核查拥有土地使用权的实际情况，确认纳税义务人。

③核查企业实际占用的减、免税土地面积及核批手续，确认减、免税土地面积。

④根据适用的单位税额计算应纳税额，按年计算分期缴纳。

2）填制城镇土地使用税纳税申报表的方法。

①“坐落地点”。按土地证上标明的地点或实际位置分行填列。

②“上期占地面积”为上期申报的实际占用土地面积（包括免税面积）。

③“本期增减”为实际占用的面积增加或减少的数量。

④其他各栏的填报方法可根据纳税申报表中注明的计算关系进行。

(5) 资源税申报代理操作要点

资源税纳税申报主要涉及两个方面：纳税单位应税资源纳税申报、收购应税资源单位代扣代缴申报。

1）资源税纳税申报代理。

①核查应税资源项目，确定课税数量，对于应税与非应税资源混同的企业，应加以区分。

②核查应税项目中按税法规定享受减、免税政策的应税资源数量。

③根据资源税的明细税额和本地区的具体规定确定适用税率，计算填报纳税申报表。

2）资源税扣缴申报代理。资源税扣缴义务人主要有两个方面：第一，收购应税而未税矿产品的独立矿山或联合企业；第二，其他收购未税矿产品的单位。资源税扣缴申报操作要点如下：

①核查收购未税矿产品原始凭证和付款凭证，确定课税数量。

②根据资源税明细税额计算应扣缴的税额。

③指导收购单位在向纳税人支付收购款项前扣缴税款，并按照主管税务机关规定的期限办理扣缴税款报告。

3）代理填制资源税纳税申报表的方法。填制资源税纳税申报表有以下注意要点：

①产品名称按企业应税产品名称及收购未税矿产品名称据实填报。

②课税单位按税法规定的数量单位填写。如吨、千立方米等。

③课税数量根据本期应税资源的销售数量、自用数量，按适用税率分别填列。

④单位税额填写本地区适用定额税率。

⑤免税项目各栏目填报要求与应税项目是一致的。

资源税扣缴报告表填报内容与纳税申报表基本相同。其中，产品名称、课税单位、课税数量、单位税额均按收购未税矿产品的具体情况填写。免税项目各栏要求填报收购未列举征税的产品。

4.3 相关知识

4.3.1 增值税纳税申报相关知识

(1) 一般纳税人应纳税额的计算

一般纳税人销售货物或者提供增值税应税劳务，应纳税额为当期销项税额抵扣当期进项税额后的余额。应纳税额计算公式为：

应纳税额 = 当期销项税额 - 当期进项税额 - 上期留抵税额

如果应纳税额大于零，则为当期应缴纳的增值税；如果当期应纳税额小于零，则为本期留抵税额。留待下期继续抵扣。

1) 销项税额。销项税额是指纳税人销售货物或者提供增值税应税劳务，按照销售额和适用税率计算并向购买方收取的增值税额。其计算公式为：

销项税额 = 销售额 × 税率

上面所述销售额，是指纳税人销售货物或者应税劳务向购买方收取的全部价款和价外费用，但是不包括收取的销项税额。

2) 进项税额。纳税人购进货物或者接受应税劳务，所支付或者负担的增值税额为进项税额。包括：

①从销售方取得的增值税专用发票上注明的增值税额；

②从海关取得的进口增值税专用缴款书注明的增值税额；

③购进免税农业产品准予抵扣的进项税额，按照买价和 13% 的扣除率计算；

④支付运输费用与建设基金按 7% 的扣除率计算进项税额，但随同运费支付的装卸费、保险费等不得计算扣除进项税额；

3) 不得从销项税额中抵扣的进项税额。

①纳税人购进货物或者接受应税劳务，取得的增值税应税凭证不符合法律、行政法规或者国务院税务主管部门有关规定的，其进项税额不得从销项税额中抵扣。

②下列项目的进项税额不得从销项税额中抵扣：

- 用于非增值税应税项目、免征增值税项目、集体福利或者个人消费的购进货物或者应税劳务；
- 非正常损失的购进货物及相关的应税劳务；
- 非正常损失的在产品、产成品所耗用的购进货物或者应税劳务；
- 国务院财政、税务主管部门规定的纳税人自用消费品；
- 以上规定的货物的运输费用和销售免税货物的运输费用。

4) 进项税额抵扣的时间限定。

①增值税一般纳税人申请抵扣的防伪税控系统开具的增值税专用发票，必须自该专用发票开具之日起 180 日内到税务机关认证，并在认证通过的当月申报抵扣。

②取得的海关进口增值税专用缴款书，应当在开具之日起 180 日后的第一个纳税申报期结束前向主管税务机关申报抵扣。

③纳税人取得开具的运输发票，应当自开票之日起180日内向主管国家税务局申报抵扣，超过180日的不得予以抵扣。纳税人办理申报时，应填报“增值税运输发票抵扣清单”纸质文件及电子信息，未报送的进项税额不得抵扣。

5）进项税额的扣减。

①因进货退出或折让而收回的增值税额，应从发生进货退出或折让当期的进项税额中扣减。

②已抵扣进项税额的购进货物或应税劳务发生上述所列进项税额不得从销项税额中抵扣情况的，应将该项购进货物或应税劳务的进项税额从当期的进项税额中扣减。

（2）小规模纳税人的征收税率及应纳税额的计算

小规模纳税人增值税征收率一律为3%。征收率的调整由国务院决定。小规模纳税人销售货物或者应税劳务，按照销售额和规定的征收率计算应纳税额，不得抵扣进项税额。应纳税额计算公式为：

应纳税额 = 销售额 × 征收率

销售额比照一般纳税人规定确定，也不包括其应纳税额，小规模纳税人如采用销售额和应纳税额合并定价方法的，按下列公式计算销售额：

销售额 = 含税销售额 ÷ （1 + 征收率）

（3）出口货物应退税额的计算方法

1）外贸企业出口货物退税计算方法。对有进出口经营权的外贸企业收购货物直接出口或委托其他外贸企业代理出口货物的，应依据购进出口货物所取得的增值税专用发票上列明的进项金额和该货物适用的退税率计算退税。其计算公式为：

应退税额 = 购进货物的进项金额 × 退税率

2）生产企业出口货物“免、抵、退”税计算方法。实行“免、抵、退”税管理办法的“免”税，是指对生产企业出口的自产货物，免征本企业生产销售环节的增值税；“抵”税，是指生产企业出口的自产货物所耗用原材料、零部件等应予退还的进项税额，抵顶内销货物的应纳税款；“退”税，是指生产企业出口的自产货物在当期内因抵顶的进项税额大于应纳税额而未抵顶完的税额，经主管税务机关批准后，予以退税。

生产企业出口货物“免、抵、退”税额应根据出口货物离岸价、出口货物退税率计算：出口货物离岸价（FOB）以出口发票上的离岸价为准，若以其他价格条件成交，应扣除按会计制度规定允许冲减出口销售收入的运费、保险费、佣金等。申报数与实际支付数有差额的，在下次申报退税时调整（或年终清算时一并调整）。若出口发票不能如实反映离岸价，企业应按实际离岸价申报“免、抵、退”税，税务机关有权按照《税收征管法》、《增值税暂行条例》等的规定予以核定。

①免抵退税不得免征和抵扣税额的计算。其计算公式为：

免抵退税不得免征和抵扣税额 = 当期出口货物离岸价 × 外汇人民币牌价 ×（出口货物征税率 − 出口货物退税率）− 免抵退税不得免征和抵扣税额抵减额

免抵退税不得免征和抵扣税额抵减额 = 免税购进原材料价格 ×（出口货物征税率 − 出口货物退税率）

②当期应纳税额的计算。其计算公式为：

当期应纳税额 = 当期内销货物的销项税额 - (当期进项税额 - 当期免抵退税不得免征和抵扣税额) - 当期留抵税额

③免抵退税额的计算。其计算公式为：

免抵退税额 = 出口货物离岸价 × 外汇人民币牌价 × 出口货物退税率 - 免抵退税额抵减额

免抵退税额抵减额 = 免税购进原材料价格 × 出口货物退税率

免税购进原材料包括国内购进免税原材料和进料加工免税进口料件，其中，进料加工免税进口料件的价格为组成计税价格。其计算公式为：

进料加工免税进口料件的组成计税价格 = 货物到岸价格 + 海关实征关税和消费税

④当期应退税额和当期免抵税额的计算。其计算公式为：

- 当期期末留抵税额≤当期免抵退税额时：

当期应退税额 = 当期期末留抵税额

当期免抵税额 = 当期免抵退税额 - 当期应退税额

- 当期期末留抵税额 > 当期免抵退税额时：

当期应退税额 = 当期免抵退税额

当期免抵税额 = 0

“当期期末留抵税额”为当期“增值税纳税申报表”上的“期末留抵税额”。

4.3.2 消费税纳税申报代理相关知识

消费税计征方法有三种：从价定率征收、从量定额征收和实行复合计税办法征收。

- 实行从价定率计征办法的，其计算公式如下：

消费税应纳税额 = 应税消费品的销售额 × 适用比例税率

- 实行从量定额计征办法的，其计算公式如下：

消费税应纳税额 = 应税消费品的课税数量 × 定额税率

- 卷烟、粮食白酒和薯类白酒的计税办法为实行从量定额和从价定率相结合计算应纳税额的复合计税方法。应纳税额计算公式为：

应纳税额 = 销售数量 × 定额税率 + 销售额 × 比例税率

(1) 应税消费品的销售额

销售额为纳税人销售应税消费品向购买方收取的全部价款和价外费用。

(2) 应税消费品的课税数量

1) 纳税人通过自设非独立核算门市部销售自产消费品的，应按照门市部对外销售数量征收消费税；

2) 纳税人自产自用的应税消费品，其计税依据为应税消费品的移送使用量；

3) 委托加工的应税消费品，其计税依据为纳税人收回的应税消费品数量；

4) 进口的应税消费品，其计税依据为海关核定的应税消费品进口征税数量。

(3) 用外购已税消费品连续生产应税消费品

下列用外购已税消费品连续生产的应税消费品，在计税时按当期生产领用数量计算准予扣除外购的应税消费品已纳的消费税税款：

1) 外购已税烟丝生产的卷烟；

2）外购已税化妆品生产的化妆品；

3）外购已税珠宝玉石生产的贵重首饰及珠宝玉石；

4）外购已税鞭炮、焰火生产的鞭炮、焰火；

5）外购已税汽车轮胎生产的汽车轮胎；

6）外购已税摩托车零件生产的摩托车；

7）以外购或委托加工收回的已税石脑油为原料生产的应税消费品；

8）以外购或委托加工收回的已税润滑油为原料生产的润滑油；

9）以外购或委托加工收回的已税杆头、杆身和握把为原料生产的高尔夫球杆；

10）以外购或委托加工收回的已税木制一次性筷子为原料生产的木制一次性筷子；

11）以外购或委托加工收回的已税实木地板为原料生产的实木地板。

上述当期准予扣除外购应税消费品已纳消费税税款的计算公式为：

$$\begin{matrix}\text{当期准予扣除的外购}\\\text{应税消费品已纳税款}\end{matrix}=\begin{matrix}\text{当期准予扣除的外}\\\text{购应税消费品买价}\end{matrix}\times\begin{matrix}\text{外购应税消费}\\\text{品适应税率}\end{matrix}$$

$$\begin{matrix}\text{当期准予扣除的外}\\\text{购应税消费品买价}\end{matrix}=\begin{matrix}\text{期初库存的外购应}\\\text{税消费品的买价}\end{matrix}-\begin{matrix}\text{期末库存的外购}\\\text{应税消费品的买价}\end{matrix}+\begin{matrix}\text{当期购进的应税}\\\text{消费品的买价}\end{matrix}$$

（4）自产自用应税消费品

1）用于连续生产应税消费品的不纳税。

2）用于其他方面的，应于移送使用时纳税。

①纳税人自产自用的应税消费品，应按照纳税人生产的同类消费品的销售价格计算纳税；没有同类消费品销售价格的，按照组成计税价格计算纳税。其计算公式为：

$$\text{组成计税价格}=(\text{成本}+\text{利润})\div(1-\text{消费税税率})$$

②实行复合计税办法计算纳税的组成计税价格计算公式为：

$$\text{组成计税价格}=(\text{成本}+\text{利润}+\text{自产自用数量}\times\text{定额税率})\div(1-\text{比例税率})$$

$$\text{应纳税额}=\text{组成计税价格}\times\text{适用税率}+\text{自产自用数量}\times\text{定额税率}$$

（5）委托加工应税消费品

委托加工的应税消费品，按照受托方的同类消费品的销售价格计算纳税；没有同类消费品销售价格的，按照组成计税价格计算纳税。其计算公式为：

$$\text{组成计税价格}=(\text{材料成本}+\text{加工费}+\text{委托加工数量}\times\text{定额税率})\div(1-\text{比例税率})$$

委托方收回委托加工的已税消费品后，直接对外出售的不再征收消费税。委托方以收回的委托加工的已税消费品作为原料连续生产应税消费品的，准予从应纳税款中扣除原材料中已由受托方代收代缴的消费税税额。当期准予扣除委托加工收回的应税消费品已纳消费税税款的计算公式是：

$$\begin{matrix}\text{当期准予扣除的委托加}\\\text{工应税消费品已纳税款}\end{matrix}=\begin{matrix}\text{期初库存的委托加工}\\\text{应税消费品已纳税款}\end{matrix}+\begin{matrix}\text{当期收回的委托加工}\\\text{应税消费品已纳税款}\end{matrix}-\begin{matrix}\text{期末库存的委托加工}\\\text{应税消费品已纳税款}\end{matrix}$$

（6）兼营不同税率应税消费品

纳税人兼营不同税率的应税消费品，应当分别核算不同税率应税消费品的销售额、销售数量。未分别核算销售额、销售数量，或者将不同税率的应税消费品组成成套消费品销售的，从高适用税率。

（7）出口应税消费品退（免）税的计算

外贸企业从生产企业购进应税消费品直接出口或受其他外贸企业委托出口应税消费品的应退消费税税款，分以下两种情况处理：

①属于从价定率征收的应税消费品，应依照外贸企业从工厂购进货物时征收消费税的价格计算。其计算公式为：

应退消费税税额＝出口货物工厂销售额×适用税率

②属于从量定额征收的应税消费品，应依照货物购进和报关出口的数量计算。其计算公式为：

应退消费税税额＝出口数量×单位税额

4.3.3 营业税纳税申报代理相关知识

纳税人提供应税劳务、转让无形资产或者销售不动产，按照营业额和适用税率计算应纳税额。应纳税额计算公式为：

应纳税额＝营业额×税率

纳税人的营业额，为纳税人提供营业税应税劳务、转让无形资产或者销售不动产向对方收取的全部价款和价外费用。有关营业税的具体规定如下：

（1）交通运输业

运输企业将承揽的运输业务分给其他单位或者个人的，以其取得的全部价款和价外费用扣除其支付给其他单位或者个人的运输费用后的余额为营业额。

（2）建筑安装业

纳税人提供建筑业劳务（不含装饰劳务）的，其营业额应当包括工程所用原材料、设备及其他物资和动力价款在内，但不包括建设方提供的设备的价款。

纳税人采用清包工形式提供的装饰劳务，按照其向客户实际收取的人工费、管理费和辅助材料费等收入（不含客户自行采购的材料价款和设备价款）确认计税营业额。

建筑业的总承包人将工程分包给他人的，以工程的全部承包额减去付给分包人的价款后的余额为营业额。

纳税人从事安装工程作业，凡以所安装的设备的价值作为安装工程产值的，其营业额应包括设备的价款在内。

（3）金融保险业

1）贷款业务（包括转贷业务）。贷款业务的营业额为贷款利息收入（包括各种加息、罚款）。

2）融资租赁。以其向承租者收取的全部价款和价外费用（包括残值）减去出租方承担的出租货物的实际成本后的余额，以直线法折算出本期的营业额。其计算方法为：

本期营业额＝(应收的全部价款和价外费用－实际成本)×(本期天数÷总天数)

实际成本＝货物购入原价＋关税＋增值税＋消费税＋运杂费＋安装费＋保险费＋支付给境外的外汇借款利息支出

3）金融商品转让。外汇、有价证券、期货等金融商品买卖业务，以卖出价减去买入价后的余额为营业额。

4）金融经纪业务和其他金融业务（中间业务）。营业额为手续费（佣金）类的全部收入包括价外收取的代垫、代收代付费用（如邮电费、工本费）、加价等，从中不得作任何扣除。

5）保险。

①办理初保业务向保户收取的保费。营业额为纳税人经营保险业务向对方收取的全部价款，即向被保险人收取的全部保险费。

②储金业务。保险公司如采用收取储金方式取得经济利益的（即以被保险人所交保险资金的利息收入作为保费收入，保险期满后将保险资金本金返还被保险人），其“储金业务”的营业额，为纳税人在纳税期内的储金平均余额乘以人民银行公布的一年期存款的月利率。

储金平均余额为纳税期期初储金余额与期末余额之和乘以50%。

4.3.4 企业所得税纳税申报代理相关知识

企业所得税基本计算公式为：

应纳所得税额＝应纳税所得额×税率－减免税额－抵免税额

应纳税所得额＝收入总额－不征税收入－免税收入－各项扣除－允许弥补的以前年度亏损

1）应纳税所得额的计算。

①企业以货币形式和非货币形式从各种来源取得的收入为收入总额，包括销售货物收入，提供劳务收入，转让财产收入，股息、红利等权益性投资收益，利息收入，租金收入，特许权使用费收入，接受捐赠收入，其他收入。

②收入总额中的不征税收入包括财政拨款，依法收取并纳入财政管理的行政事业性收费、政府性基金，国务院规定的其他不征税收入。

③企业的免税收入包括国债利息收入，符合条件的居民企业之间的股息、红利等权益性投资收益，在中国境内设立机构、场所的非居民企业从居民企业取得与该机构、场所有实际联系的股息、红利等权益性投资收益，符合条件的非营利组织的收入。

④各项扣除的计算（略）。

⑤亏损，是指企业依照企业所得税法及其实施条例的规定将每一纳税年度的收入总额减除不征税收入、免税收入和各项扣除后小于零的数额。

2）境外所得抵免税额的计算。居民企业来源于中国境外的应税所得，非居民企业在中国境内设立机构、场所，取得发生在中国境外但与该机构、场所有实际联系的应税所得，已在境外缴纳的所得税税额，可以从其当期应纳税额中抵免。抵免限额为该项所得依照企业所得税法规定计算的应纳税额；超过抵免限额的部分，可以在以后5个年度内，用每年度抵免限额抵免当年应抵税额后的余额进行抵补。

居民企业从其直接或者间接控制的外国企业分得的来源于中国境外的股息、红利等权益性投资收益，外国企业在境外实际缴纳的所得税税额中属于该项所得负担的部分，可以作为该居民企业的可抵免境外所得税税额，在《企业所得税法》规定的抵免限额内抵免。

4.3.5 个人所得税纳税申报相关知识

(1) 工资、薪金所得应纳所得税额的计算

工资、薪金所得应缴纳的个人所得税可以由纳税人直接缴纳，也可以由扣缴义务人扣缴。它以纳税人每月取得的工资薪金收入扣除3 500元（或4 800元）后的余额为应税所得，根据七级超额累进税率，计算其应纳所得税额。

(2) 劳务报酬所得应纳所得税额的计算

劳务报酬所得个人所得税应纳税额的计算公式为：

1) 每次收入不足4 000元的：

$$应纳税额=应纳税所得额\times适用税率=(每次收入额-800)\times20\%$$

2) 每次收入在4 000元以上的：

$$应纳税额=应纳税所得额\times适用税率=每次收入额\times(1-20\%)\times20\%$$

3) 每次收入超过2万元的：

$$\begin{aligned}应纳税额&=应纳税所得额\times适用税率-速算扣除数\\&=每次收入额\times(1-20\%)\times适用税率-速算扣除数\end{aligned}$$

(3) 中国境内无住所的个人未满1个月工资薪金所得应纳税额的计算

$$应纳税额=[当月工资薪金应纳税所得额\times适用税率-速算扣除数]\times\frac{当月实际在中国天数}{当月天数}$$

如果外籍个人取得的是日工资薪金，应以日工资薪金乘以当月天数换算成月工资薪金后，按上述公式计算应纳税额。

(4) 境外所得的已纳税款的扣除

根据《个人所得税法》的规定，纳税义务人从中国境外取得的所得，准予其在应纳税额中扣除已在境外缴纳的个人所得税税款。但扣除额不得超过该纳税义务人境外所得依照我国税法规定计算的应纳税额。

(5) 个人独资企业和合伙企业投资者个人所得税的计算

个人独资企业和合伙企业，每一纳税年度的收入总额减除成本、费用以及损失后的余额，作为投资者个人的生产经营所得，比照“个体工商户的生产经营所得”应税项目，适用5% ~35%的五级超额累进税率，计算征收个人所得税。

个人独资企业的投资者以全部生产经营所得为纳税所得额；合伙企业的投资者按照合伙企业的全部生产经营所得和合伙协议约定的分配比例确定应纳税所得额，合伙协议没有约定分配比例的，以全部生产经营所得和合伙人数量平均计算每个投资者的应纳税所得额。

凡实行查账征税办法的，生产经营所得比照《个体工商户个人所得税计税办法（试行）》的规定确定。但下列项目的扣除例外：

1) 投资者的工资不得在税前扣除。投资者的费用扣除标准为42 000元/年（3 500元/月）。2011年前8个月按2 000元/月扣除，后4个月按3 500元/月扣除。

2) 企业从业人员合理的工资、薪金支出允许在税前扣除。

3) 投资者及其家庭发生的生活费用不允许在税前扣除。投资者及其家庭发生的生活费用与企业生产经营费用混合在一起；且难以划分的，全部视为投资者个人及其家庭发生的生

活费用，不允许在税前扣除。

4）企业生产经营和投资者及其家庭生活共用的固定资产难以划分的，由主管税务机关根据企业的生产经营类型、规模等具体情况，核定准予在税前扣除的折旧费用的数额或比例。

5）企业实际发生的工会经费、职工福利费、职工教育经费分别在其计税工资总额的2%、14%、2.5%的标准内据实扣除。

6）企业每一纳税年度发生的广告和业务宣传费用不超过当年销售（营业）收入15%的部分，可据实扣除；超过部分可无限期向以后纳税年度结转。

7）企业每一纳税年度发生的与其生产经营业务直接相关的业务招待费，按照发生额的60%扣除，但最高不得超过当年销售（营业）收入的5‰。

8）企业计提的各种准备金不得扣除。有下列情形之一的，则采取核定征收方式征收个人所得税：

①企业依照国家有关规定应当设置但未设置账簿的；

②企业虽设置账簿，但账目混乱或者成本资料、收入凭证、费用凭证残缺不全，难以查账的；

③纳税人发生纳税义务，未按照规定期限办理纳税申报，经税务机关责令限期申报，逾期仍不申报的。

实行核定应税所得率（见表3－10）征收方式的，应纳所得税额的计算公式如下：

应纳所得税额＝应纳税所得额×适用税率

应纳税所得额＝收入总额×应税所得率

或＝成本费用支出额÷(1－应税所得率)×应税所得率

表3－10　应税所得率

行业	应税所得率（%）
工业、交通运输业、商业	5～20
建筑业、房地产开发业	7～20
饮食服务业	7～25
娱乐业	20～40
其他行业	10～30

企业经营多业的，无论其经营项目是否单独核算，均应根据其主营项目确定其适用的应税所得率。

4.3.6　其他税种纳税申报代理相关知识

（1）土地增值税纳税申报代理相关知识

土地增值税按照纳税人转让房地产所取得的增值额和适用的超率累进税率计算征收。其计算公式为：

应纳税额＝土地增值额×适用税率－扣除项目金额×速算扣除系数

（2）印花税纳税申报代理相关知识

印花税实行从价定率和从量定额两种征收办法。其计算公式为：

应纳税额 = 计税金额 × 税率

或 = 固定税额 × 应税凭证件数

应纳税额不足0.10元的不征税。应纳税额在0.10元以上，其尾数按四舍五入方法计算贴花。

企业应税凭证所记载的金额为外币的，应按凭证书立、领受当日国家外汇管理局公布的外汇牌价折合为人民币，计算应纳税额。

一般情况下，企业需要预先购买印花税票，待发生应税行为时，再根据凭证的性质和规定的比例税率或者按件计算应纳税额，将已购买的印花税票粘在应税凭证上，并在每枚税票的骑缝处盖戳注销或者画销，办理完税手续。

(3) 房产税纳税申报代理相关知识

房产税为财产税性质的税种，实行按年征收分期缴纳，地方政府有较大的税收管理权限。房产税的纳税申报除要掌握税法的一般规定外，还必须了解地方政府的特殊政策。房产税应纳税额的计算分为以下两种情况：

以房产原值为计税依据的，其计算公式为：

应纳税额 = 房产余值 × 税率（1.2%）

以房产租金收入为计税依据的，其计算公式为：

应纳税额 = 房产租金收入 × 税率（12%）

(4) 城镇土地使用税纳税申报代理相关知识

城镇土地使用税计税方法简单直观，但由于界定土地使用权、计税面积和类别、适用的定额税率情况各异，使申报工作也具有一定的难度。

城镇土地使用税实行从量定额征收办法，其应纳税额计算公式为：

应纳税额 = 单位税额 × 实际占用土地面积

(5) 资源税申报相关知识

资源税具有特定的征税范围，根据资源地区级差或等级收入设置幅度税额和明细税额，实行从量定额征收。资源税的纳税申报，应在了解企业应税资源品目和特点的基础上，正确划分征免范围，确定适用的税目税率。资源税的应纳税额，按照应税产品的课税数量和适用的单位税额计算。其计算公式为：

应纳税额 = 课税数量 × 单位税额

4.4 技能训练

4.4.1 职业单项选择题

1）某企业将数月前收购的农产品毁损，账面成本43 500元，则应该对进项税额的处理是（　　）。

A. 不必处理　　B. 进项税额转出5 655元

C. 进项税额转出6 500元　　D. 进项税额转出7 395元

2）下列各项中，符合消费税法有关应按当期生产领用数量计算准予扣除外购的应税消费品已纳消费税税款规定的是（　　）。

A. 外购已税白酒生产的药酒　　B. 外购已税化妆品生产的化妆品

C. 外购已税白酒生产的巧克力　　D. 外购已税珠宝玉石生产的金银镶嵌首饰

3）下列应税项目中，以一个月为一次确定应纳税所得额的有（　　）。

A. 劳务报酬所得　　B. 特许权使用费所得

C. 财产租赁所得　　D. 财产转让所得

4.4.2 职业多项选择

1）下列行为不属于视同销售货物，不应征收增值税的是（　　）。

A. 某企业将自产产品赠送给福利院

B. 某商店将外购的部分饮料用于自己解暑

C. 某企业将外购的水泥用于基建工程

D. 某企业将外购的洗衣粉用于个人消费

2）下列行为中只交营业税的有（　　）。

A. 与著作权和所有权一起转让的计算机软件

B. 电信部门为客户安装电话并销售电话机

C. 地板商销售地板并负责安装

D. 运输公司销售并送货上门

3）下列属于企业所得税的收入的有（　　）。

A. 将外购货物用于职工奖励

B. 将自产货物用于交际应酬

C. 企业自产的产品用于市场推广

D. 将半成品用于连续生产成品

4.4.3 练习

（1）增值税、消费税、营业税应纳税额的计算

1）某家具厂系增值税一般纳税人，具有自营进出口权，出口产品增值税实行“免抵退”税管理办法。20×9 年 1 月发生如下经济业务（假定该家具厂按规定的时间办理了增值税抵扣凭证的认证手续和出口货物“免抵退”税审核手续）：

①1 月 8 日，销售给家具商城组合办公用家具一批，开具的增值税专用发票注明价款 60 万元，税额 102 000 元，收到家具商城开具的商业承兑汇票。

②1 月 9 日，向市木材公司购进原木一批并验收入库，取得增值税专用发票注明价款 20 万元，税额 26 000 元，开出支票支付货款。

③1 月 10 日，开具支票支付 1 月 9 日购进原木的运费，运输公司开具公路运输发票注明运费 5 000 元，装卸及杂费 500 元。

④1 月 12 日，一套原销售价格为 58 500 元家用家具经总经理批示以 8 折卖给关系户，开具普通销货发票，销售价格 46 800 元，并以现金收取款项（已知该套家具的生产成本为 35 000 元）。

⑤1 月 15 日，将各式家具一批发往省外某家具经销公司代销，该批家具的生产成本为 30 万元，与代销单位约定代销价格为 585 000 元（与该家具经销公司一直采用代销形式，且每批代销家具均签订代销协议，以实际销售额的 5% 支付代销手续费）。

⑥上月购进的油漆因质量有问题，经与销售单位协商，同意退货。1 月 7 日到主管税务

机关申请取得“开具红字增值税专用发票通知单”，1月18日取得销售单位开具的红字增值税专用发票，价款1万元，税额1 700元，款项尚未收到。

⑦1月18日，自营出口销售一批家具（出口退税率为13%），以离岸价结算的产品销售收入为40万元，开具“出口货物销售统一发票”，并于当日办妥信用证的结汇手续。

⑧1月20日，生产车间更新改造工程领用自产的半成品——木材一批，生产成本为5万元（其中，耗用原材料——原木成本为4万元），该种木材家具厂从没对外销售过，无同类销售价格。

⑨1月21日，客户上月委托定制的专用办公用家具已经完工，按委托加工合同约定，客户提供的结余原木抵付加工费计20 600元，另外还可以向委托方收取加工费5万元，款项尚未收到，开具加工费普通发票70 600元；收到客户从税务机关开具的增值税专用发票，价款2万元，税额600元。

⑩1月23日，购进单位价格1 872元的刨板机3台，可使用年限5年，取得增值税专用发票，价款4 800元，税额816元，刨板机已于当日到厂验收并投入车间使用，款项已开具支票结清。

⑪1月25日，收到税务稽查决定书，稽查发现的部分外购板材计不含税成本价6万元，因火灾毁损，其相应的进项税额应转出补缴增值税。

⑫1月31日，省外某家具经销公司发来代销清单，销售各式家具价款80万元，税额为136 000元，代销手续费为4万元，汇款896 000元已到账，开具增值税专用发票计价款80万元，税额136 000元。

要求：

①计算出企业当期应缴纳的增值税（以万元为单位，保留两位小数）。

②进行出口退税申报。

2）甲红酒酒业有限公司主营红酒的生产、批发和零售。根据红酒产品的特殊性，公司在销售时主要使用两种包装方式：一种是常见的装瓶销售，采用将酒瓶的售价计入销售中，并另外收取押金，以便收回；另一种是对于酒吧等娱乐场所销售的红酒主要为桶装酒，所用酒桶免费使用，但预先收取押金，具体政策如下：①酒瓶每个成本价格为5元，在销售时直接包含在红酒的销售额中，另外收取3元/瓶押金。②酒桶每个成本价格是2 000元，免费使用，但是为了保证酒桶的回收，每个酒桶收取押金3 500元。③包装物押金的时间规定均为6个月。

20×9年4月份，发生下列经济业务：

①4月1日，为了方便使用，仁人咖啡向酒厂购买酒桶，酒厂销售酒桶200个，收取价款56万元，并开具普通发票。

②4月6日，发给某经销商红酒100箱，成本价8万元，并开具了增值税专用发票1张，注明价款10万元，另外开具自制收据1张，收取酒瓶押金3 000元，酒桶押金3 500元。

③4月8日，采用赊销方式销售给某经销商红酒50箱，成本价格45 000元，合同约定一年后付款，注明不含税价格6万元。

④4月16日，购进酒瓶1万个，单价5元/个，取得增值税专用发票一张，款项尚未支付。

⑤4月20日，500个酒瓶、20个酒桶的押金已经逾期，按期退回200个酒瓶、2个酒桶的押金。

⑥4月24日，仁人咖啡自带酒桶购红酒5吨，价税合计金额为175 500元，与公司口头约定分两期付款，提货当日付款20%，3个月后付款80%，款付清时开具发票。仁人咖啡当日如约支付20%的货款。

企业取得的抵扣凭证已经在4月30日全部通过税务机关认证，上月留抵税额56 000元，企业适用的消费税率是10%。

要求：

①根据企业的经济业务，作出正确的会计分录。

②计算出企业当期应缴纳的消费税、增值税（以万元为单位保留两位小数）。

3）某集装箱运输企业20×9年8月提供的营业税计税资料如下：

①本月集装箱装箱收入25万元，装箱辅助作业费用如场地作业费、机械费、叉车费、吊车费20 800元。

②本月代收港杂费、验箱费、提箱费26 000元。集装箱运输收入26万元，集装箱堆存收入84 000元，集装箱租赁收入29 000元。

③本月取得货运收入82 000元。

要求：根据营业税纳税申报操作规范的要求，通过编制工作底稿，计算应纳税额，填制表3－11。

表3－11

项目 税目	应税劳务额（元）	适用税率	应纳税额（元）	备注
运输业				（1）装箱收入及辅助费用 （2）集装箱运输收入
仓储业				集装箱堆存收入
租赁业				集装箱租赁收入
代理业				货运、代收港杂费、验箱费等
合　计				

（2）企业所得税、个人所得税应纳税额的计算。

1）某市一家居民企业为增值税一般纳税人，主要生产销售彩色电视机，假定20×9年度有关经营业务如下：

①销售彩电取得不含税收入8 600万元，与彩电配比的销售成本5 660万元；

②转让技术所有权取得收入700万元，直接与技术所有权转让有关的成本和费用100万元；

③出租设备取得租金收入200万元，接受原材料捐赠取得增值税专用发票注明材料金额50万元，增值税进项税额8.5万元，取得国债利息收入30万元；

④购进原材料共计3 000万元，取得增值税专用发票注明进项税额510万元，支付购料运输费用共计230万元，取得合法票据；

⑤销售费用1 650万元，其中广告费1 400万元；

⑥管理费用850万元，其中业务招待费90万元；

⑦财务费用80万元，其中含向非金融企业借款500万元，所支付的年利息费用40万元（当年金融企业贷款的年利率为5.8%）；

⑧计入成本、费用中的实发工资540万元，发生的工会经费15万元、职工福利费82万元、职工教育经费18万元；

⑨营业外支出300万元，其中包括通过公益性社会团体向贫困山区的捐款150万元。

其他相关资料：上述销售费用、管理费用和财务费用不涉及技术转让费用；取得的相关票据均通过主管税务机关认证

要求：根据上述资料，按下列序号计算回答问题（每问需计算出合计数）：

①企业20×9年应缴纳的增值税；

②企业20×9年应缴纳的营业税；

③企业20×9年应缴纳的城市维护建设税和教育费附加；

④企业20×9年实现的会计利润；

⑤广告费用应调整的应纳税所得额；

⑥业务招待费应调整的应纳税所得额；

⑦财务费用调整的应纳税所得额；

⑧职工工会经费、职工福利费、职工教育经费应调整的应纳税所得额；

⑨公益性捐赠应调整的应纳税所得额；

⑩企业20×9年度企业所得税的应纳税所得额；

⑪企业20×9年度应缴纳的企业所得税。

2）一外籍个人担任我国境内一家外商投资企业财务总监，每月工资由该企业支付15 000元，由外方公司支付5 000美元（折合人民币4万元），该个人20×9年度1—6月在我国境内工作，其余时间在境外履行职务。根据规定，其20×9年度在我国的纳税义务确定为多少？

3）王某20×9年1月至12月从中国境内取得工资、薪金收入3万元（20×9年度费用扣除标准为2 000元/月），从A国取得特许权使用费收入8 000元，已按A国税法规定缴纳了个人所得税1 400元。则王某20×9年应申报缴纳个人所得税额为多少？

（3）其他税种应纳税额的计算。

1）某运输公司出售一栋办公楼（20×6年购入，原价2 300万元，现已使用3年，累计折旧300万元），取得转让收入2 500万元，并按税法规定缴纳了与转让房地产有关的各项税费。经房地产评估机构评定的重置成本为2 500万元，成新度折扣率为8成。

①计算应纳的营业税、城建税、教育费附加和印花税；

②计算应纳的土地增值税；

③进行正确的会计处理。

2）某交通运输企业20×9年12月签订以下合同：

①与某银行签订融资租赁合同购置新车15辆，合同载明租赁期限为3年，每年支付租金100万元；

②与某客户签订货物运输合同，合同载明货物价值500万元，运输费用65万元（含装卸费5万元，货物保险费10万元）；

③与某运输企业签订租赁合同，合同载明将本企业闲置的总价值300万元的10辆货车出租，每辆车月租金4 000元，租期未定；

④与某保险公司签订保险合同，合同载明为本企业的50辆车上第三方责任险，每辆车

每年支付保险费4 000元。

要求：该企业当月应缴纳的印花税是多少？

3）某厂办公楼、厂房等房产20×9年的账面原值为1 000万元，按规定房产原值扣除比率为30%，每年4月、10月分两次缴纳。每次应缴纳房产税为多少？

4）某城市的一家公司，实际占地23 000平方米。由于经营规模扩大，年初该公司又受让了一尚未办理土地使用证的土地3 000平方米，公司按其当年开发使用的2 000平方米土地面积进行申报纳税，以上土地均适用每平方米2元的城镇土地使用税税额。该公司当年应缴纳城镇土地使用税为多少？

5）某油田10月份生产原油8万吨（单位税额8元/吨），其中，销售6万吨，用于加热、修井的原油1万吨，待销售1万吨，当月在采油过程中还回收伴生天然气1千万立方米（单位税额8元/千立方米），计算该油田10月份应纳资源税税额。

4.5 完成任务

4.5.1 增值税纳税申报代理

（1）增值税一般纳税人纳税代理流程

代理人向纳税人取得必报资料和备查资料→填制增值税纳税申报表→进行网上或到税务大厅办理缴税。

（2）小规模纳税人纳税代理流程

准备申报资料（包括必备与备查资料）→稽核销售货物、应税劳务和视同销售的收入→区分征免税项目及非应税项目的销售收入→核查“应交税费——应交增值税”明细账，将含税收入换算成不含税销售额，乘以征收率计算出当期应纳税额→按时解缴税款。

（3）生产企业“免、抵、退”税申报代理流程

准备申报资料→向主管征税机关办理增值税纳税和免、抵税申报→并向主管征税机关退税部门办理退税申报→按时解缴税款。

4.5.2 消费税纳税申报代理

（1）自产或委托加工应税消费品代理流程

确定应税消费品适用的税目税率，核实计税依据→在规定的期限内向主管税务机关报送消费税纳税申报表→按时解缴税款。

（2）出口应税消费品代理流程

1）生产企业。税务代理人员向主管征税机关提供“两单一票”办理免税手续→报送消费税纳税申报表，同时提供“出口货物转内销证明”→按时解缴税款。

2）外贸企业。

①生产企业将应税消费品销售给外贸企业出口，应到主管征税机关办理消费税专用税票开具手续，办理消费税纳税申报手续。

②应税消费品出口后外贸企业凭“两单两票”及消费税专用税票向主管退税机关报送出口退税货物进货凭证申报明细表和出口货物退税申报明细表。

③出口的应税消费品办理退税后，发生退关或国外退货，外贸企业应在当期向主管退税机关申报补缴已退的消费税税款，办理“出口商品退货已补税证明”。

4.5.3 营业税纳税申报代理流程

1）核查营业收入相关账户及主要的原始凭证，计算应税营业收入。

2）根据企业应税项目的具体情况，确认税前应扣除的营业额。

3）核查兼营非应税劳务、混合销售以及减免税项目的营业额，确认应税营业额和适用的税目税率。

4）核查已发生的代扣代缴营业税义务的情况，确认应扣缴税额。

5）计算填表后按规定期限向主管税务机关报送营业税纳税申报表及其他计税资料。代扣代缴的营业税要履行报缴税款手续。

4.5.4 所得税纳税申报代理

（1）企业所得税纳税申报代理操作流程

核查收入核算账户和主要的原始凭证，计算当期各项应税收入→核查成本核算账户和主要的原始凭证，确定当期产品销售成本或营业成本→核查主要的期间费用账户和原始凭证，确定当期实际支出的销售费用、管理费用和财务费用→核查税金核算账户，确定税前应扣除的税金总额→核查损失核算账户，计算资产损失、投资损失和其他损失→核查营业外收支账户及主要原始凭证，计算营业外收支净额→计算企业当期收入总额、不征税收入和免税收入额，再按税法规定核查允许的各项扣除及允许弥补的以前年度亏损，计算当期应税所得额→填制企业所得税纳税申报表。

（2）个人所得税纳税申报代理操作流程

区分居民纳税义务人和非居民纳税义务人→填制个人所得税纳税申报表→上交税款。

4.6 教研活动

4.6.1 讨论本任务的教学重点、教学难点是什么？

本任务的教学重点是增值税的纳税申报；本任务的教学难点是企业所得税的纳税申报。

4.6.2 讨论怎么发现教学重点、教学难点？

购销活动是企业生产经营活动的起点与终点，一般纳税人应纳税额的计算采用的是购进扣税法，小规模纳税人应纳税额的计算采用的是按征收率征税的简易办法。

由于一般纳税人的销售活动多种多样，购进活动进项税额有的可以抵扣、有的不可以抵扣，因此一般纳税人应纳增值税的计算是一个很复杂的计算过程。

企业所得税应纳税额的计算的过程更为复杂。

收入总额与各项扣除的计算是企业所得税计算的难点，相关的税收法律法规条例较多，需严格按照规定申报纳税。

4.6.3 讨论怎么解决教学重点和教学难点？

熟悉《增值税暂行条例》及《企业所得税法》，结合相关案例的讲解，解决重点、难点问题。

单元4

验资业务

职业背景

验资是注册会计师依法接受委托，对被审验单位注册资本的实收情况或注册资本及实收资本变更情况进行审验，并出具验资报告。《中华人民共和国注册会计师法》第十四条明确规定，“验证企业资本，出具验资报告”是注册会计师的法定业务之一，《中华人民共和国公司法》等法律法规也对注册会计师承办验资业务作出了规定。验资是一种鉴证业务，注册会计师的审验意见旨在提高被审验单位的注册资本实收情况或注册资本及实收资本变更情况的可信赖程度，满足公司登记机关登记注册资本和实收资本及被审验单位向出资者签发出资证明的需要。

学习目标

- ☐ 了解验资业务的类型及业务流程
- ☐ 了解如何签订验资业务约定书
- ☐ 了解如何编制验资计划
- ☐ 了解外商投资企业验资询证直接投资外汇管理信息系统操作流程
- ☐ 熟悉验资资料的取证和货币资金、实物资产、知识产权、土地使用权、净资产出资的审验程序
- ☐ 熟悉外资企业验资的特殊审验程序
- ☐ 掌握设立验资、变更验资报告的编制

任务1　设立验资

1.1　任务描述

A、B、C是在我国境内设立登记的有限责任公司，三家公司拟共同出资组建ABC有限公司，ABC公司由A、B、C共同出资组建，注册资本1 000万元，其中：A公司以货币出资450万元，B公司以实物资产（包括车辆、机器设备）出资320万元，C公司以知识产权（专利权）出资230万元。A公司将出资的货币资金存入ABC有限公司（筹）开立的临时存款账户，B、C公司已分别就出资的实物资产和知识产权委托新华资产评估有限公司进行资产评估，并已就出资的实物资产、知识产权办理了财产转移手续。中华会计师事务所注册会计师对上述出资的资产制订了验资计划，实施了恰当的审验程序，并将审验过程记录于验资工作底稿，按照业务约定书约定的日期出具验资报告。

1.2　任务分析

1.2.1　设立验资的含义

设立验资是指注册会计师对被审验单位申请设立登记时的注册资本实收情况进行的审验。需要注册会计师进行设立验资的情形包括：

（1）被审验单位向公司登记机关申请设立登记时全体股东的一次性全部出资和分次出资的首次出资情况；

（2）公司新设、合并、分立，新设立的公司向公司登记机关申请设立登记。

中华会计师事务所注册会计师在查阅了拟设立公司的相关资料后，就相关的出资方式、出资时间等问题进行了解答，并初步了解了拟设立公司的基本情况。

1.2.2　验资业务流程

（1）业务约定书

1）了解被审验单位基本情况。注册会计师应当了解被审验单位基本情况，考虑自身独立性和专业胜任能力，初步评估验资风险，以确定是否接受委托。在接受委托前，注册会计师应当与委托人、被审验单位管理层沟通，实地查看被审验单位的住所和主要经营场所，了解被审验单位基本情况，获取有关资料，填写被审验单位基本情况表（详见表4－1）。

被审验单位基本情况主要包括：被审验单位的设立审批、变更审批，名称预先核准，经营范围，公司类型，组织机构和人员，申请设立或变更登记的注册资本、实收资本，出资方式、出资时间，全体出资者指定代表或委托代理人等基本情况。

表 4－1　　　　　　　　　　被审验单位基本情况表

（适用于内资有限责任公司、股份有限公司设立验资）

索 引 号：　　　　页次：
编制人员：　　　　日期：
复核人员：　　　　日期：

被审验单位名称						
住　所						
联系电话		传真		邮政编码		
电子信箱						
公司类型						
法定代表人		经营期限				
经营范围						
审批机关及文号						
董事长		总经理		委托代理人		
开户银行及账号						
出资者名称	认缴（认购）的注册资本			实收资本		
	出资方式	出资金额	出资比例	出资方式	出资金额	出资比例
合　计						
备　注						

验资风险主要源自两个方面：一是被审验单位管理层的诚信度、所提供验资资料的真实性与完整性；二是注册会计师的专业胜任能力和职业道德水平。

下列事项通常导致注册资本实收情况或注册资本及实收资本变更情况发生重大错报风险：

①验资业务委托渠道复杂或不正常；

②验资资料存在涂改、伪造痕迹或验资资料互相矛盾；

③被审验单位随意更换或不及时提供验资资料，或只提供复印件不提供原件；

④自然人出资、家庭成员共同出资或关联方共同出资；

⑤出资人之间存在分歧；

⑥被审验单位拒绝或阻挠注册会计师实施重要审验程序，如被审验单位拒绝或阻挠注册会计师实施银行存款函证、实物资产监盘等程序，或不执行法律规定的程序，如非货币财产应当评估而未评估等；

⑦被审验单位处在高风险行业；

⑧非货币财产计价的主观程度高或其计价需要依赖大量的主观判断；

⑨验资付费远远超出规定标准或明显不合理。

2）与委托人的沟通。为了避免双方对验资业务的理解产生分歧，注册会计师应当就委托目的、出资者和被审验单位的责任以及注册会计师的责任、审验范围、时间要求、验资收费、报告分发和使用限制等主要事项与委托人沟通，并达成一致意见。

3）签订业务约定书。注册会计师在了解被审验单位基本情况并进行了初步评估验资风险后，注册会计师如果拟接受委托，应当与委托人就双方达成一致的事项签订业务约定书。

验资业务约定书的具体内容至少应当包括：业务范围与委托目的、双方的责任与义务、验资收费、验资报告的用途及使用责任、业务约定书的有效期间、约定事项的变更及违约责任等条款。

注册会计师执行验资业务，应当遵守相关的职业道德规范，恪守独立、客观、公正的原则，保持专业胜任能力和应有的关注，并对执业过程中获知的信息保密。

业务约定书应当由会计师事务所与委托人签订。

验资业务约定书

甲方：××公司（筹）

乙方：××会计师事务所

兹由甲方委托乙方对甲方截至20××年×月×日止注册资本的实收情况进行审验。经双方协商，达成以下约定：

一、业务范围与委托目的

1. 乙方接受甲方委托，对甲方截至20××年×月×日止的出资者、出资币种、出资金额、出资时间、出资方式和出资比例等进行审验，并出具验资报告。

2. 甲方委托乙方验资的目的是为申请设立登记及向出资者签发出资证明。

二、甲方的责任与义务

（一）甲方的责任

1. 确保出资者按照法律法规以及协议、章程的要求出资；

2. 提供真实、合法、完整的验资资料；

3. 保护资产的安全、完整。

（二）甲方的义务

1. 及时为乙方的验资工作提供其所要求的全部资料和其他有关资料（在20××年×月×日之前提供验资所需的全部资料），并保证所提供资料的真实性、合法性和完整性，并将所有对审验结论产生影响的事项如实告知乙方。

2. 确保乙方不受限制地接触任何与验资有关的记录、文件和所需的其他信息。

3. 甲方对其作出的与验资有关的声明予以书面确认。

4. 为乙方派出的有关工作人员提供必要的工作条件和协助，主要事项将由乙方于验资工作开始前提供清单。

5. 按本约定书的约定及时足额支付验资费用以及乙方人员在验资期间的交通、食宿和其他相关费用。

三、乙方的责任和义务

（一）乙方的责任

1. 乙方的责任是在实施审验程序的基础上出具验资报告。乙方按照《中国注册会计师审计准则第1602号——验资》（以下简称验资准则）的规定进行验资。验资准则要求注册会计师遵守职业道德规范，计划和实施验资工作，以对甲方注册资本的实收情况进行审验，并出具验资报告。

2. 乙方的验资不能减轻甲方的责任。

（二）乙方的义务

1. 按照约定时间完成验资工作，出具验资报告。乙方应于20××年×月×日前出具验资报告。

2. 除下列情况外，乙方应当对执行业务过程中知悉的甲方信息予以保密：(1) 取得甲方的授权；(2) 根据法律法规的规定，为法律诉讼准备文件或提供证据，以及向监管机构报告发现的违反法规行为；(3) 接受行业协会和监管机构依法进行的质量检查；(4) 监管机构对乙方进行行政处罚（包括监管机构处罚前的调查、听证）以及乙方对此提起行政复议。

四、验资收费

1. 本次验资服务的收费是以乙方各级别工作人员在本次工作中所耗费的时间为基础计算的，预计本次验资服务的费用总额为人民币××元。

2. 甲方应于本约定书签署之日起×日内支付×%的验资费用，其余款项于［验资报告草稿完成日］结清。

3. 如果由于无法预见的原因，致使乙方从事本约定书所涉及的验资服务实际时间较本约定书签订时预计的时间有明显的增加或减少时，甲、乙双方应通过协商，相应调整本约定书第四条第1项下所述的验资费用。

4. 如果由于无法预见的原因，致使乙方人员抵达甲方的工作现场后，本约定书所涉及的验资服务不再进行，甲方不得要求退还预付的验资费用；如上述情况发生于乙方人员完成现场验资工作，并离开甲方的工作现场之后，甲方应另行向乙方支付人民币××元的补偿费，该补偿费应于甲方收到乙方的收款通知之日起×日内支付。

5. 与本次验资有关的其他费用（包括交通费、食宿费、询证费）由甲方承担。

五、验资报告和验资报告的使用

1. 乙方按照《〈中国注册会计师审计准则第1602号——验资〉指南》规定的格式出具验资报告。

2. 乙方向甲方致送验资报告一式××份，供甲方向公司登记机关申请设立登记及向出资者签发出资证明时使用。

3. 甲方在提交或对外公布验资报告时，不得修改乙方出具的验资报告正文及附件。

4. 验资报告不应被视为对甲方验资报告日后资本保全、偿债能力和持续经营能力等的保证。甲方及其他第三方因使用验资报告不当造成的后果，乙方不承担任何责任。

六、本约定书的有效期间

本约定书自签署之日起生效，并在双方履行完毕本约定书的所有义务后终止。但其中第三（二）2、四、五、八、九、十项并不因本约定书终止而失效。

七、约定事项的变更

如果出现不可预见的情况影响验资工作如期完成，或需要提前出具验资报告时，甲乙双方均可要求变更约定事项，但应及时通知对方，并由双方协商解决。

八、终止条款

1. 如果根据乙方的职业道德及其他有关专业职责、适用的法律法规或其他任何法定的要求，乙方认为已不适宜继续为甲方提供本约定书约定的验资服务时，乙方可以采取向甲方提出合理通知的方式终止履行本约定书。

2. 在终止业务约定的情况下，乙方有权就其于本约定书终止之日前对约定的验资服务项目所做的工作收取合理的验资费用。

九、违约责任

甲、乙双方按照《中华人民共和国合同法》的规定承担违约责任。

十、适用法律和争议解决

本约定书的所有方面均适用中华人民共和国法律进行解释并受其约束。本约定书履行地为乙方出具验资报告所在地，因本约定书所引起的或与本约定书有关的任何纠纷或争议（包括关于本约定书条款的存在、效力或终止，或无效之后果），双方选择第________种解决方式：

（1）向有管辖权的人民法院提起诉讼；

（2）提交××仲裁委员会仲裁。

十一、双方对其他有关事项的约定

本约定书一式两份，甲、乙各执一份，具有同等法律效力。

甲方：××公司（筹）　　　　乙方：××会计师事务所（盖章）
授权代表：（签名并盖章）　　授权代表：（签名并盖章）
年　月　日　　　　　　　　年　月　日

（2）验资计划

注册会计师执行验资业务，应当编制验资计划，对验资工作作出合理安排。

验资计划包括总体验资计划（表4－2）和具体验资计划（表4－3）。总体验资计划是注册会计师对验资业务作出的总体安排；具体验资计划是注册会计师对拟实施审验程序的性质、时间和范围作出的具体安排。

表4－2　　总体验资计划

索引号：　　页次：
编制人员：　日期：
复核人员：　日期：

被审验单位名称							
以往的审计或验资情况				评估情况			
事务所名称	审计年度或验资时间	报告文号	审验金额	事务所名称	评估时间	年度	报告文号
验资类型				委托目的			
审验范围				验资重点			
验资风险评估				收费预算			
签字注册会计师				助理人员			
对专家工作的利用							

续表

工作项目	时间预算	执行人员	执行日期	底稿索引
了解被审验单位基本情况				
签订验资业务委托书				
货币出资审验				
实物出资审验				
……				
……				
撰写验资报告				
复核				
重要事项说明				

表4－3　　××审验程序表

索引号：　页次：

被审验单位名称：　编制人员：　日期：

审验项目：　复核人员：　日期：

一、审验目标		
二、审验程序	适用否	索引号
三、审验结论		
四、复核意见		

（3）获取注册资本实收情况明细表

注册会计师在验资过程中获取的由被审验单位签章的注册资本实收情况明细表或注册资本、实收资本变更情况明细表，是被审验单位出资者出资情况的总括反映，经被审验单位签署确认后，代表了被审验单位对其出资者出资情况的认定，也是被审验单位的一种书面声明，是注册会计师应当获取的重要证据之一。获取这一证据有助于分清被审验单位和注册会计师各自的责任。

（4）确定审验范围

设立验资的审验范围一般限于与被审验单位注册资本实收情况有关的事项，包括出资者、出资币种、出资金额、出资时间、出资方式和出资比例等。

（5）获取验资事项声明

注册会计师应当向出资者和被审验单位获取与验资业务有关的重大事项的书面声明。

与验资业务有关的重大事项的书面声明（以下简称验资事项声明书）通常包括下列内容：

1）出资者及被审验单位的责任；

2）非货币财产的评估和价值确认情况；

3）出资者对出资财产在出资前拥有的权利，是否未设定担保及已办理财产权转移手续；

4）净资产折合实收资本情况及相关手续办理情况；

5）验资报告的使用；

6）其他对验资产生重大影响的事项。

验资事项声明书日期通常与验资报告日一致。

验资事项声明书参考格式（适用于设立验资——以内资有限责任公司为例）：

验资事项声明书

××会计师事务所并××注册会计师：

本公司（筹）已经××［审批部门］××字××号［批文名称］批准，由××（以下简称甲方）、××（以下简称乙方）共同出资组建，于××年×月×日取得××［公司登记机关］核发的《企业名称预先核准通知书》，正在申请办理设立登记。现已委托贵所对本公司（筹）申请设立登记的截至××年×月×日止的注册资本实收情况进行审验，并出具验资报告。为配合贵所的验资工作，现就有关事项声明如下：

1. 本公司（筹）全体股东已按照法律法规以及协议、章程的要求出资，并保证不抽逃出资，本公司（筹）对全体股东出资资产的安全、完整负全部责任。

2. 本公司（筹）已提供全部验资资料，并已将截至验资报告日止的所有对审验结论产生重要影响的事项如实告知注册会计师，无违法、舞弊行为。本公司（筹）及全体股东对所提供验资资料的真实性、合法性、完整性负责。

3. 用以出资的非货币财产已按照国家规定进行评估，其价值是合理的，且已经全体股东确认。

4. 本公司（筹）股东在出资前对其出资的非货币财产拥有所有权，不存在产权纠纷，未设定担保，已经办理财产权转移手续，且已移交本公司（筹）。

5. 本公司（筹）承诺将在公司成立后依法建立会计账簿，并按照注册会计师的审验结论对有关事项作出适当会计处理。

6. 本公司（筹）保证按验资业务约定书规定的用途使用验资报告。

［其他需要声明的重大事项］……

××公司（筹）股东：　　　　　　　　××公司（筹）

×××（签名并盖章）　　　　法定代表或委托代理人：（签名并盖章）

×××（签名并盖章）　　　　年　月　日

年　月　日

1.2.3 内资设立验资

（1）内资企业设立验资的一般取证资料

注册会计师执行设立验资业务时，通常需要根据实际情况，获取下列资料，形成审验证据：

1）被审验单位的设立登记申请书及批准文件（需要审批的）；

2）被审验单位出资者签署的与出资有关的协议和公司章程；

3）出资者的主体资格证明或者自然人身份证明；

4）载明公司董事、监事、经理的姓名、住所的文件以及有关委派、选举或者聘用的证明；

5）被审验单位法定代表人的任职文件和身份证明；

6）全体出资者（或董事会）指定代表或共同委托代理人的证明和委托文件、代表或代理人的身份证明；

7）经公司登记机关核准的《企业名称预先核准通知书》；

8）被审验单位住所和经营场所使用证明；

9）银行开户文件、收款凭证、对账单（或具有同等证明效力的文件）及银行询证函回函（内资企业银行询证函和外商投资企业银行询证函参考格式详见附录1）；

10）非货币财产出资的财产移交与验收证明，实物存放地点证明；

11）与非货币财产出资有关的批准文件；

12）实物资产、无形资产的评估报告、作价依据及出资各方对资产价值的确认文件；

13）非货币财产出资的已办理财产权转移手续的证明文件，包括房地产证、车辆行驶证、专利证书、专利登记簿、专有技术转让合同、商标注册证、著作权证书、土地使用权证、土地红线图等；

14）出资者对其出资责任，以及提供资料的真实、完整及出资财产未设定担保等重大事项的书面声明；

15）被审验单位确认的货币出资清单、实物出资清单、无形资产出资清单、与净资产折合实收资本相关的资产和负债清单、注册资本实收情况明细表；

16）国家相关法规规定的其他资料。

（2）内资企业设立验资的特殊取证

1）执行募集方式设立股份有限公司的验资业务，注册会计师还需要获取下列资料：

①创立大会的会议记录、证券公司承销协议、银行代收股款协议、认股书、募股清单和发行费用清单；

②以募集方式设立股份有限公司公开发行股票的有关国务院证券监督管理机构的核准文件；

③以国有资产出资的，政府有关部门对被审验单位股权设置方案的批复。

2）执行新设合并企业验资业务，注册会计师还应当获取下列资料：

①合并各方股东或股东大会关于新设合并的决议；

②合并各方签订的合并协议；

③政府有关部门批准企业合并的文件（需要审批的）；

④有关企业合并的报纸公告；

⑤合并各方的债务清偿报告或债务担保证明；

⑥合并各方的原企业法人营业执照复印件；

⑦合并各方的资产评估报告及合并各方对合并资产评估价值的确认文件；

⑧合并前各方和合并后被审验单位的资产负债表及财产清单；

⑨相关会计处理资料。

（3）货币出资的审验目标及审验方法

1）审验目标。审验出资者是否按照协议、章程的规定将其认缴的货币资金如期、足额存入被审验单位在其所在地银行开设的账户。

2）审验程序。以货币出资的，注册会计师应当在检查被审验单位开户银行出具的收款凭证、对账单及银行询证函回函等的基础上，审验出资者的实际出资金额和货币出资比例是否符合规定。具体审验程序包括：

①检查货币出资清单填列的出资者、出资币种、出资金额、出资时间、出资方式和出资比例等内容是否符合协议、章程的规定；

②检查入资账户（户名及账号）是否为被审验单位在银行开设的账户；

③检查收款凭证的金额、币种、日期等内容是否与货币出资清单一致；

④检查收款凭证是否加盖银行收讫章或转讫章；

⑤检查收款凭证的收款人是否为被审验单位，付款人是否为出资者；

⑥检查收款凭证中是否注明该款项为投资款；

⑦检查截至验资报告日的银行对账单（或具有同等证明效力的文件）的收款金额、币种、日期等是否与收款凭证一致，并关注其中资金往来有无明显异常情况；

⑧向银行函证，检查出资者是否缴存货币资金，金额是否与收款凭证一致，银行询证函必须由注册会计师亲自寄发，不能委托被审验单位到银行询证；

⑨核对货币出资清单与注册资本实收情况明细表是否相符；

⑩检查全体股东或者发起人的货币出资金额是否不低于注册资本的30%（此程序仅适用于出资者一次足额出资，如出资者分次出资则在末次验资时予以关注）。

（4）实物出资的审验程序

1）审验目标。审验出资者是否按照协议、章程的规定将其认缴的实物出资如期、足额投入被审验单位，并已办理有关财产权转移手续的证明文件。

2）审验程序。以实物出资的，注册会计师应当观察、检查实物，审验其权属转移情况，并按照国家有关规定在资产评估的基础上审验其价值。具体审验程序包括：

①检查实物出资清单填列的实物品名、数量、作价、出资日期等内容是否符合协议、章程的规定；

②检查实物资产出资是否按国家规定进行资产评估，查阅其评估报告，了解评估目的、评估范围与对象、评估基准日、评估假设等有关限定条件是否满足验资的要求，关注评估报告的特别事项说明和评估基准日至验资报告日期间发生的重大事项是否对验资结论产生影响；检查实物资产作价是否存在显著高估或低估；检查投入实物资产的价值是否经各出资者认可；

③观察、检查实物数量并关注其状况，验证其是否与实物出资清单一致；

④检查房屋、建筑物的平面图、位置图，验证其名称、坐落地点、建筑结构、竣工时间、已使用年限及作价依据等是否符合协议、章程的规定；

⑤检查机器设备、运输设备、材料等实物的购货发票、货物运输单、保险单等单证，验证其权属及作价依据；

⑥检查实物是否办理交接手续，交接清单是否得到出资者及被审验单位的确认，实物的交付方式、交付时间、交付地点等是否符合协议、章程的规定；

⑦检查须办理财产权转移手续的房屋、车辆等出资财产是否已办理财产权转移手续，验

证其出资前是否归属出资者，出资后是否归属被审验单位；

⑧检查相关文件确认出资的实物是否已设定担保；

⑨核对实物出资清单与注册资本实收情况明细表是否相符。

(5) 知识产权[①]、土地使用权出资的审验程序

1) 审验目标。审验出资者是否按照协议、章程的规定将其认缴的知识产权、土地使用权等无形资产如期、足额投入被审验单位，并办理有关财产权转移手续。

2) 审验程序。以知识产权、土地使用权等无形资产出资的，注册会计师应当验证其权属转移情况，并按照国家有关规定在资产评估的基础上审验其价值。具体审验程序包括：

①检查知识产权、土地使用权等无形资产出资清单填列的资产名称、有效状况、作价依据等内容是否符合协议、章程的规定；

②检查知识产权、土地使用权等无形资产出资是否按国家规定进行资产评估，查阅其评估报告，了解评估目的、评估范围与对象、评估基准日、评估假设等有关限定条件是否满足验资的要求；关注评估报告的特别事项说明和评估基准日至验资报告日发生的重大事项是否对验资结论产生影响；检查无形资产作价是否存在显著高估或低估；检查投入资产的价值是否经各出资者认可；

③以专利权出资的，如专利权人为全民所有制单位，检查专利权转让是否经过上级主管部门批准；以商标权出资须经商标主管部门审批的，检查是否经其审查同意；

④检查各项知识产权出资是否以其整体作价出资；

⑤检查土地使用权证和平面位置图，并现场察看，以审验土地使用权证载明的有关内容是否真实，土地使用权的作价依据是否合理；

⑥检查知识产权、土地使用权等无形资产是否办理交接手续，交接清单是否得到出资者及被审验单位的确认；

⑦检查须办理财产权转移手续的知识产权、土地使用权等出资财产是否已办理财产权转移手续，验证其出资前是否归属出资者，出资后是否归属被审验单位；

⑧获取相关文件确认出资的知识产权、土地使用权等无形资产是否设定担保；

⑨核对无形资产出资清单与注册资本实收情况明细表是否相符。

(6) 以净资产折合实收资本的审验程序

1) 审验目标。审验出资者是否按照协议、章程的规定将与以净资产折合实收资本相关的资产和负债如期、足额转入被审验单位，并办理有关财产权的转移手续。

2) 审验程序。以净资产折合实收资本的，注册会计师应当在审计的基础上按照国家有关规定审验其价值。具体审验程序包括：

①检查被审验单位以净资产折合实收资本是否符合国家有关规定；

②检查以净资产折合实收资本的金额是否符合协议、章程的规定；

③对以净资产折合实收资本相关的资产和负债进行审计，以验证净资产折合实收资本的

---

① 知识产权是指在科学、文化艺术等领域中，发明者、创作者对自己的创造性劳动成果依法享有的专有权，包括工业产权和著作权。工业产权是指对法律所确认的新技术和经济管理成果享有的权利，主要包括专利权和商标权。著作权是指著作者按照法律规定对自己的著作所享有的专有权利，包括发表权、署名权、修改权、保护作品完整权、使用权和获得报酬权等，也称为版权。

金额是否准确；如果相关资产和负债已经其他会计师事务所审计，在利用其工作时，应当依据《中国注册会计师审计准则第 1401 号——利用其他注册会计师的工作》的有关要求执行；

④检查与以净资产折合实收资本相关的资产、负债是否按国家规定进行资产评估，查阅评估报告，了解其评估目的、评估范围与对象、评估基准日、评估假设等有关限定条件是否满足验资的要求；关注评估报告的特别事项说明和评估基准日至验资报告日期间发生的重大事项对验资结论产生的影响；检查净资产作价是否存在显著高估或低估；检查以净资产折合实收资本的金额是否经各出资者认可；

⑤检查与以净资产折合实收资本相关的资产、负债的交接清单；

⑥检查与以净资产折合实收资本相关的资产和负债的转移方式、期限是否符合协议、章程的规定；

⑦检查新设合并的合并各方是否按照国家有关规定及时通知债权人，发布公告，进行债务清偿或提供债务担保；

⑧检查国有企业以净资产折股金额是否与政府有关部门的批准文件的规定一致，未折股部分的处理是否符合国家有关规定；

⑨检查评估基准日至以净资产折合实收资本日期间的净资产变动情况，并检查是否对其进行了适当的会计处理；

⑩检查以净资产折合实收资本的金额是否与注册资本实收情况明细表一致。

1.2.4 验资报告

验资报告具有法定证明效力，供被审验单位申请设立登记或变更登记及据以向出资者签发出资证明时使用。验资报告不应被视为对被审验单位验资报告日后资本保全、偿债能力和持续经营能力等的保证。

注册会计师在实施审验程序的基础上，根据验资取证获取的资料着手编制验资报告。验资报告要素包括：

（1）标题

验资报告的标题应当统一规范为“验资报告”。

（2）收件人

验资报告的收件人是指注册会计师按照业务约定书的要求致送验资报告的对象。验资报告应当载明收件人的全称。对拟设立的公司，收件人通常是公司登记机关预先核准的名称并加“（筹）”。

（3）范围段

验资报告的范围段应当说明审验范围、出资者和被审验单位的责任、注册会计师的责任、审验依据和已实施的主要审验程序等。

审验范围是指注册会计师所验证的被审验单位截至特定日期止的注册资本实收情况或注册资本及实收资本变更情况。

出资者和被审验单位的责任是按照法律法规以及协议、合同、章程的要求出资，提供真实、合法、完整的验资资料，保护资产的安全、完整。

注册会计师的责任是按照《中国注册会计师审计准则第 1602 号——验资》的规定，对被审验单位注册资本的实收情况或注册资本及实收资本的变更情况进行审验，出具验资报告。

已实施的主要审验程序通常包括检查记录或文件、检查有形资产、观察、询问、函证、重新计算等。

以拟设立有限责任公司股东一次全部出资为例，范围段的表述详见附录4验资报告参考格式1的第一段。

(4) 意见段

验资报告的意见段应当说明已审验的被审验单位注册资本的实收情况或注册资本及实收资本的变更情况。

对于设立验资，注册会计师在意见段中应当说明被审验单位申请登记的注册资本金额、约定的出资时间，并说明截至特定日期止，被审验单位已收到全体出资者缴纳的注册资本情况，包括实收注册资本金额（实收资本），各种出资方式的出资金额。

以拟设立有限责任公司股东一次全部出资为例，设立验资报告意见段（详见附录4验资报告参考格式1的第四段）。

(5) 说明段

验资报告的说明段应当说明验资报告的用途、使用责任及注册会计师认为应当说明的其他重要事项（详见附录4验资报告参考格式1的第五段）。

注册会计师认为应当说明的其他重要事项包括：

1）注册会计师与被审验单位在注册资本及实收资本的确认方面存在异议。如果在注册资本及实收资本的确认方面与被审验单位存在异议，且无法协商一致，注册会计师应当在验资报告说明段中清晰地反映有关事项及其差异和理由。

2）已设立公司尚未对注册资本的实收情况或注册资本及实收资本的变更情况作出相关会计处理；

3）被审验单位由于严重亏损而导致增资前的净资产小于注册资本及实收资本；

4）验资截止日至验资报告日期间注册会计师发现的影响审验结论的重大事项；

5）注册会计师发现的前期出资不实的情况以及明显的抽逃出资迹象；

6）其他事项。

(6) 附件

验资报告的附件应当包括已审验的注册资本实收情况明细表或注册资本和验资事项说明等。

附件中的注册资本实收情况明细表是验资报告的组成部分，反映了注册会计师验证的结果，而在验资过程中获取的被审验单位签署的注册资本实收情况明细表或注册资本、作为被审验单位的一种书面声明，是注册会计师应当获取的重要证据之一。两者之间存在区别，前者是注册会计师的审验结果，后者是审验证据。

设立验资的验资事项说明主要包括：

1）基本情况。说明公司名称，公司类型，公司组建及审批情况（需要批准的），股东或发起人的名称或者姓名，公司名称预先核准情况等。

2）申请的注册资本及出资规定。说明公司申请的注册资本额、各股东或者发起人的认缴或者认购额、出资时间、出资方式，如果是以募集方式设立的股份有限公司，还应当说明发起人认购的股份和该股份占公司股份总数的比例等。

3）审验结果。说明公司实收资本额、实收资本占注册资本的比例、各股东或者发起人实际缴纳出资额、出资时间、出资方式，以货币出资的还应当说明股东或者发起人的出资额、出资时间、货币资金缴存被审验单位的开户银行、户名及账号；以实物、知识产权、土地使用权等可以用货币估价并可以依法转让的非货币财产作价出资的，应当具体说明其出资方式和内容，并说明非货币出资权属转移情况（股东已办理财产权转移手续的证明文件情况）、评估情况（包括评估结果和确认情况）；全部以货币出资的，应当说明全部货币出资占注册资本的比例（对出资者一次全部出资或分次出资的末次出资的验资时，应当说明全体股东的货币出资额占注册资本的比例是否不低于30%）；对于有限责任公司出资者分次出资的首次验资应当说明全体股东的首次出资额占公司注册资本的比例及该出资额是否不低于法定的注册资本最低限额；对于发起设立的股份有限公司出资者分次出资的首次验资应当说明全体发起人的首次出资额占公司注册资本的比例；出资者的实际出资超过认缴出资的还应当说明超过部分的处理情况等。

4）其他事项。注册会计师认为应当说明的其他重要事项。例如，对外商投资企业的验资，应当说明向国家外汇管理局××分（支）局发函询证情况，收到回函情况及被审验单位的外资外汇登记编号等。

（7）注册会计师的签名和盖章

验资报告应当由两名注册会计师签名并盖章。根据《财政部关于注册会计师在审计报告上签名盖章有关问题的通知》（财会［2001］1035 号）的规定，合伙会计师事务所出具的验资报告，应当由一名对验资项目负最终复核责任的合伙人和一名负责该项目的注册会计师签名并盖章。有限责任会计师事务所出具的验资报告，应当由会计师事务所主任会计师或其授权的副主任会计师和一名负责该项目的注册会计师签名并盖章。

（8）会计师事务所的名称、地址及盖章

验资报告应当载明会计师事务所的名称和地址，并加盖会计师事务所公章。

验资报告中的会计师事务所地址通常应注明“中国××市”。

（9）报告日期

验资报告日期是指注册会计师完成审验工作的日期。

致送工商行政管理部门的验资报告应当后附会计师事务所的营业执照复印件；如果由副主任会计师签署报告时，还应当附主任会计师授权副主任会计师签署报告的授权书复印件。

拒绝出具验资报告并解除业务约定情形：

注册会计师在审验过程中，遇有下列情形之一时，应当拒绝出具验资报告并解除业务约定：

1）被审验单位或出资者不提供真实、合法、完整的验资资料的；

2）被审验单位或出资者对注册会计师应当实施的审验程序不予合作，甚至阻挠审验的；

3）被审验单位或其出资者坚持要求注册会计师作不实证明的。

遇有下列情形之一时，注册会计师应当拒绝出具验资报告并解除业务约定：

1）出资者投入的实物、知识产权、土地使用权等资产的价值难以确定；

2）被审验单位及其出资者不按国家有关规定对出资的实物、知识产权、土地使用权等非货币财产进行资产评估或价值鉴定、办理有关财产权转移手续；

3）被审验单位减少注册资本或合并、分立时，不按国家有关规定进行公告、债务清偿或提供债务担保；

4）外汇管理部门在外方出资情况询证函回函中注明附送文件存在虚假、违规等情况；

5）出资者以法律法规禁止的劳务、信用、自然人姓名、商誉、特许经营权或者设定担保的财产等作价出资；

6）首次出资额和出资比例不符合国家有关规定；

7）全体股东的货币出资比例不符合国家有关法律法规规定。

1.3 相关知识

1.3.1 有限责任公司设立登记的相关规定

（1）股东符合法定人数

《公司法》规定有限责任公司由50个以下股东出资设立，允许设立一人公司。

（2）有限责任公司的出资金额、出资期限、出资方式

《公司法》规定有限责任公司注册资本的最低限额为人民币3万元，法律、行政法规对有限责任公司注册资本的最低限额有较高规定的，从其规定。

有限责任公司的注册资本为在公司登记机关登记的全体股东认缴的出资额。公司全体股东的首次出资额不得低于注册资本的20%，也不得低于法定的注册资本最低限额，其余部分由股东自公司成立之日起两年内缴足；其中，投资公司可以在5年内缴足。

一人有限责任公司的注册资本最低限额为人民币10万元。股东应当一次足额缴纳公司章程规定的出资额，不允许分期缴付出资。一个自然人只能投资设立一个一人有限责任公司，而且该一人有限责任公司不能投资设立新的一人有限责任公司。

股东可以用货币出资，也可以用实物、知识产权、土地使用权等可以用货币估价并可以依法转让的非货币财产作价出资；但是，法律、行政法规规定不得作为出资的财产除外。对作为出资的非货币财产应当评估作价，核实财产，不得高估或者低估作价。法律、行政法规对评估作价有规定的，从其规定。全体股东的货币出资金额不得低于有限责任公司注册资本的30%。

股东应当按期足额缴纳公司章程中规定的各自所认缴的出资额。股东出资缴纳方式随出资形式而定，以货币出资的，应当将货币出资足额存入有限责任公司在银行开设的账户；以非货币财产出资的，应当依法办理其财产权的转移手续。股东缴纳出资后，必须经依法设立的验资机构验资并出具证明。

1.3.2 股份有限公司设立登记的相关规定

（1）发起人符合法定人数，即有2人以上200人以下为发起人，其中须有半数以上的发起人在中国境内有住所。

（2）发起人认购和募集的股本达到法定资本最低限额。股份有限公司采取发起设立方式设立的，公司全体发起人的首次出资额不得低于注册资本的20%，其余部分由发起人自公司成立之日起两年内缴足；其中，投资公司可以在5年内缴足。股份有限公司采取募集方式设立的，注册资本为在公司登记机关登记的实收股本总额。股份有限公司注册资本的最低

限额为人民币500万元。法律、行政法规对股份有限公司注册资本的最低限额有较高规定的，从其规定。

以发起设立方式设立股份有限公司的，发起人应当认足公司章程规定其认购的股份；一次缴纳的，应缴纳全部出资；分期缴纳的，应缴纳首期出资。以非货币财产出资的，应当依法办理其财产权的转移手续。

以募集设立方式设立股份有限公司的，发起人认购的股份不得少于公司股份总数的35%；但法律、行政法规另有规定的，从其规定。

（3）股份有限公司发起人的出资方式与有限责任公司股东相同。

（4）有限责任公司变更为股份有限公司时，折合的实收股本总额不得高于公司净资产额。有限责任公司变更为股份有限公司，为增加资本公开发行股份时，应当依法办理。

1.3.3 外商投资企业出资的相关规定

（1）外商投资企业的种类

根据我国有关法律和行政法规规定，我国目前的外商投资企业主要有：中外合资经营企业、中外合作经营企业、外商独资经营企业和中外合资股份有限公司。

（2）外商投资企业的出资方式

根据我国的法律和行政法规规定，外商投资企业的出资方式有：现金、实物、场地使用权、工业产权、专有技术和其他财产权利。

（3）外商投资企业的出资比例

我国外商投资企业法对外国投资者的出资比例也作出了明确的规定。如：在中外合资经营企业中，外国合营者的投资比例一般不得低于合营企业注册资本的25%。在中外合作经营企业中，对取得法人资格的合作企业，外国合作者的投资比例一般不得低于注册资本的25%；对不具备法人资格的合作企业，合作各方的投资比例或合作条件，由国务院对外经济贸易主管部门规定。在外资企业中，外资企业的注册资本全部由外国投资者投入。在中外合资股份有限公司中，外国股东购买并持有的股份应不低于公司注册资本的25%。

（4）外商投资企业的出资期限

外商投资企业合同中规定一次缴付出资的，投资各方应当自营业执照签发之日起6个月内缴清；合同中规定分期缴付出资的，投资各方第一期出资不得低于各自认缴出资额的15%，并且应当在营业执照签发之日起3个月内缴清。

（5）合营企业投资总额与注册资本

合营企业的投资总额，是指按照合营企业的合同、章程规定的生产规模需要投入的基本建设资金和生产流动资金的总和，由注册资本与借款构成。合营企业的注册资本和投资总额之间应当保持正确、合理的比例关系。为了正确处理这二者之间的关系，1987年3月1日经国务院批准，国家工商行政管理总局发布了《关于中外合资经营企业注册资本与投资总额比例的暂行规定》，明确了合营企业注册资本与投资总额的比例。

1.3.4 注册资本、实收资本、验资截止日和被审验单位的含义

（1）注册资本是指被审验单位在公司登记机关依法登记的全体出资者的出资额

1）有限责任公司的注册资本为在公司登记机关依法登记的全体股东认缴的出资额。

2）采取发起设立方式设立的股份有限公司，其注册资本为在公司登记机关依法登记的全体发起人认购的股本总额。

3）采取募集设立方式设立的股份有限公司，其注册资本为在公司登记机关依法登记的实收股本总额。

（2）实收资本是被审验单位全体股东或者发起人实际交付并经公司登记机关依法登记的出资额或者股本总额

（3）验资截止日是指注册会计师所验证的注册资本实收情况或注册资本及实收资本变更情况的截止日期，是注册会计师审验结论成立的一个特定时点

（4）被审验单位是指在中华人民共和国境内拟设立或已设立的，依法应当接受验资的有限责任公司和股份有限公司

1.3.5 验资工作底稿

注册会计师应当对验资过程及结果进行记录，形成验资工作底稿。

（1）验资工作底稿的分类

验资工作底稿一般分为综合类工作底稿、业务类工作底稿和备查类工作底稿。注册会计师应当按照《中国注册会计师审计准则第1131号——审计工作底稿》的要求，编制和归档验资工作底稿。注册会计师可根据实际需要对本指南附录中列示的各种验资工作底稿参考格式予以取舍、增减，但不应省略形成审验意见的记录和证据。

（2）综合类验资工作底稿的基本内容

综合类验资工作底稿通常包括下列内容：

1）被审验单位基本情况表；

2）验资业务约定书；

3）总体验资计划；

4）验资报告；

5）其他综合类验资工作底稿。

（3）业务类验资工作底稿的基本内容

设立验资业务类工作底稿通常包括下列内容：

1）货币出资审验程序表；

2）货币出资清单；

3）银行开户文件、收款凭证、对账单（或具有同等证明效力的文件）及银行询证函回函；

4）实物（包括固定资产、存货等）出资审验程序表；

5）实物出资清单；

6）实物资产评估报告及对评估报告确认的有关资料；

7）知识产权、土地使用权等无形资产出资审验程序表；

8）知识产权、土地使用权等无形资产出资清单；

9）知识产权、土地使用权等无形资产的评估报告及对评估报告确认的有关资料；

10）以净资产折合实收资本的审验程序表；

11）与以净资产折合实收资本相关的资产、负债清单；

12）出资者及被审验单位签署的实物、知识产权、土地使用权出资及与以净资产折合实收资本相关的资产、负债交接清单；

13）非货币财产已办理财产权转移手续的证明文件及注册会计师的审验记录；

14）与验资业务有关的重大事项声明书；

15）被审验单位对与出资相关的会计处理资料及注册会计师的审验记录；

16）对被审验单位与关联方往来款项进行审验的工作底稿。

（4）设立验资备查类工作底稿通常包括下列内容

1）被审验单位的设立申请书以及审批机关的批准文件（需要审批的）；

2）被审验单位出资者签署的与出资有关的协议和公司章程；

3）出资者的主体资格证明或者自然人身份证明；

4）载明公司董事、监事、经理的姓名、住所的文件以及有关委派、选举或者聘用的证明；

5）被审验单位法定代表人的任职文件和身份证明；

6）全体出资者（或董事会）指定代表或共同委托代理人的证明和委托文件、代表或代理人的身份证明；

7）经公司登记机关核准的“企业名称预先核准通知书”；

8）被审验单位住所和经营场所使用证明；

9）公司登记机关颁发的准予开业的营业执照；

10）董事会、股东会、股东大会的决议和会议纪要；

11）新设合并的公告及债务清偿报告或债务担保证明；

12）被审验单位签署的注册资本实收情况明细表；

13）其他备查资料。

1.4 技能训练

1.4.1 职业单项选择题

1）对拟设立企业出资者的货币资金出资进行审验时，注册会计师应将收款凭证上列示的款项用途用以下（　　）进行比较。

A. 银行对账单　　B. 银行函证回函

C. 货币资金出资清单　　D. 注册资本实收情况明细表

2）在下列（　　）情形中，需要注册会计师在验资报告的意见段后增加说明段予以说明。

A. 被审验单位只提供实物资产的有关凭证，拒绝注册会计师对相应的实物资产进行实地观察

B. 某方出资与章程、协议的规定不一致，但这种不一致为其他各方所认可，并且重新签署了投资协议

C. 注册会计师与被审验单位在注册资本及实收资本的确认方面存在异议

D. 全体股东首次出资额和出资比例不符合国家有关规定

3）审验华瑞公司的专利技术出资时，注册会计师无须实施的审验程序是（　　）。

A. 检查出资时该专利技术是否以整体作价

B. 检查华瑞公司是否将该专利技术的相关资料移交给被审验单位（筹），并检查国

家有关部门对该项专利技术的鉴证结论

C. 检查华瑞公司出资的该无形资产是否已经办理了产权转移手续

D. 索取华瑞公司的专利技术证书，以证实该专利技术出资前属于华瑞公司

4）甲公司出资者在出资协议中约定的下列出资方式和出资金额，注册会计师认为正确的做法是（　　）。

A. 货币出资1 000万元，房产出资3 200万元，专利权出资800万元

B. 首次出资额800万元，其余部分自甲公司成立之日起2年内缴足

C. 出资的房产按国家有关规定进行评估，并承诺自甲公司成立之日起6个月内办妥财产权转移手续

D. 出资的专利权按国家的关规定进行评估，并在验资前办妥财产权转移手续

1.4.2 职业多项选择题

1）验资报告附件主要包括（　　）。

A. 被审验单位营业执照　　B. 财务报表的附表

C. 注册资本实收情况明细表　　D. 验资事项说明

2）对于设立验资，如果出资者分次缴纳注册资本，注册会计师应当关注全体出资者的首次出资额和出资比例是否符合国家有关规定，一般需要关注的是（　　）。

A. 关注有限责任公司全体股东的首次出资额是否不低于公司注册资本的30%，且不低于法定的注册资本最低限额

B. 关注有限责任公司全体股东的首次出资额是否不低于公司注册资本的20%，且不低于法定的注册资本最低限额

C. 关注发起设立的股份有限公司全体发起人的首次出资额是否不低于公司注册资本的25%

D. 关注发起设立的股份有限公司全体发起人的首次出资额是否不低于公司注册资本的20%

3）某设立验资项目，出资者是分次缴纳注册资本，注册会计师在首次验资时应当特别关注（　　）事项。

A. 全体出资者首次出资是否不低于注册资本的30%

B. 全体出资者首次出资是否不低于注册资本的20%

C. 全体出资者首次出资额是否不低于法定的注册资本最低限额

D. 全体出资者首次货币出资比例是否不低于注册资本的30%

1.4.3 职业判断题

1）验资业务属于历史财务信息审计或审阅以外的其他鉴证业务。（　　）

2）自然人出资、家庭成员共同出资或关联方共同出资的验资业务通常存在较高验资风险。（　　）

1.4.4 职业技能训练

编制外商投资企业验资报告

资料：ABC 公司与美国 F 公司共同出资组建 G 公司，G 公司已取得某市对外贸易合作局相关文件的批复，并取得了外商投资企业批准证书，G 公司投资总额为 1 000 万美元，注册资本为 800 万美元，其中：ABC 公司出资 500 万美元，F 公司出资 300 万美元。ABC 公司与 F 公司均在 G 公司成立三个月内一次缴足其出资。会计师事务所已取得相关验资资料，并已收到当地外汇管理局的外方出资情况询证函回函。

1.5 完成任务

本任务完成流程如图 4－1 所示。

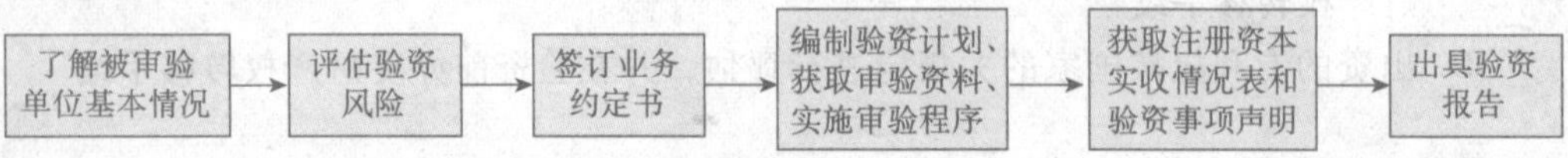

图 4－1

1.6 教研活动

1.6.1 本任务的教学重点与难点

本任务的教学重点是设立验资的取证以及货币资金、实物资产、知识产权、土地使用权和净资产出资的审验程序；外商投资企业设立验资的特殊审验是教学难点。

1.6.2 如何把握重点与难点

熟悉验资业务流程，根据被审验单位提供的真实、合法、完整验资资料，判断被审验单位的出资方式、出资期限、出资比例等是否符合相关法律法规的规定；根据编制的验资计划进行验资取证，实施审验程序，进而发表审验意见。

1.6.3 如何解决重点与难点

通过会计师事务所与被审验单位的角色扮演，熟悉如何对验资资料的取证，对货币出资进行银行函证，了解如何进行 FDI 系统的操作，获取外方出资情况询证函回函，对其他财产出资实施恰当的审验程序。

任务 2 变更验资

2.1 任务描述

ABC 有限公司在其成立一年以后，由于扩大生产经营规模的需要，公司股东会一致同意增资 2 000 万元，变更后注册资本为人民币 3 000 万元，原出资各方出资比例保持不变，各方均以货币出资，并根据新增出资修改了原章程。对于此项增资验资业务拟委托中华会计师事务所对其新增注册资本进行审验，出具验资报告后办理工商变更登记手续。

2.2 任务分析

2.2.1 变更验资的含义

变更验资是指注册会计师对被审验单位申请变更登记时的注册资本及实收资本的变更情况进行的审验。需要进行变更验资的情形主要包括：

1）被审验单位出资者（包括原出资者和新出资者）新投入资本、增加注册资本及实收资本；

2）分次出资的非首次出资、增加实收资本，但注册资本不变；

3）被审验单位以资本公积、盈余公积、未分配利润转增注册资本及实收资本；

4）被审验单位因吸收合并增加注册资本及实收资本；

5）被审验单位因派生分立、注销股份或依法收购股东的股权等减少注册资本及实收资本；

6）被审验单位整体改制，包括由非公司制企业改为公司制企业、有限责任公司变更为股份有限公司时，以净资产折合实收资本。

2.2.2 变更验资的业务流程

变更验资在业务流程上与设立验资基本一致，但审验范围、业务约定书、验资取证资料、审验程序和验资报告格式等与设立验资稍有差异，这主要体现在以下几个方面：

（1）业务约定书

变更验资与设立验资的业务约定书构成要素基本相同。

（2）审验范围

变更验资的审验范围一般限于与被审验单位注册资本及实收资本增减变动情况有关的事项。

增加注册资本及实收资本时，审验范围包括与增资相关的出资者、出资币种、出资金额、出资时间、出资方式、出资比例和相关会计处理，以及增资后的出资者、出资金额和出资比例等。

减少注册资本及实收资本时，审验范围包括与减资相关的减资者、减资币种、减资金额、减资时间、减资方式、债务清偿或债务担保情况、相关会计处理，以及减资后的出资者、出资金额和出资比例等。

（3）获取注册资本或实收资本变更情况明细表

（4）变更验资事项声明参考格式如下（略）

2.2.3 变更验资的取证与审验程序

（1）验资取证资料

1）变更验资的一般取证。注册会计师执行变更验资业务时，通常应当根据实际情况，获取下列资料，形成审验证据：

①被审验单位法定代表人签署的变更登记申请书；

②被审验单位董事会、股东会或股东大会作出的变更注册资本、实收资本的决议；

③政府有关部门对被审验单位注册资本、实收资本变更等事宜的批准文件（需要审批的）；

④经批准的注册资本及实收资本增加或减少前后的协议、章程；

⑤注册资本、实收资本变更前的营业执照；

⑥外商投资企业注册资本、实收资本变更后的批准证书；

⑦以往的验资报告及相关资料；

⑧注册资本、实收资本增加或减少前最近一期的财务报表；

⑨被审验单位提供的有关以前各期出资已到位、出资者未抽逃或未抽回出资的书面声明；

⑩以货币、实物、知识产权、土地使用权等出资增加注册资本和实收资本的相关资料（同设立验资）；

⑪与合并、分立有关的协议、批准文件方案、资产负债表、财产清单；

⑫与减资有关的报纸公告、债务清偿报告或债务担保证明；

⑬与合并或分立有关的通知、报纸公告、债务清偿报告或债务担保证明；

⑭有关股权转让的协议、决议、批准文件，证明股权转让的法律意见书或公证书等法定文件及办理股款交割的凭证；

⑮相关会计处理资料；

⑯被审验单位签署的注册资本、实收资本变更情况明细表；

⑰国家相关法律法规规定的其他资料。

2）变更验资的特殊取证。执行股份有限公司变更验资业务，注册会计师还需要获取下列资料：

①股份有限公司以公开发行新股（含配股）方式或者上市公司以非公开发行新股方式增加注册资本的，还应当取得国务院证券管理机构的核准文件。

②股份有限公司发行新股（含配股）的，注册会计师还应当取得股款划转凭据、股票发行费用清单。如果委托证券承销机构办理，还应当取得委托承销协议、承销报告、募股清单、证券登记机构出具的有关证明。

③股份有限公司分配股票股利、以资本公积、盈余公积、未分配利润转增注册资本、实收资本的，注册会计师还需要取得证券登记机构出具的有关证明。

（2）变更验资的一般审验程序

1）审验目标。审验被审验单位变更注册资本、实收资本是否符合法定程序，注册资本、实收资本（股本）的增减变动是否真实，相关会计处理是否正确。

2）审验程序。

①检查注册资本、实收资本变更情况明细表中所列内容是否与有关决议及修改后的协议、章程一致；

②变更注册资本、实收资本须经政府有关部门审批的，检查是否获得批准；

③国家规定须办理有关财产权转移手续的出资财产，检查是否依法办理；

④以货币、实物、知识产权、土地使用权等出资增加注册资本、实收资本的，可以依照“设立验资取证与审验”中的有关审验程序进行审验；

⑤股份有限公司发行新股（含配股）的或上市公司以非公开方式发行新股的，如果委

托证券承销机构办理，还应当检查委托承销协议、承销报告、募股清单、股款划转凭据、股票发行费用清单、证券登记机构出具的有关证明；

⑥如果委托人要求对增资后累计的注册资本实收情况进行审验，注册会计师应当实施必要的审计程序；

⑦因合并、分立变更注册资本和实收资本，或因注销股份等其他原因减少注册资本和实收资本的，检查被审验单位是否按规定通知债权人，并在报纸上发布公告，进行债务清偿或提供债务担保，并得到债权人的认可；检查是否办理财产合并或分割手续；检查是否按规定办理审批手续；

⑧检查增加或减少注册资本后的出资者、出资金额、出资比例是否符合协议、章程及董事会、股东会或股东大会决议的有关规定；关注被审验单位减资后的注册资本是否达到国家规定的最低限额；

⑨检查与增加或减少注册资本、实收资本相关的会计处理是否正确；

⑩实施以下程序应关注前期注册资本实收情况和增资前的净资产状况：

第一，查阅前期验资报告；

第二，关注被审验单位与其关联方的有关往来款项有无明显异常情况；

第三，查阅近期财务报表和审计报告，关注被审验单位是否存在由于严重亏损而导致增资前的净资产小于注册资本、实收资本的情况。

（3）变更验资的特殊审验程序

1）以资本公积、盈余公积、未分配利润转增注册资本及实收资本的，除实施“1. 变更验资的一般审验程序”规定的有关程序外，注册会计师还应当实施下列审验程序：

①对用于转增注册资本及实收资本的资本公积、盈余公积、未分配利润进行审计，以验证其金额是否准确；如果已经其他会计师事务所审计，在利用其工作时，应当按照《中国注册会计师审计准则第 1401 号——利用其他注册会计师的工作》的有关要求执行；

②检查用于转增注册资本及实收资本的资本公积项目是否符合国家有关规定；

③检查被审验单位用于转增注册资本的盈余公积、未分配利润是否符合国家有关规定；

④检查留存的法定盈余公积是否不少于转增前公司注册资本的 25%；

⑤检查转增注册资本及实收资本前后各出资者的出资比例是否符合章程，以及协议中有关出资比例的约定。

2）因吸收合并而变更注册资本的，除实施“1. 变更验资的一般审验程序”的有关程序外，注册会计师还应当实施下列审验程序：

①对合并各方的资产负债表进行审计，验证被审验单位合并日的净资产金额；如果截止至合并日的财务报表已经其他会计师事务所审计，在利用其工作时，应当按照《中国注册会计师审计准则第 1401 号——利用其他注册会计师的工作》的有关要求执行；

②检查以净资产折合实收资本（股本）的比例是否符合合并协议及国家有关规定。

3）因派生分立而减少注册资本的，除实施“1. 变更验资的一般审验程序”的有关程序外，注册会计师还应当实施下列审验程序：

①对被审验单位分立前后的资产负债表进行审计，验证被审验单位分立日的净资产金额；如果截止至分立日的财务报表已经其他会计师事务所审计，在利用其工作时，应当按照《中国注册会计师审计准则第 1401 号——利用其他注册会计师的工作》的有关要求

执行；

②检查财产分割及以净资产折合实收资本（股本）的比例是否符合分立协议及国家有关规定。

4）因注销股份而减少注册资本的，除实施“1. 变更验资的一般审验程序”的有关程序外，注册会计师还应当实施以下审验程序：

①检查与减资有关的会计凭证，以验证减资者、减资方式、减资金额是否真实；

②对减资基准日的资产负债表进行审计，以验证减资后的注册资本、实收资本（股本）是否真实；如果截止至减资基准日的财务报表已经其他会计师事务所审计，在利用其工作时，应当按照《中国注册会计师审计准则第 1401 号——利用其他注册会计师的工作》的有关要求执行。

5）企业整体改组、改制须进行变更登记的，包括非公司企业按公司法改制为公司或有限责任公司变更为股份有限公司，除实施“设立验资的取证与审验”、“以净资产折合实收资本的审验程序”、“变更验资的一般审验程序”、“因吸收合并而变更注册资本”的有关程序外，注册会计师还应当检查用于折合实收资本（股本）的净资产额的确认依据是否符合国家有关规定，并关注折合的实收资本（股本）总额是否不高于净资产额。

2.2.4 注册会计师对变更验资发表审验意见的特殊考虑

对于变更验资，注册会计师仅对本次注册资本及实收资本的变更情况发表审验意见。

注册会计师根据应当在验资报告说明段中说明对以前注册资本实收情况审验的会计师事务所名称及其审验情况，并说明变更后的累计注册资本实收金额。如果在审验中发现被审验单位由于严重亏损而导致增资前的净资产小于注册资本、实收资本，或发现被审验单位以前收到的注册资本存在不实或有明显抽逃迹象，注册会计师应在验资报告的说明段中予以说明。

（1）变更验资报告意见段内容

注册会计师在意见段中应当说明原注册资本及实收资本金额；增资或减资的依据；申请增加或减少注册资本及实收资本金额；约定的增资或减资的时间；变更后的注册资本金额。并说明截至特定日期止被审验单位注册资本及实收资本的变更情况，包括实际收到或实际减少的注册资本及实收资本金额，以及各种出资方式的增资金额或减资方式的减资金额。

以有限责任公司增资为例，变更验资报告意见段通常的表述详见附录 4 中第 4 种验资报告参考格式的第三段。

（2）变更验资的验资事项说明

1）基本情况。说明公司名称、公司类型、公司组建及审批情况（需要批准的），变更前后各股东或者发起人的名称或者姓名、出资额和出资方式、出资时间，申请变更前后的注册资本及实收资本金额等。

2）新增资本的出资规定或减资规定。说明申请新增的注册资本数额或实收资本数额，出资者、出资方式、出资时间；或减资数额、减资者、减资方式、减资时间等。

3）审验结果。增加注册资本或实收资本的，应当说明被审验单位实际收到各出资者的新增注册资本及实收资本，或新增实收资本的情况，包括：以货币出资的，应当说明股东或者发起人的出资额、出资时间、货币资金缴存被审验单位的开户银行和户名及账号；以实物、知识产权、土地使用权及其他可以用货币估价并可以依法转让的非货币财产作价出资的，应当具体说明其出资方式和内容，并说明股东办理财产权转移手续的情况、评估情况（包括评估结果和确认情况）；以资本公积、盈余公积和未分配利润转增注册资本及实收资本的，应当说明转增的方式、用以转增注册资本的项目和金额、公司实施转增的基准日期、财务报表的调整情况（包括会计处理情况）、留存的该项公积金不少于转增前公司注册资本的25%、转增前后财务报表相关科目的实际情况、转增后股东的出资额；出资者的实际出资超过认缴出资的还应当说明超过部分的处理情况等。

减少注册资本及实收资本的，除说明减资者、减资币种、减资金额、减资时间、减资方式和减资后的出资者、出资金额、出资比例及减资后的净资产和实收资本（股本）外，还应当说明公司履行公司法规定程序情况和股东或者发起人对公司债务清偿或者债务担保情况。

对于变更验资，注册会计师还应当在验资报告说明段中说明对以前注册资本实收情况审验的会计师事务所名称及其审验情况，并说明变更后的累计注册资本实收金额。

2.3 相关知识——公司变更注册资本及实收资本的相关规定

公司变更注册资本的，应当提交验资证明。公司增加注册资本的，有限责任公司股东认缴新增资本的出资和股份有限公司的股东认购新股，应当分别依照《公司法》设立有限责任公司缴纳出资和设立股份有限公司缴纳股款的有关规定执行。股份有限公司以公开发行新股方式或者上市公司以非公开发行新股方式增加注册资本的，还应当提交国务院证券监督管理机构的核准文件。公司法定公积金转增为注册资本的，验资证明应当载明留存的该项公积金不少于转增前公司注册资本的25%。

公司减少注册资本的，应当自公告之日起45日后申请变更登记，并应当提交公司在报纸上登载公司减少注册资本公告的有关证明和公司债务清偿或者债务担保情况的说明。公司减资后的注册资本不得低于法定的最低限额。

公司变更实收资本的，应当提交验资证明，并应当按照公司章程载明的出资时间、出资方式缴纳出资。公司应当自足额缴纳出资或者股款之日起30日内申请变更登记。

2.4 技能训练

2.4.1 职业单项选择题

1）注册会计师获取的以下验资证据中，最有助于分清被审验单位与注册会计师各自责任的证据是（　　）。

A. 货币资金出资清单　　B. 实物资产出资的财产的财产转移手续承诺函

C. 注册资本实收或变更情况明细表　　D. 被审验单位的合同、协议、章程

2）出资者无论以货币资金、实物资产或无形资产出资，注册会计师均应验证的共同内容是（　　）。

A. 检查前期出资的实物、无形资产是否办理了有关财产转移手续

B. 关注被审验单位是否存在由于严重亏损而导致增资前的净资产小于注册资本的情况

C. 在验资报告意见段中指明审验以前注册资本实收情况的事务所名称及其验证情况

D. 在验资报告说明段中说明包括本期在内的累计注册资本实收金额

3）注册会计师发现前期出资不实或有明显抽逃出资迹象，应采取的措施是（　　）。

A. 拒绝接受验资委托

B. 拒绝出具验资报告并解除业务约定

C. 注册会计师应在验资报告的说明段中予以说明

D. 发表无法表示意见的验资报告

4）在完成验资业务前，注册会计师应当向甲公司和出资者获取验资事项书面声明。与验资业务有关的重大事项书面声明通常不包括的内容是（　　）。

A. 出资者的责任　　B. 甲公司的责任

C. 出资者的财务状况　　D. 验资报告的使用

2.4.2 职业多项选择题

1）设立验资报告的说明段应当说明（　　）及注册会计师认为应当说明的其他重要事项。

A. 对以前注册资本实收情况审验的会计师事务所名称及其审验情况

B. 验资报告的用途

C. 变更后的累计注册资本实收金额

D. 验资报告使用责任

2）以下情形中，通常需要注册会计师进行变更验资的有（　　）。

A. 企业因合并增加实收资本

B. 企业将资本公积、盈余公积、未分配利润等转为实收资本

C. 企业注册资本金额虽保持不变，但出资人和出资比例等发生变化

D. 企业因吸收合并、派生分立、注销股份等减少实收资本

3）执行A公司的验资业务时，对于各方的（　　）出资，注册会计师应检查出资方与被审验单位是否办理了产权过户手续。

A. 房屋、建筑物　　B. 运输车辆

C. 土地使用权　　D. 水泥、钢筋

2.4.3 职业判断题

1）如发现被审验单位以前收到的注册资本有明显抽逃迹象，注册会计师应在验资报告的说明段予以反映。（　　）

2）规定实物出资需要评估的，“实际出资情况”栏中实物资产的价值超过出资份额规定的，按照评估价值填列。（　　）

3）各股东名下认缴注册资本的出资比例与实缴注册资本占注册资本总额的比例应当相等。（　　）

2.4.4 职业技能训练

1）根据ABC有限公司的出资情况填写注册资本实收情况明细表和银行询证函，直接填列在本单元附录中相应的表格中，并代为编制增资验资报告。

2）丙企业系由甲公司（中方）与乙公司（外方）共同设立的中外合资企业。ABC会计师事务所接受委托，对丙企业股东的第二期出资进行验证，A和B注册会计师具体承办验资业务。假定存在以下情况：

①根据协议、合同和章程的规定，丙企业申请登记的注册资本为3 000万美元，甲公司和乙公司分别出资60%和40%，在2009年3月2日和2009年8月2日之前分两期交纳，每期交纳各自出资额的50%。丙企业的记账本位币为人民币。

②第一期出资已于2009年3月2日到位，其中，甲公司以经评估确认的土地使用权作价900万美元出资；乙公司以货币资金600万美元出资。上述出资已经EFG会计师事务所验证，并于2009年3月2日出具了验资报告。

③第二期出资已于2009年8月2日到位，其中，甲公司以机器设备作价出资，经评估确认的机器设备价值为人民币7 500万元；乙公司以货币资金港币4 700万元出资。超出认缴出资额的部分作为丙公司对股东的负债。美元对人民币的合同约定汇率为1∶8.23，出资当月1日汇率为1∶8.21，出资当日汇率为1∶8.24；美元对港币的合同约定汇率为1∶7.76，出资当月汇率为1∶7.74，出资当日汇率为1∶7.77。

要求：

①在验证第二期出资时，请简要回答A和B注册会计师应当实施哪些程序以关注第一期注册资本的实收情况。

②在验证第二期出资后，请代A和B注册会计师编制验资报告的意见段。

3）讨论

①设立验资、增资验资其货币资金是否必须存入临时账户？

②对于减资验资时，注册会计师是否有责任对变更前的资产、负债情况进行审验？

③评估的净资产折合实收资本，是否需要扣除商誉的成分？

④公司对外投资额可以大于其净资产吗？

2.5 完成任务

本任务完成流程如图4－2所示。

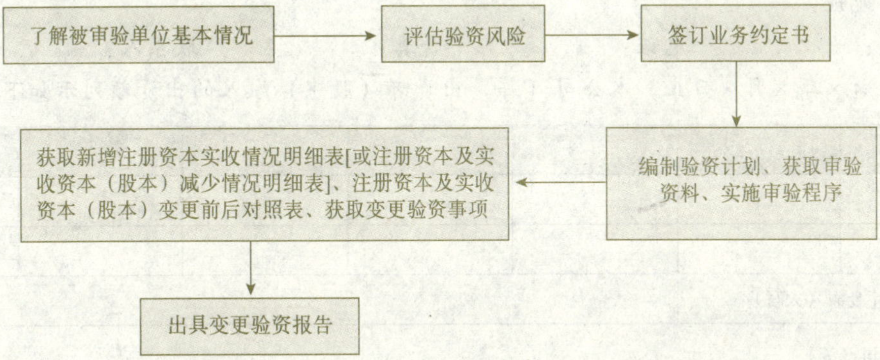

图4－2

2.6 教研活动

2.6.1 本任务的教学重点与难点

本任务的教学重点是变更验资的业务流程，如何根据出资方式选择恰当的审验程序是教学难点。

2.6.2 如何把握重点与难点

熟悉变更验资业务流程，根据被审验单位提供的真实、合法、完整验资资料，判断被审验单位增资或减资是否符合相关法律法规的规定；根据编制的验资计划进行验资取证，在实施审验程序的基础上，出具变更验资告。

2.6.3 如何解决重点与难点

通过会计师事务所与被审验单位的角色扮演，熟悉如何对变更验资资料的取证，掌握增资与减资。

附录1：银行询证函参考格式

银行询证函（适用于拟设立公司）

编号

××（银行）：

本公司（筹）聘请的××会计师事务所正在对本公司（筹）的注册资本实收情况进行审验。按照国家有关法规的规定和中国注册会计师审计准则的要求，应当询证本公司（筹）出资者（股东）向贵行缴存的出资额。下列数据及事项如与贵行记录相符，请在本函下端“数据及事项证明无误”处签章证明；如有不符，请在“列明不符事项”处列明不符事项。有关询证费用可直接从本公司（筹）××存款账户中收取。回函请直接寄至××会计师事务所。

通信地址：

邮编：　　　　电话：　　　　传真：　　　　联系人：

截至××年×月×日止，本公司（筹）出资者（股东）缴入的出资额列示如下：

缴款人	缴入日期	银行账号	币种	金额	款项用途	备注
合计金额（大写）						

××公司（筹）

法定代表或委托代理人：（签名并盖章）

年　月　日

结论 1. 数据及事项证明无误。 年　月　日　　　　　　　经办人：　　　　　　　银行盖章：
2. 如果不符，请列明不符事项。 年　月　日　　　　　　　经办人：　　　　　　　银行盖章：

附录2　验资报告参考格式（适用于拟设立有限责任公司股东一次全部出资）

验资报告

××有限责任公司（筹）：

我们接受委托，审验了贵公司（筹）截至××年×月×日止申请设立登记的注册资本实收情况。按照法律法规以及协议、章程的要求出资，提供真实、合法、完整的验资资料，保护资产的安全、完整是全体股东及贵公司（筹）的责任。我们的责任是对贵公司（筹）注册资本的实收情况发表审验意见。我们的审验是依据《中国注册会计师审计准则第1602号——验资》进行的。在审验过程中，我们结合贵公司（筹）的实际情况，实施了检查等必要的审验程序。

根据协议、章程的规定，贵公司（筹）申请登记的注册资本为人民币××元，由全体股东于××年×月×日之前一次缴足。经我们审验，截至××年×月×日止，贵公司（筹）已收到全体股东缴纳的注册资本（实收资本），合计人民币××元（大写）。各股东以货币出资××元，实物出资××元。

[如果存在需要说明的重大事项增加说明段]

……

本验资报告供贵公司（筹）申请办理设立登记及据以向全体股东签发出资证明时使用，不应被视为是对贵公司（筹）验资报告日后资本保全、偿债能力和持续经营能力等的保证。因使用不当造成的后果，与执行本验资业务的注册会计师及本会计师事务所无关。

附件1：注册资本实收情况明细表

附件2：验资事项说明

××会计师事务所　　　　　　中国注册会计师：×××
（盖章）　　　　　　（主任会计师/副主任会计师）
（签名并盖章）
中国注册会计师：×××
（签名并盖章）

中国××市　　　　　　年　月　日

附件 1

注册资本实收情况明细表

截至　　年　月　日止

被审验单位名称：　　　　　　　　　　　　　　　　　　　　　货币单位：

股东名称	认缴注册资本		实际出资情况									
	金额	出资比例	货币	实物	知识产权	土地使用权	其他	合计	实收资本			
									金额	占注册资本总额比例	其中：货币出资	
											金额	占注册资本总额比例
合计												

附件 2

验资事项说明

一、基本情况

××公司（筹）（以下简称贵公司）系由××（以下简称甲方）和××（以下简称乙方）共同出资组建的有限责任公司，于××年×月×日取得××［公司登记机关］核发的××号《企业名称预先核准通知书》，正在申请办理设立登记。（如果该公司在设立登记前须经审批，还需说明审批情况。）

二、申请的注册资本及出资规定

根据协议、章程的规定，贵公司申请登记的注册资本为人民币××元，由全体股东于××年×月×日之前一次缴足。其中：甲方认缴人民币××元，占注册资本的×%，出资方式为货币××元，实物（机器设备）××元；乙方认缴人民币××元，占注册资本的×%，出资方式为货币。

三、审验结果

截至××年×月×日止，贵公司已收到甲方、乙方缴纳的注册资本（实收资本）合计人民币××元，实收资本占注册资本的100%。

（一）甲方实际缴纳出资额人民币××元。其中：货币出资××元，于××年×月×日缴存××公司（筹）在××银行开立的人民币临时存款账户××账号内；于××年

×月×日投入机器设备××［名称、数量等］，评估价值为××元，全体股东确认的价值为××元。

××资产评估有限公司已对甲方出资的机器设备进行了评估，并出具了［文号］资产评估报告。

甲方已与贵公司于××年×月×日就出资的机器设备办理了财产交接手续。

（二）乙方实际缴纳出资额人民币××元。其中：货币出资××元，于××年×月×日缴存××公司（筹）在××银行开立的人民币临时存款账户××账号。

［如果股东的实际出资金额超过其认缴的注册资本金额，应当说明超过部分的处理情况］

（三）全体股东的货币出资金额合计××元，占注册资本总额的×%。

四、其他事项

单元 5

工商代理

职业背景

随着市场竞争的加剧和市场多元化的发展，越来越多的企业为了节省时间，提高办事效率，把一些事务性的工作交由代理机构完成，因此代理服务业务得到迅速发展。工商代理是应企业的要求快速办理工商执照、企业注册、年检、公司变更事务、公司注销及特殊审批项目的代理服务，并收取代理服务费用的一种服务业务。代理人员在熟知代理业务相关法律、法规及政策性要求的前提下，为企业提供“专业、合法、优质、高效”的服务。

学习目标

- □ 了解工商代理业务的内容及国家相关法律、法规和地方政策性要求
- □ 了解工商代理业务需要的相关基础资料、涉及的业务部门
- □ 掌握各项工商代理业务的业务流程及其结果
- □ 掌握各项工商代理业务的相关知识

任务 1　企业设立代理

1.1　任务描述

不同性质企业设立的程序大同小异，本任务主要讲述内资企业设立代理。

内资企业设立代理是应设立企业的要求，快速办理工商执照、银行开户、税务登记等一系列手续的服务业务。代理人员在熟知代理业务相关法律、法规和政策性要求和取得相关资料的前提下，为企业提供“专业、合法、优质、高效”的服务。

1.2 任务分析

1.2.1 选择公司的形式

公司制企业是按所有权和管理权分离，出资者按出资额对公司承担有限责任创办的企业。主要包括有限责任公司和股份有限公司。

有限责任公司是指不通过发行股票，而由为数不多的股东集资组建的公司（一般由50人以下股东共同出资设立），其资本无需划分为等额股份，股东在出让股权时受到一定的限制。在有限责任公司中，董事和高层经理人员往往具有股东身份，使所有权和管理权的分离程度不如股份有限公司那样高。公司的设立和解散程序比较简单，管理机构也比较简单，比较适合中小型企业，最低注册资金3万元。

从2006年1月起新的《公司法》规定，允许一个股东注册有限责任公司，这种特殊的有限责任公司又称“一人有限公司”（但公司名称中不会有“一人”字样，执照上会注明“自然人独资”），最低注册资金10万元。

股份有限公司是把全部资本划分为等额股份，通过发行股票筹集资本的公司，又分为在证券市场上市的公司和非上市的公司。股份有限公司股东的人数有上下限之规定，为2人以上200人以下，而且需有半数以上的发起人在中国境内有住所。股东一旦认购股票，就不能向公司退股，但可以通过证券市场转让其股票。股份有限公司的优势是：经过批准它可以向社会大规模地筹集资金，使某些需要大量资本的企业在短期内得以成立，有利于资本的市场化和公众化，将企业经营置于社会大众的监督之下。当股东认为企业经营不善时，会抛售股票，这成为对公司经理人员的强大外部约束力量。但股份有限公司的创办和歇业程序复杂，公司所有权和管理权的分离带来两者协调上的困难，同时由于公司要向外披露经营状况，商业秘密难于保守。这种组织形式比较适合大中型企业。

公司企业属法人企业，出资者以出资额为限承担有限责任，是现代企业组织中的一种重要形式，它有效地实现了出资者所有权和管理权的分离，具有资金筹集广泛、投资风险有限、组织制度科学等特点，在现代企业组织形式中具有典型性和代表性。

1.2.2 注册公司的步骤

公司注册步骤如图5-1所示。

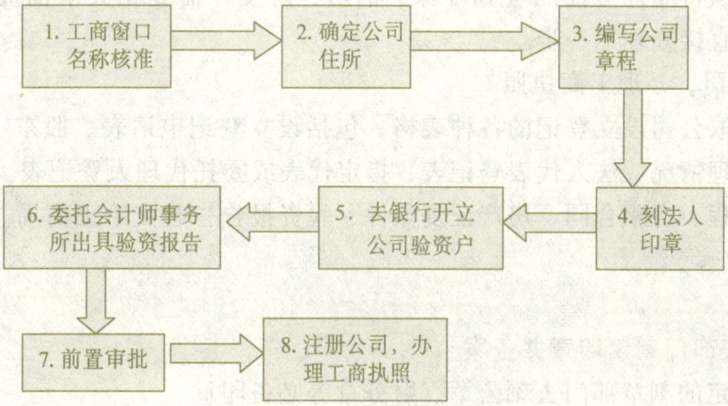

图5-1 工商注册的步骤

（1）工商窗口名称核准

1）领取并填写“名称预先核准申请书”、“指定代表或者共同委托代理人证明”，同时准备相关材料，包括：全体投资人签署的“企业名称预先核准申请书”；全体投资人签署的“指定代表或者共同委托代理人的证明”及指定代表或者共同委托代理人的身份证复印件（本人签字），应标明具体委托事项、被委托人的权限、委托期限；申请名称冠以“中国”、“中华”、“国家”、“全国”、“国际”字词的，提交国务院的批准文件复印件；特殊的申请名称，名称登记机关可以要求投资人提交相关的说明或者证明材料。

以上需投资人签署的，投资人为自然人的由本人签字；自然人以外的投资人加盖公章。

2）递交“名称预先核准申请书”、备用名称若干及相关材料，等待名称核准结果。

3）领取“企业名称预先核准通知书”。

（2）确定公司住所

如果公司自己拥有厂房或者办公室，就免去了租房的手续；如果没有，可租用写字楼，作为公司住所。

签订租赁协议后，持房屋租赁登记备案申请书、房屋所有权证或其他房屋合法证明、租赁协议以及当事人的合法身份证件到所在地房屋租赁登记管理中心办理房屋租赁登记备案。

（3）编写公司章程

可以在工商局网站下载“公司章程”的样本，根据本公司的性质及经营特点和管理要求进行适当的修改。公司章程最后要由所有股东签名。

（4）刻法人印章

按照要求刻法人印章（方形的）。

（5）去银行开立公司验资户

所有股东带上自己入股的那一部分款项到银行（必须亲自办理，不得委托他人），带上公司章程、工商局发的核名通知、法人代表的印章、身份证、用于验资的款项，到银行开立公司验资账户，开立好公司账户后，各股东按出资额向公司账户中存入相应的款项，并在缴款凭证上注明投资款。

（6）委托会计师事务所出具验资报告（具体内容见单元4验资业务）

（7）前置审批

前置审批是指企业登记注册前，政府行业主管部门对企业经营资格的审查。对于企业涉及前置审批的专项行业许可证的（如环保、消防、防疫）需到相关审批机关办理。无前置审批的企业，则直接办理下一步。

（8）注册公司，办理工商执照

到工商局领取公司设立登记的各种表格，包括设立登记申请表、股东（发起人）名单、董事、经理、监理情况、法人代表登记表、指定代表或委托代理人登记表。填好后，连同核名通知、公司章程、房租合同、房产证复印件、验资报告一起交给工商局。3个工作日后可领取执照。

1.2.3 公安部门刻制印章并备案

到公安局指定的刻章部门去刻公章、财务章等必备印章。

1）公司必备的印章有公章、财务章、合同章、人名章（法人印章）。

2）需提交的资料：营业执照副本原件；法人身份证复印件。

1.2.4 办理“组织机构代码证书”

持相关手续到质量技术监督局办理组织机构代码证和代码卡。

（1）办理组织机构代码所需材料

1）营业执照副本原件及复印件；

2）公章；

3）法定代表人身份证原件及复印件。

（2）受理时间

5个工作日后，技术监督局会首先发一个预先受理代码证明文件，凭这个文件就可以办理后面的税务登记证、银行基本户开户手续了。

1.2.5 到银行开立基本账户

代理人员可持相关资料到委托单位指定的银行或开户许可中指定的银行开立基本存款账户。

银行开户所需材料：营业执照正本原件；组织机构代码原件；国地税正本原件；公章、人名章、财务章；法人股东身份证原件。

1.2.6 办理税务登记

（1）办理办法

领取执照后，30日内到当地税务局申请领取税务登记证。税务局为了进一步规范税务登记管理，提高工作效率，降低纳税成本，提升纳税服务水平，促进依法诚信纳税，根据《中华人民共和国税收征收管理法》、《中华人民共和国税收征收管理法实施细则》及国家税务总局《税务登记管理办法》的规定，已经实现了国税、地税联合办理税务登记工作的办法。这个办法的出台，使税务登记得到简化。

办理税务登记证时，必须有一个会计，因为税务局要求提交的资料其中有一项是会计资格证和身份证。

（2）办理国地税所需材料

1）营业执照或有关主管部门批准开业的证明；

2）有关合同、章程、协议书；

3）公章；

4）法人或负责人居民身份证；

5）单位公章和财务专用章；

6）房屋产权证书或租房协议；

7）技术监督局颁发的全国统一代码证书；

8）税务机关要求提供的其他证件、资料。

办理税务登记证后，还应到相关国、地税局办理税种核定。

1.2.7 申请领购发票

如果你的公司是销售商品的，应该到国税去申请发票，如果是服务性质的公司，则到地税申领发票。

1.2.8 开始营业

注意每个月按时向税务申报税款，即使没有开展业务不需要缴税，也要进行零申报，否则会被罚款。

1.3 相关知识

1.3.1 企业名称核准中的有关规定

（1）行政区划

1）企业名称中的行政区划是本企业所在地县级以上行政区划的名称或地名。

2）具备下列条件的企业法人，可以将名称中的行政区划放在字号之后，组织形式之前：使用控股企业名称中的字号；该控股企业的名称不含行政区划；使用外国（地区）出资企业字号的外商独资企业，可以在名称中间使用“中国”字样。

（2）字号

企业名称中的字号应当由两个以上汉字组成，行政区划不得用作字号，但县以上行政区划地名具有其他含义的除外。企业名称可以使用自然人投资人的姓名作字号。

（3）行业

1）企业名称中的行业表述应当是反映企业经济活动性质所属国民经济行业或者企业经营特点的用语。企业名称中行业用语表述的内容应当与企业经营范围一致。企业经济活动性质分别属于国民经济行业不同大类的，应当选择主要经济活动性质所属国民经济行业类别用语表述企业名称中的行业。

2）企业名称中不使用国民经济行业类别用语表述企业所从事行业的，应当符合以下条件：企业经济活动性质分别属于国民经济行业 5 个以上大类；企业注册资本（或注册资金）1 亿元人民币以上或者是企业集团的母公司；与同一工商行政管理机关核准或者登记注册的企业名称中字号不相同。

3）为反映其经营特点，可以在名称中的字号之后使用国家（地区）名称或者县级以上行政区划的地名。上述地名不视为企业名称中的行政区划。如：北京×××四川火锅有限公司、北京×××韩国烧烤有限公司。“四川火锅”、“韩国烧烤”字词均视为企业的经营特点。

4）企业名称不应当或者暗示有超越其经营范围的业务。

（4）组织形式

依据《中华人民共和国公司法》、《中华人民共和国中外合资经营企业法》、《中华人民共和国中外合作经营企业法》、《中华人民共和国外资企业法》申请登记的企业名称，其组织形式为有限公司（有限责任公司）或者股份有限公司；依据其他法律、法规申请登记的企业名称，组织形式不得申请为“有限公司（有限责任公司）”或“股份有限公司”，非公司制企业可以申请用“厂”、“店”、“部”、“中心”等作为企业名称的组织形式，如“北京×××食品厂”、“北京×××商店”、“北京×××技术开发中心”。

1.3.2 登记管辖

我国的公司登记机关是工商行政管理机关。公众向公司登记机关申请查询公司登记事项的，公司登记机关应当提供查询服务。根据《公司登记管理条例》规定，公司登记实行国家、省（自治区、直辖市）、市（县）三级管辖制度。

（1）国家工商行政管理总局负责下列公司的登记

1）国务院国有资产监督管理机构履行出资人职责的公司以及该公司投资设立并持有50%以上股份的公司；

2）外商投资的公司；

3）依照法律、行政法规或者国务院决定的规定，应当由国家工商行政管理总局登记的公司；

4）国家工商行政管理总局规定应当由其登记的其他公司。

（2）省、自治区、直辖市工商行政管理局负责本辖区内下列公司的登记

1）省、自治区、直辖市人民政府国有资产监督管理机构履行出资人职责的公司以及该公司投资设立并持有50%以上股份的公司；

2）省、自治区、直辖市工商行政管理局规定由其登记的自然人投资设立的公司；

3）依照法律、行政法规或者国务院决定的规定，应当由省、自治区、直辖市工商行政管理局登记的公司；

4）国家工商行政管理总局授权登记的其他公司。

（3）设区的市（地区）工商行政管理局、县工商行政管理局，以及直辖市的工商行政管理分局、设区的市工商行政管理局的区分局，负责本辖区内国家工商行政管理总局及省级工商行政管理局负责登记公司以外的其他公司的登记，但其中的股份有限公司由设区的市（地区）工商行政管理局负责登记

1.4 技能训练

1.4.1 职业单项选择题

1）《公司法》规定，有下列（　　）情形，不得担任公司的董事、监事、高级管理人员。

A. 无民事行为能力或者限制民事行为能力

B. 因贪污、贿赂、侵占财产、挪用财产或者破坏社会主义市场经济秩序，被判处刑罚，执行期满未逾5年，或者因犯罪被剥夺政治权利，执行期满未逾3年

C. 担任破产清算的公司、企业的董事或者厂长、经理，对该公司、企业的破产负有个人责任的，自该公司、企业破产清算完结之日起未逾5年。

D. 个人所负数额较大的债务，但到期已清偿

2）股东会会议做出修改公司章程、增加或者减少注册资本的决议，以及公司合并、分立、解散或者变更公司形式的决议，必须经代表（　　）以上表决权的股东通过。

A. 1/2　　B. 1/3　　C. 2/3　　D. 1/10

1.4.2 职业多项选择题

1）股东不得采用（ ）出资方式。

A. 劳务、信用 B. 特许经营权 C. 商誉 D. 非货币性资产

2）签订租赁协议后，可持（ ）证件到所在地房屋租赁登记管理中心办理房屋租赁登记备案手续。

A. 房屋租赁登记备案申请书 B. 房屋所有权证或其他房屋合法证明

C. 房屋租赁协议 D. 当事人的合法身份证件

1.4.3 职业判断题

1）公司申请登记的名称不得与其他企业变更名称未满3年的原名称相同。（ ）

2）2006年7月1日起，注册公司用房必须是纯商业用房，公寓、商住两用、民宅都不能注册。（ ）

3）将企业下列涉及前置审批的专项行业和需到相关审批机关办理许可证的部门进行配对。

①烟草业 ②生产、经营烟花爆竹 ③公章刻字

④食品生产经营，消毒产品生产，化妆品生产，公共场所经营

⑤互联网上网服务营业场所 ⑥设立旅行社 ⑦殡葬业 ⑧会计代理记账

⑨拍卖业 ⑩设立职业介绍机构

________市、区县民政局

________市文化局或区县文化委

________市公安局或其分县局

________市或区县劳动保障局

________市商务局

________国家旅游局、市旅游局

________国家、市或区县烟草专卖局

________区县财政局

________市安监局

________市或区县卫生局

1.5 完成任务

注册完成后的全部材料：

1）营业执照正副本；

2）国地税正副本；

3）组织机构代码正副本；

4）公章、财务章、合同章、人名章；

5）验资报告；

6）公司章程。

内资设立程序如图5-2所示。

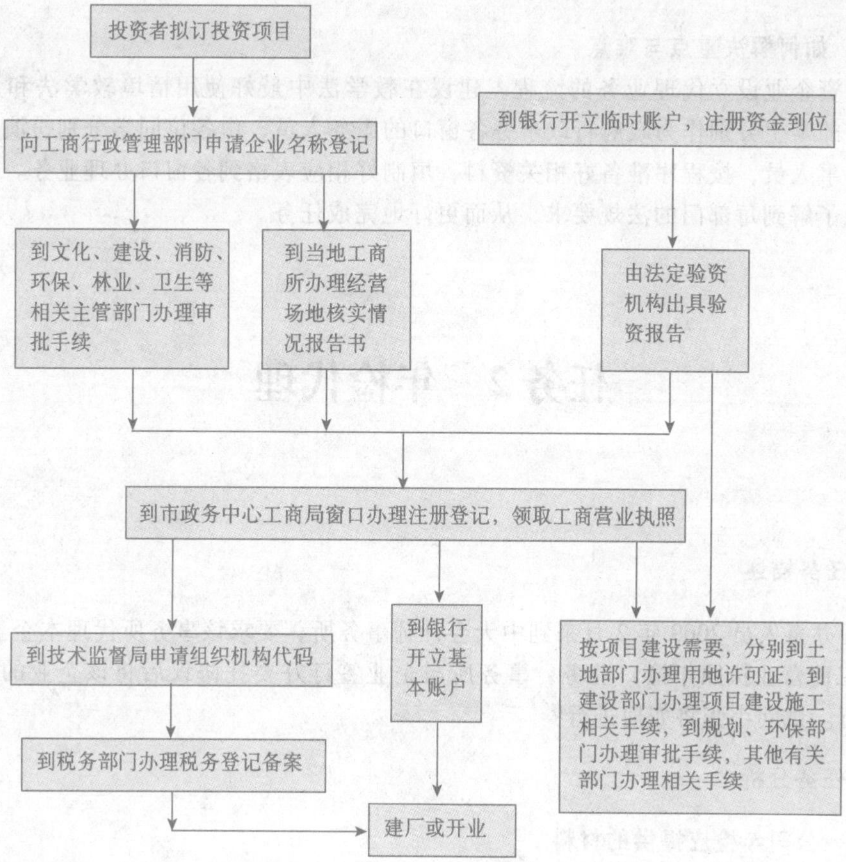

图5－2 内资企业设立程序

1.6 教研交流

1.6.1 本任务重点与难点

本单元中有关内资企业设立流程是重点，能充分体现对受训教师职业能力的要求。难点应是公司设立时对相关法律、法规要求的理解与把握。

1.6.2 如何把握重点、难点

受训教师应按照“理论知识够用，实践技能扎实”的原则，并结合中职学生的特点来发现教学任务中的重点与难点。

内资企业设立代理是因为设立手续繁琐，所需资料多等原因，设立企业为了节省工作时间、提高办事效率而产生的工商代理行为。通常每一步骤之间都有严格的程序和顺序，不能颠倒过来，所以就要求受托人熟练掌握业务流程的各步骤，以免因为程序不对造成无功而返，从而影响了工作效率；同时因延误开业也可能给委托人造成一定的经济损失，所以要求受托人在履行代理职责的同时，关注《公司法》对企业设立的要求和规范，以保证受托业务的顺利进行。

1.6.3　如何解决重点与难点

对于内资企业设立代理业务的流程，建议在教学法中最好使用情境教学法和角色扮演法，由不同的学生分别作为政府行政事务各窗口的服务人员，由各位同学分别扮演有设立要求企业的办事人员，按程序准备好相关资料，填制好相应表格到各窗口办理业务。同时在代理过程中也了解到每部门的法规要求，从而更好地完成任务。

任务2　年检代理

2.1　任务描述

某公司办事人员2009年2月来到中天会计师事务所，要求该事务所代理本企业2008年的年检（工商营业执照年检）业务，事务所与企业签订好委托协议后将该企业的年检交由小张来进行。试问小张将如何进行?

2.2　任务分析

2.2.1　公司年检应提供的材料

1）网上年检预审通知书；

2）公司年检报告书；

3）企业年检指定代表或者委托代理人的证明；

4）营业执照副本；

5）经营范围中有属于企业登记前置行政许可经营项目的，相关许可证（副本）、批准文件的原件和复印件；

6）部分公司提交由会计师事务所出具的审计报告。股份有限公司，一人有限责任公司，从事金融、证券、期货的公司，外商投资的公司，分期交付注册资本在2008年全额缴齐的公司，以及最近三年内有虚报注册资本、虚假出资、抽逃出资违法行为的公司，须提交审计报告；其他公司可不提交审计报告，但要提交2008年度资产负债表和利润表。

7）设立分公司的，提交分公司的营业执照副本复印件。

各种副本复印件须加盖本单位印章，经办人标注“与原件一致”并签名。

2.2.2　年检的程序

1）企业领取、报送“年检报告书”和其他资料；

2）登记主管机关受理审核年检材料；

3）登记主管机关加贴年检标记或加盖年检戳记；

4）缴纳年检费，发还营业执照。

2.3 相关知识

2.3.1 年检的对象及范围

领取营业执照的有限责任公司、股份有限公司、非公司企业法人、合伙企业、个人独资企业及其分支机构、来华从事经营活动的外国（地区）企业，以及其他经营单位。

当年设立登记的企业，自下一年起参加年检。

2.3.2 年检的时限

《国务院关于修改〈中华人民共和国公司登记管理条例〉的决定》（国务院令第451号）于2006年1月1日起施行。修订后的《中华人民共和国公司登记管理条例》规定，公司年度检验的时间为每年3月1日至6月30日。为便于工作衔接，国家工商行政管理总局决定，各级工商行政管理机关对非公司企业进行年度检验的时间也相应由每年的1月1日至4月30日调整为3月1日至6月30日。

2.3.3 年检的内容

（1）对公司的年检材料的主要审查内容

1）公司是否按照规定使用公司名称，改变名称是否按照规定办理变更登记；

2）公司改变住所是否按照规定办理变更登记；

3）公司变更法定代表人是否按照规定办理变更登记；

4）公司有无虚报注册资本行为；股东、发起人是否按照规定缴纳出资，以及有无抽逃出资行为；

5）经营范围中属于企业登记前置行政许可的经营项目的许可证件、批准文件是否被撤销、吊销或者有效期届满，经营活动是否在登记的经营范围之内；

6）股东、发起人转让股权是否按照规定办理变更登记；

7）营业期限是否到期；

8）公司修改章程，变更董事、监事、经理，是否按照规定办理备案手续；

9）设立分公司是否按照规定办理备案手续，是否有分公司被撤销、依法责令关闭、吊销营业执照的情况；

10）公司进入清算程序后，清算组是否按照规定办理备案手续；

11）一个自然人是否投资设立多个一人有限责任公司。

（2）对非公司企业法人的年检材料的主要审查内容

1）企业是否按照规定使用企业名称，改变名称是否按照规定办理变更登记；

2）企业改变住所、经营场所是否按照规定办理变更登记；

3）企业变更法定代表人是否按照规定办理变更登记；

4）企业改变经济性质是否按照规定办理变更登记；

5）经营范围中属于企业登记前置行政许可的经营项目的许可证件、批准文件是否被撤销、吊销或者有效期届满，企业经营活动是否在登记的经营范围之内；

6）有无抽逃、转移注册资金行为；

7）经营期限是否到期；

8）设立、撤销分支机构是否按照规定办理变更登记；

9）主管部门变更是否按照规定办理备案手续；

10）企业章程有无修改。

（3）对企业非法人分支机构、其他经营单位的年检材料的主要审查内容

1）是否按照规定使用名称，改变名称是否按照规定办理变更登记；

2）营业（经营）场所改变是否按照规定办理变更登记；

3）负责人变更是否按照规定办理变更登记；

4）经营范围中属于企业登记前置行政许可的经营项目的许可证件、批准文件是否被撤销、吊销或者有效期届满，经营活动是否在登记的经营范围之内；

5）其他经营单位的隶属机构变更是否按照规定办理变更登记。

2.4 技能训练

2.4.1 职业选择题

1）年检的时间（　　）。

A. 每年的1月1日至4月30日　　B. 每年的3月1日至6月30日

C. 每年的5月1日至8月30日　　D. 每年的7月1日至10月30日

2）年检的对像（　　）。

A. 股份有限公司　　B. 个人独资企业

C. 来华从事经营活动的外国企业　　D. 合伙企业

3）对公司的年检材料主要审查下列内容（　　）。

A. 公司是否按照规定使用公司名称

B. 公司改变住所是否按照规定办理变更登记

C. 公司有无虚报注册资本行为，股东、发起人是否按照规定缴纳出资，以及有无抽逃出资行为

D. 营业期限是否到期

E. 设立分公司是否按照规定办理备案手续，是否有分公司被撤销、依法责令关闭、吊销营业执照的情况

2.4.2 职业判断题

1）企业改变经济性质不需要办理变更登记。（　　）

2）当年设立登记的企业，自当年起参加年检。（　　）

3）股份有限公司，一人有限责任公司，从事金融、证券、期货的公司，外商投资的公司，分期缴付注册资本在2008年全额缴齐的公司，以及最近三年内有虚报注册资本、虚假出资、抽逃出资违法行为的公司，在年检时须提交审计报告。（　　）

2.4.3 职业能力训练

表5-1是公司年检报告书，请你以代理人的身份为该公司填写表中的四项内容。

表5－1 **公司年检的报告书**

（　　年度）

公司名称：________________（盖章）

联系电话：________________

注 册 号：________________

登记机关：________________

一、登 记 事 项 情 况

登记事项名称	登记事项现状
名　　称	□ 与登记一致。 □ 与登记不一致。现状是：
住　　所	□ 与登记一致。 □ 与登记不一致。现状是：
法定代表人姓名	□ 与登记一致。 □ 与登记不一致。现状是：
注册资本 （万元）	□ 与登记一致。 □ 与登记不一致。现状是：
实收资本 （万元）	□ 与到期应收资本额一致。 □ 与到期应收资本额不一致。现状是： 实收资本额： 到期应收资本额：
公司类型	□ 与登记一致。 □ 与登记不一致。现状是：
营业期限	□ 与登记一致。 □ 与登记不一致。现状是：
经营范围	1. 企业登记前置许可证件、批准文件是否期限届满，被撤消、吊销或撤回： □ 否 □ 是。许可证件、批准文件名称： 2. 有无从事未经登记的企业登记前置许可经营项目： □ 否 □ 是。从事的项目为： 3. 有无从事未经登记的一般经营项目： □ 否 □ 是。从事的项目为：

续表

登记事项名称	登记事项现状
股东、发起人姓名（名称）及出资额	1. □ 姓名（名称）与登记一致。 □ 姓名（名称）与登记不一致。现状是： 2. □ 各股东、发起人已按期缴足认缴的出资额。 □ 各股东、发起人未按期缴足认缴的出资额。未按期缴足认缴出资额的股东、发起人是：

二、备案事项情况

备案事项名称	备案事项现状
章　　程	□ 与备案一致。 □ 与备案不一致。修改的主要事项是：
董　　事	□ 与备案一致。 □ 与备案不一致。现状是：
监　　事	□ 与备案一致。 □ 与备案不一致。现状是：
经　　理	□ 与备案一致。 □ 与备案不一致。现状是：
分 公 司	□ 未设立； □ 与备案一致； □ 未备案或未全部备案。未备案的分公司是：
公司清算组成员及负责人	□ 公司未进入清算； □ 与备案一致； □ 与备案不一致。现状是：

注："分公司"一栏填写上次年检至本次年检期间分公司的设立与备案情况。

三、对外投资情况

序号	所投资企业名称	注册号	认缴出资额（万元）	持股比例（%）

四、经营情况

<table>
<tr><td>企业名称</td><td></td><td>注册号</td><td></td></tr>
<tr><td>营运状况</td><td colspan="3">☐ 筹建　☐ 投产开业　☐ 停业　☐ 清算</td></tr>
<tr><td>全年销售（营业）收入</td><td>元</td><td>其中：服务营业收入</td><td>元</td></tr>
<tr><td>全年利润总额</td><td>元</td><td rowspan="2">全年净利润</td><td rowspan="2">元</td></tr>
<tr><td>全年纳税总额</td><td>元</td></tr>
<tr><td>全年亏损额</td><td colspan="3">元</td></tr>
<tr><td>年末资产总额</td><td>元</td><td>其中：长期投资</td><td>元</td></tr>
<tr><td>年末负债总额</td><td>元</td><td>其中：长期负债</td><td>元</td></tr>
</table>

注：本表内容应根据资产负债表和损益表填写，并附在资产负债表之前。

本人确认公司提交的年检报告书所填内容属实。

公司法定代表人签名：

年　　月　　日

2.5 完成任务

年检的办理过程如图 5－3 所示。

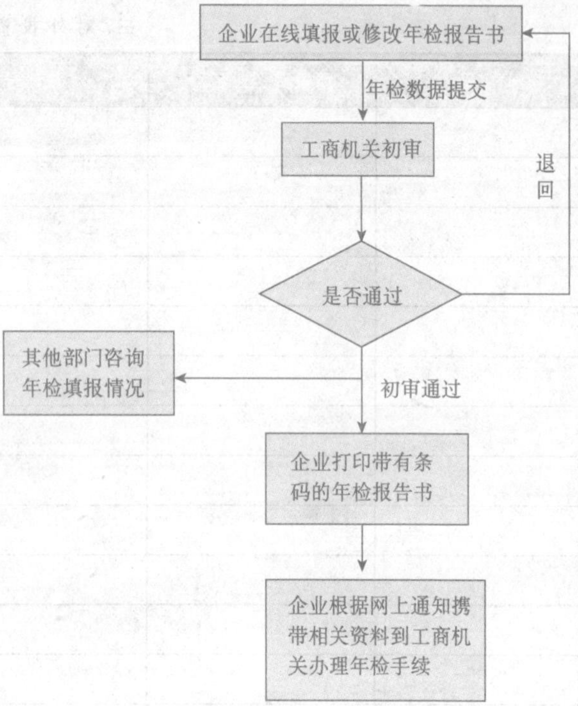

图 5－3

2.6 教研交流

本部分内容重点在资料的准备齐全上，教师在训练学生的过程中应注重培养学生细心、认真的学习态度。如有必要教师自己尽可能将资料准备完整后与学生完成的资料进行对比。其难点则是在学生办理代理业务中的处世态度，每一位教师都有自身的处世方式，因此教给学生的处世方式必然不会一样，但务必把握住共同合作、礼貌待人。

学生以小组为单位扮演公司代表、中介代表、工商行政管理部门代表等角色合作完成任务，在把公司的年检代理业务完成的基础上要求学生学会共同合作、礼貌待人基本处世方法，锻炼学生的基本社交能力。这样才能把握本任务的重点及难点。

任务 3　公司变更事务代理

3.1 任务描述

嘉义公司向诚信公司投入 500 万股本，占有 50% 股权，要求诚信公司更名为嘉诚股份有限责任公司，且其法人由嘉义公司所派人员张欢担任，现将公司的变更业务交由中天咨询服务有限公司进行，中天公司将要进行哪些方面的公司变更事务？假设公司将这一任务交由李雨进行，李雨将会如何进行呢？

3.2 任务分析

3.2.1 分析变更内容

1）法人由嘉义公司所派人员张欢担任：法人代表变更；

2）嘉义公司向诚信公司投入 500 万股本：公司股东变更、注册资本变更；

3）要求诚信公司更名为嘉诚股份有限责任公司：公司名称变更。

3.2.2 代理变更事项业务流程

(1) 与中天服务有限公司签订工商代理协议书

协议书内容根据双方情况据实编写，双方认可后方能签订（协议书格式见表5－2）。

(2) 到所在工商管理部门领取变更所需填写资料，也可到当地工商行政管理部门的网站上下载打印

(3) 准备相关资料

1）变更法人相关资料。

①公司法定代表人签署的“公司变更登记申请书”（公司加盖公章）。

②“公司申请登记委托书”（公司加盖公章），应标明具体委托事项和被委托人的权限。

③原任法定代表人的免职证明、新任法定代表人的任职证明；有限责任公司根据本公司章程的规定和程序，提交股东会决议或董事会决议等，股东会决议由股东盖章或签字（自然人股东），董事会决议由董事签字。

④“公司（企业）法定代表人登记表”；审查意见由作出决定的单位签署；有限责任公司由股东会或董事会等盖章或签字。

⑤法律、行政法规规定变更公司法定代表人必须报经审批的，提交有关部门的批准文件。

⑥公司营业执照正副本。公司法定代表人变更涉及公司董事调整的应按《公司董事、监事、经理备案提交材料规范》提交相应的备案材料。

2）变更股东相关资料。

①法定代表人签署的“公司变更登记申请书”（可与上同）。

②公司签署“公司股东（发起人）出资情况表”（公司加盖公章）。

③公司签署的“指定代表或者共同委托代理人的证明”（公司加盖公章）及指定代表或委托代理人的身份证复印件（本人签字）；应标明具体委托事项、被委托人的权限、委托期限。

④公司章程修正案（公司法定代表人签署）。

⑤股东或发起人名称或姓名变更证明。企业提交名称“准予变更登记通知书”复印件；事业法人、社团法人、民办非企业单位提交有关登记机关准予变更的证明；自然人提交公安部门的证明。

⑥新股东或发起人的主体资格证明或自然人身份证明；企业提交营业执照副本复印件；事业法人提交事业法人登记证书复印件；社团法人提交社团法人登记证复印件；民办非企业单位提交民办非企业单位证书复印件；自然人提交身份证复印件。

⑦公司营业执照副本。

3）变更企业名称相关资料：①法定代表人签署的“公司变更登记申请书”（与上同）；②“企业（公司）申请登记委托书”（与上同）；③有限责任公司提交股东会决议，内容包括：决议事项、修改公司章程相关条款，由股东盖章或签字（自然人股东）；④法律、行政法规规定变更名称必须报经有关部门批准的，提交有关部门的批准文件；⑤公司章程修正案；⑥有限责任公司由股东盖章或签字；⑦《名称核准通知书》；⑧公司营业

执照正副本。

4）注册资本变更的相关资料：

①公司法定代表人签署的“公司变更登记申请书”（与上同）。

②“公司（公司）申请登记委托书”（与上同）。

③有限责任公司提交股东会决议。内容应包括：增加、减少注册资本的数额、各股东具体承担的增加、减少注册资本的数额和出资方式，发起人认购以外增加的注册资本的增资方式。

④修改章程相关条款。其内容包括：决议事项；修改公司章程相关条款；由发起人盖章或董事签字。

⑤公司章程修正案。以实物、工业产权、非专利技术和土地使用权出资的，应当就实物、工业产权、非专利技术和土地使用权所有权转移的方式、期限在章程中作出明确的规定。有限责任公司章程修正案由股东盖章或签字（自然人股东）。

⑥验资报告。

⑦法律、行政法规规定公司办理变更注册资本必须报经有关部门批准的，提交有关部门的批准文件。

⑧公司减少注册资本的，提交在报刊刊登的减资公告（三次）和载明清算结果及债权债务处理方案的股东会决议。

⑨公司营业执照正副本。

（4）资料准备齐全后到工商行政管理部门办理手续

将资料交至工商行政管理部门后等待办理，公司将取得新的营业执照。

（5）质检窗口办理“组织机构代码证书”

取得新营业执照后持相关手续到质量技术监督局办理组织机构代码证和代码卡。

3.3 相关知识

3.3.1 变更法人

法人是具有民事权利能力和民事行为能力，依法独立享有民事权利和承担民事义务的组织。简言之，法人是具有民事权利主体资格的社会组织。

法人变更是指法人成立后，其组织、名称、住所、经营范围等重要事项发生的变化，这些事项的变更，可依法人意思自主决定，法人只要作相应的变更登记，即可发生变更效力。惟企业法人的分立或合并，因涉及法人与相对交易人的债权债务关系，为了维护交易秩序和相对交易人的信赖利益，法律对分立或合并后法人的债权债务移转，作了强制性规定。《民法通则》第四十四条第一款规定，企业法人分立、合并或者有其他重要事项变更，应当向登记机关办理登记并公告。《公司法》等法律也有相应的规定。

公司变更法定代表人的，应当自变更决议或者决定作出之日起 30 日内申请变更登记。

法人变更主管部门（出资人）根据企业章程的规定和程序出具的原任法定代表人的免职证明、新任法定代表人的任职证明，任职证明应依照企业章程的规定明确任命职务、章程规定职务空缺。以副职代理法定代表人的，应在其任职证明中明确“章程规定职务空缺，由副职代理法定代表人”字样。

3.3.2 变更股东

股东是股份制公司的出资人或叫投资人。股东是股份公司或有限责任公司中持有股份的人，有权出席股东大会并有表决权，也指其他合资经营的工商企业的投资者。

有限责任公司股东转让股权的，应当自转让股权之日起 30 日内申请变更登记，并应当提交新股东的主体资格证明或者自然人身份证明。有限责任公司的自然人股东死亡后，其合法继承人继承股东资格的，公司应当依照前款规定申请变更登记。

有限责任公司的股东或者股份有限公司的发起人改变姓名或者名称的，应当自改变姓名或者名称之日起 30 日内申请变更登记。

3.3.3 变更注册资本

有限责任公司的注册资本为在公司登记机关登记的全体股东认缴的出资额；股份有限公司采取发起设立方式设立的，注册资本为在公司登记机关登记的全体发起人认购的股本总额；股份有限公司采取募集方式设立的，注册资本为在公司登记机关登记的实收股本总额。

3.3.4 名称变更

公司变更名称的，应当自变更决议或者决定作出之日起 30 日内申请变更登记。

企业应当向其登记机关提出申请。申请名称超出其登记机关管辖权限的，由其登记机关向有该名称登记权的登记机关申报。

3.3.5 变更经营场所

《公司法》第十条规定："公司以其主要办事机构所在地为住所。"《公司登记管理条例》第十二条规定："公司的住所是公司主要办事机构所在地。经公司登记机关登记的公司住所只能有一个，公司的住所应当在其公司登记机关辖区内。"

公司变更住所的，应当在迁入新住所前申请变更登记，并提交新住所使用证明。

3.4 技能训练

3.4.1 职业选择题

1）公司将其全部财产分别划拨给两个以上的新设公司中，原公司解散的是（　　）。

A. 公司设立　　　　B. 派生分立

C. 资产转让　　　　D. 新设分立

2）有限责任公司变更为股份有限公司的，或者股份有限公司变更为有限责任公司的，公司变更前的债权、债务（　　）。

A. 自动消失　　　　B. 由原公司承担

C. 由公司股东承担　　　　D. 由变更后的公司承继

3）下列关于公司形式变更说法正确的是（　　）。

A. 有限责任公司可以变更为股份有限公司

B. 股份有限公司不能变更为有限责任公司

C. 股份有限公司可以变更为有限责任公司

D. 具有公司维持和营业持续的功能

E. 具有程序简化、成本低廉的优点

4）甲是合伙企业合伙人，因病身亡，其继承人只有乙。关于乙继承甲的合伙财产份额的下列表述中，符合《合伙企业法》规定的有（　）。

A. 乙可以要求退还甲在合伙企业的财产份额

B. 乙只能要求退还甲在合伙企业的财产份额

C. 乙因继承而当然成为合伙企业的合伙人

D. 经其他合伙人一致同意，乙因继承而成为合伙企业的合伙人

3.4.2 职业判断题

1）根据《公司法》规定：有限责任公司的注册资本为在公司登记机关登记的全体股东实缴的出资额。有限责任公司注册资本的最低限额为人民币3万元。（　）

2）有限责任公司成立后，发现作为设立公司出资的非货币财产的实际价额显著低于公司章程所定价额的，应当由交付该出资的股东补足其差额；公司的其他股东应承担连带责任。（　）

3）根据《个人独资企业法》的规定，在清算期间，个人独资企业不得开展任何经营活动。在按法律规定的财产清偿顺序清偿债务前，投资人不得转移、隐匿财产。（　）

3.4.3 职业能力训练

在了解变更的基本程序后请完成代理协议书的起草。

要求：教师给出假定情况，要求学生首先与中介公司签订协议，建议协议的签订最好分成小组讨论进行，并考虑该协议中不完善的部分，由教师指导学生共同完成协议的起草。代理协议书见表5-2。

分小组按不同的变更内容向教师索取相关的资料后，完成上报资料的准备过程。

3.5 完成任务

有限责任公司变更登记流程如图5-4所示。

3.6 教研交流

本部分内容重点在资料的准备及业务流程的把握。有些变更业务内容虽不同，但需准备的材料有些是重复的。需要学生用细心、认真的学习态度来进行区分，以减少不必要的重复工作，提高工作效率。

另在教学过程中也应注重学生成就感和使命感的培养，如在签订代理协议的过程中可进行模拟操作，让学生体会成功带来的快乐。但协议一旦签订就必须去完成这一工作，一方面提高了学生的职业素养，另一方面也培养了学生良好的工作态度和工作作风。这是代理业务的难点所在。

表 5－2

中天咨询服务有限公司工商代理协议书

××［　　］字号

甲方：　　　　　　　　　　　　　　　　电话：

公司地址：

乙方：中天咨询服务有限公司

电话：　　　　　　　　　　　　　　　　传真：

公司地址：

为拉动内需，刺激消费市场，促进经济发展，甲、乙双方在相互信任、相互支持的基础上，本着公平、互利、诚实、自愿的原则，经友好协商，一致同意就办理甲方的工商执照的代理业务签订协议如下：

一、委托目的和要求

（略）

二、双方的责任

（一）乙方责任

乙方应按照《中华人民共和国公司法》、《中华人民共和国外商投资企业法》及《中华人民共和国工商登记管理条例》等的要求，对甲方提供的相关资料，实施必要的代理程序，按照约定的时间完成代理业务。

乙方对在执业过程中知悉的商业秘密负有保密责任（除法律另有规定者外）。

在甲方提供的真实、合法的资料基础上，乙方业务代理工作引起的一切经济和法律责任，全部由乙方负责。

（二）甲方责任

甲方应对乙方开展代理工作给予充分的合作，提供必要的条件，并按乙方的要求，提供代理所需的相关资料，并按照本协议书约定金额及时足额支付代理费用。

甲方按规定就所提供资料承担全部责任，乙方的代理责任不能替代、减轻或免除甲方的责任。但因乙方原因对甲方造成的损失，甲方有权向乙方追偿。

三、特别约定事项

业务收费：

经甲乙双方商定，本项代理费用为 ¥　　元（人民币　　元）。

四、本协议一式两份，双方各执一份，均具同等法律效力。未尽事宜，双方另行协商解决。

本协议履行过程中发生的一切争议、纠纷，双方应通过友好协商解决。在协商无效时，提交成都仲裁委员会仲裁。

如在代理过程中出现不可预见的情况，影响代理工作如期完成的，需通过双方协商变更约定事项。

五、约定书经双方加盖公章后生效，约定事项全部完成后失效。

甲方：	乙方：中天咨询服务有限公司
法定代表：（签章）	法定代表：（签章）
联系人：	联系人：
签订日期：	签订日期：

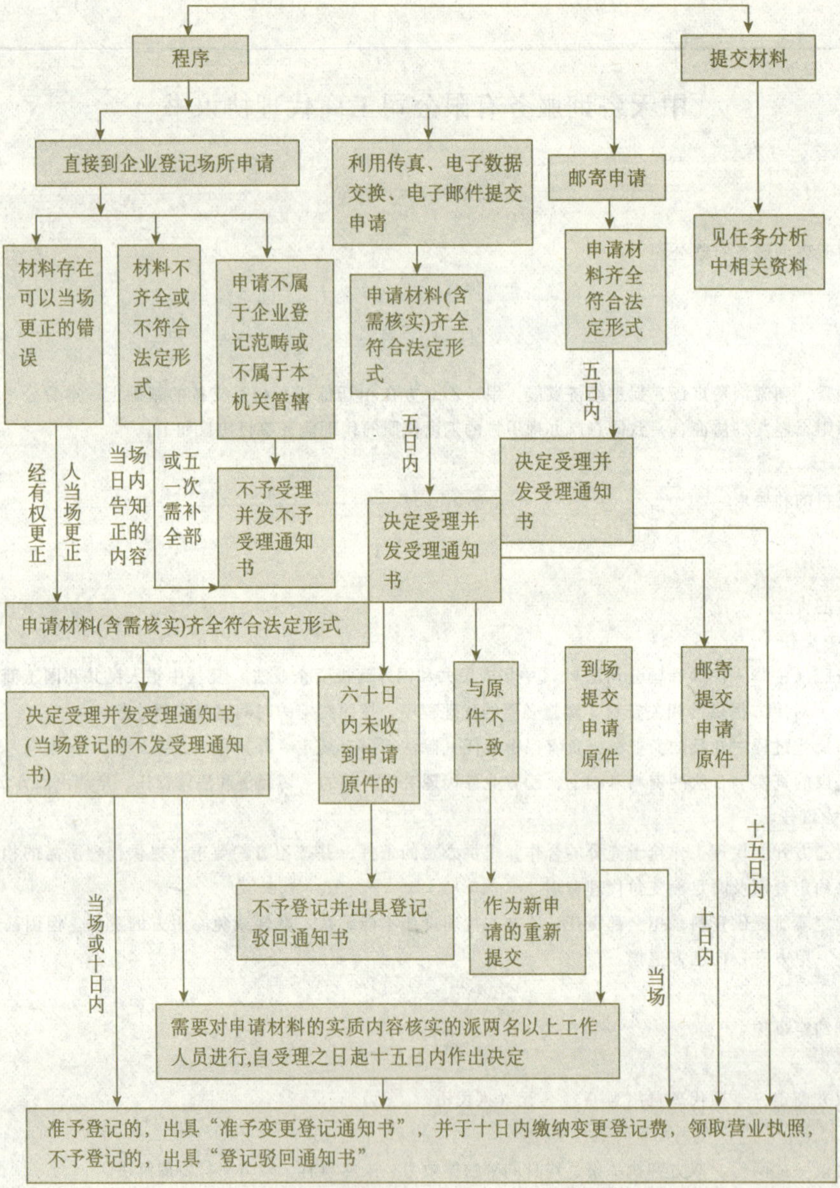

图5-4　有限责任公司变更登记流程图

任务4　公司注销登记代理

4.1　任务描述

华瑞有限公司由甲、乙、丙三个股东共同出资组建，由于公司经营不善，经全体股东一致同意决定进行清算，拟委托联华咨询公司代为办理相关手续，联华咨询公司委派李丹办理此项业务。

4.2 任务分析

李丹在与华瑞公司洽谈后，开始为其代为办理工商注销登记。

4.2.1 公司解散的原因

公司解散有两种情况，其一是不需要清算的，如因合并、分立而解散的公司，因其债权债务由合并、分立后继续存续的公司承继；其二是应当清算的，即公司债权债务无人承继的。公司解散应当申请注销登记，经公司登记机关注销登记，公司终止。其中公司应当清算的，应当依法成立清算组。

公司发生下列情形之一的，公司清算组应当自公司清算结束之日起30日内向原公司登记机关申请注销登记：

1）被依法宣告破产；

2）章程规定的营业期限届满或者章程规定的其他解散事由出现且未通过修改公司章程而使公司存续；

3）股东会、股东大会决议解散或者一人有限责任公司的股东、外商投资的公司董事会决议解散；

4）依法被吊销营业执照、责令关闭或者被撤销；

5）人民法院依法予以解散；

6）法律、行政法规规定的其他解散情形。

公司有上述2）情形的，可以通过修改公司章程而存续。公司依照规定修改公司章程的，有限责任公司须经持有2/3以上表决权的股东通过，股份有限公司须经出席股东大会会议的股东所持表决权的2/3以上通过。

公司经营管理发生严重困难，继续存续会使股东利益受到重大损失，通过其他途径不能解决的，持有公司全部股东表决权10%以上的股东，可以请求人民法院解散公司。

公司被依法宣告破产的，依照有关企业破产的法律实施破产清算。

国有独资公司申请注销登记，应当提交国有资产监督管理机构的决定，其中，国务院确定的重要的国有独资公司，还应当提交本级人民政府的批准文件。

有分公司的公司申请注销登记，应当提交分公司的注销登记证明。如果仅是分公司被公司撤销、依法责令关闭、吊销营业执照的，公司应当自决定作出之日起30日内向该分公司的公司登记机关申请注销登记。

4.2.2 注销登记代理流程

（1）与委托方洽谈，签订代理协议

（2）成立清算小组

公司解散时，除因合并或者分立者外，应当依法进行清算。根据《公司法》的规定，公司应当在解散事由出现之日起15日内成立清算组，开始清算。有限责任公司的清算组由股东组成，股份有限公司的清算组由董事或者股东大会确定的人员组成。逾期不成立清算组进行清算的，债权人可以申请人民法院指定有关人员组成清算组进行清算。人民法院应当受理该申请，并及时组织清算组进行清算。

根据《公司法》的规定，清算组在清算期间行使下列职权：①清理公司财产，分别编制资产负债表和财产清单；②通知、公告债权人；③处理与清算有关的公司未了结的业务；④清缴所欠税款以及清算过程中产生的税款；⑤清理债权、债务；⑥处理公司清偿债务后的剩余财产；⑦代表公司参与民事诉讼活动。

清算组在公司清算期间代表公司进行一系列民事活动，全权处理公司经济事务和民事诉讼活动。根据《公司法》规定，清算组成员应当忠于职守，依法履行清算义务。清算组成员不得利用职权收受贿赂或者其他非法收入，不得侵占公司财产。清算组成员因故意或者重大过失给公司或者债权人造成损失的，应当承担赔偿责任。

（3）登记债权

清算组应当自成立之日起 10 日内通知债权人，并于 60 日内在报纸上公告。债权人应当自接到通知书之日起 30 日内，未接到通知书的自公告之日起 45 日内，向清算组申报其债权。债权人申报债权，应当说明债权的有关事项，并提供证明材料。清算组应当对债权进行登记。在申报债权期间，清算组不得对债权人进行清偿。

（4）清理公司财产，制订清算方案

清算组应当对公司财产进行清理，编制资产负债表和财产清单，制订清算方案。清算方案应当报股东会、股东大会或者人民法院确认。清算组在清理公司财产、编制资产负债表和财产清单后，发现公司财产不足清偿债务的。应当依法向人民法院申请宣告破产。公司经人民法院裁定宣告破产后，清算组应当将清算事务移交给人民法院。

（5）清偿债务

公司财产在分别支付清算费用、职工的工资、社会保险费用和法定补偿金，缴纳所欠税款，清偿公司债务后的剩余财产，有限责任公司按照股东的出资比例分配，股份有限公司按照股东持有的股份比例分配。清算期间，公司存续，但不得开展与清算无关的经营活动。公司财产在未按上述规定清偿前，不得分配给股东。

（6）办理注销税务登记（详见单元三）

（7）银行结算账户撤销的手续办理

存款人发生被撤并、解散、宣告破产或关闭，或被注销、被吊销营业执照等主体资格终止的，应于 5 个工作日内向开户银行提出撤销银行结算账户的申请。存款人申请撤销基本存款账户的，存款人基本存款账户的开户银行应自撤销银行结算账户之日起两个工作日内将撤销该基本存款账户的情况书面通知该存款人其他银行结算账户的开户银行；存款人其他银行结算账户的开户银行，应自收到通知之日起两个工作日内通知存款人撤销有关银行结算账户；存款人应自收到通知之日起 3 个工作日内办理其他银行结算账户的撤销。

根据《账户管理办法实施细则》的有关规定，存款人主体资格终止后，撤销银行结算账户的，应当先撤销一般存款账户、专用存款账户、临时存款账户，将账户资金转入基本存款账户后，方可办理基本存款账户的撤销。

银行得知存款人主体资格终止情况的，存款人超过规定期限未主动办理撤销银行结算账户手续的，银行有权停止其银行结算账户的对外支付。

(8) 公告公司终止

公司清算结束后，清算组应当制作清算报告，报股东会、股东大会或者人民法院确认，并报送公司登记机关，申请注销公司登记，公告公司终止。

公司申请工商注销登记，应当提交下列文件：①公司清算组负责人签署的注销登记申请书；②人民法院的破产裁定、解散裁判文书，公司依照《公司法》作出的决议或者决定，行政机关责令关闭或者公司被撤销的文件；③股东会、股东大会、一人有限责任公司的股东、外商投资的公司董事会或者人民法院、公司批准机关备案、确认的清算报告；④《企业法人营业执照》；⑤法律、行政法规规定应当提交的其他文件。

4.3 相关知识

4.3.1 破产清算程序

(1) 破产宣告

破产宣告是指法院依据当事人的申请或法定职权裁定宣布债务人破产以清偿债务的活动。人民法院依法宣告债务人破产，应当自裁定作出之日起5日内，送达债务人和管理人，自裁定作出之日起10日内通知已知债权人，并予以公告。

债务人被宣告破产后，在破产程序中的有关称谓也发生相应变化，债务人称为破产人，债务人财产称为破产财产，人民法院受理破产申请时对债务人享有的债权称为破产债权。

(2) 破产财产的变价

破产财产的分配以货币分配为基本方式，所以，在破产宣告后，管理人应当及时拟订破产财产变价方案，提交债权人会议讨论。管理人应当按照债权人会议通过的或者人民法院依法裁定的破产财产变价方案，适时变价出售破产财产。

变价出售破产财产应当通过拍卖方式进行，但债权人会议另有决议的除外。破产财产的变价出售必须以债权人利益最大化为原则，原则上不能与职工安置挂钩，决不允许以低价向购买者处分破产财产的方式换取其对职工的安置，以损害债权人利益的方式解决政府的财政与工作困难。

破产企业财产可以全部或者部分变价出售。企业变价出售时，可以将其中的无形资产和其他财产单独变价出售。按照国家规定不能拍卖或者限制转让的财产，应当按照国家规定的方式处理。

(3) 别除权

《企业破产法》第一百零九条规定："对破产人的特定财产享有担保权的权利人，对该特定财产享有优先受偿的权利。"此项权利即是破产法理论上的别除权。

别除权人就破产人的特定财产享有优先受偿权利，即该项财产的变价款必须优先清偿别除权人的担保债权，只有在全部清偿其担保债权后仍有剩余财产时才能够用于对其他普通债权人的清偿。所以别除权人对破产人的特定财产处于最优先的清偿顺序，但法律另有规定的除外。

别除权人行使优先受偿权利未能完全受偿的，其未受偿的债权作为普通债权；别除权人放弃优先受偿权利的，其债权作为普通债权。

(4) 破产财产的分配，

破产分配是指将破产财产按照法律规定的债权清偿顺序和案件实际情况决定的受偿比例

进行清偿的程序。破产财产的分配应当遵守法定的分配顺序和分配方法。对破产财产可以进行一次性分配，也可以进行多次分配，需视破产财产的多少、变价难易等情况而定。依照破产分配进行的时间不同，可分为中间分配、最后分配和追加分配。

《企业破产法》第一百一十三条规定“破产财产在优先清偿破产费用和公益债务后，依照下列顺序清偿：

1）破产人所欠职工的工资和医疗、伤残补助、抚恤费用，所欠的应当划入职工个人账户的基本养老保险、基本医疗保险费用，以及法律、行政法规规定应当支付给职工的补偿金；

2）破产人欠缴的除前项规定以外的社会保险费用和破产人所欠税款；

3）普通破产债权。”

破产财产不足以清偿同一顺序的清偿要求的，按照比例分配。

破产企业的董事、监事和高级管理人员的工资按照该企业职工的平均工资计算。

破产分配时，对债务人的董事、监事和高级管理人员在破产申请受理前拖欠的工资，应当按照拖欠职工工资平均期间、以同期职工平均工资为标准予以调整。这是为避免发生企业董事、监事和高级管理人员在企业濒临破产期间对自己的工资按期照发，却拖欠职工的工资，或者在企业破产后，破产财产被董事、监事和高级管理人员不合理的高额工资所侵占，损害债权人利益。

破产财产的分配应当以货币分配方式进行。但是，债权人会议另有决议的除外。在实践中，有些破产财产处分较为困难，或在变价过程中会造成较大损失，有些破产企业的债权一时难以追回，股权无法变现，在破产分配时，经债权人会议决议，可以进行实物分配、债权或股权分配。

职工债权的清偿问题，《企业破产法》以该法公布的时间为界，以“老事老办法，新事新办法”的折衷方式解决了实践中的难题。

管理人应当及时拟订破产财产分配方案，提交债权人会议讨论。破产财产分配方案应当载明下列事项：

1）参加破产财产分配的债权人名称或者姓名、住所；

2）参加破产财产分配的债权额；

3）可供分配的破产财产数额；

4）破产财产分配的顺序、比例及数额；

5）实施破产财产分配的方法。

债权人会议表决通过破产财产分配方案后，由管理人将该方案提请人民法院裁定认可，经人民法院裁定认可后，由管理人执行。

管理人按照破产财产分配方案实施多次分配的，应当公告本次分配的财产额和债权额。管理人实施最后分配的，应当在公告中指明，并载明法律规定的事项。

对债权人留有明确姓名或名称、地址、银行账户，无需债权人受领行为即可交付的，管理人应当直接将破产财产分配额交付债权人。无法直接交付的债权人未受领的破产财产分配额，管理人应当提存。债权人自最后分配公告之日起满两个月仍不领取的，视为放弃受领分配的权利，管理人或者人民法院应当将提存的分配额分配给其他债权人。

对附生效条件或者解除条件的债权，管理人应当将其分配额提存。在最后分配公告日，生效条件未成就或者解除条件成就的，提存的分配额应当分配给其他债权人；在最后分配公告日，生效条件成就或者解除条件未成就的，提存的分配额应当交付给债权人。

破产财产分配时，对于诉讼或者仲裁未决的债权，管理人应当将其分配额提存。自破产程序终结之日起满两年仍不能受领分配的，人民法院应当将提存的分配额分配给其他债权人。

破产法不适用于合伙企业和个人独资企业的，合伙企业和个人独资企业清算应当分别依据《合伙企业法》和《个人独资企业法》的相关规定。

4.3.2 外商投资企业的清算

（1）合营企业的清算

合营企业宣告解散时，应当进行清算。除企业破产清算应当按照有关法律规定的程序进行清算外，合营企业的清算应当按照《外商投资企业清算办法》的规定成立清算委员会，由清算委员会负责清算事宜。

清算委员会的成员一般应当在合营企业的董事中选任。董事不能担任或者不适合担任清算委员会成员时，合营企业可以聘请中国注册会计师、律师担任。审批机关认为必要时，可以派人进行监督。

清算委员会的任务主要有：①对合营企业财产、债权、债务进行全面清查。②编制资产负债表和财产目录，提出财产作价依据，制订清算方案。③履行企业偿债义务。清算委员会制订的清算方案经董事会通过后，由清算委员会代合营企业履行偿债义务，偿债顺序按照国家有关法律和行政法规执行。④清算期间，清算委员会代表该合营企业起诉或者应诉。

合营企业以其全部资产对其债务承担责任。合营企业清偿债务后的剩余财产按照合营各方的出资比例进行分配，但合营企业协议、合同、章程另有规定的除外。合营企业解散时，其资产净额或者剩余财产减除企业未分配利润、各项基金和清算费用后的余额，超过实缴资本的部分为清算所得，应当依法缴纳所得税。

合营企业的清算工作结束后，由清算委员会提出清算结束报告，提请董事会会议通过后，报告审批机关，并向登记管理机关办理注销登记手续，缴销营业执照。

（2）合作企业的清算

《中外合作经营企业法》第二十三条规定："合作企业期满或者提前终止时，应当依照法定程序对资产和债权、债务进行清算。中外合作者应当依照合作企业合同的约定确定合作企业财产的归属。"

（3）外资企业的清算

外资企业宣告终止时，应当进行清算。除企业破产或者撤销清算，应当按照中国有关法律规定进行清算外，外资企业的清算应由外资企业提出清算程序、原则和清算委员会人选，报审批机关审核后进行清算。清算委员会应当由外资企业的法定代表人、债权人代表以及有关主管机关的代表组成，并聘请中国的注册会计师、律师等参加。

外资企业清算结束，其资产净额和剩余财产超过注册资本的部分视同利润，应当依照中国税法缴纳所得税。同时，应当向工商行政管理机关办理注销登记手续，缴销营业执照。

4.4 技能训练

4.4.1 职业单项选择题

1）公司依法清算结束并办理注销登记前，有关公司的民事诉讼，应当以（　　）的名义进行。

A. 董事会　　B. 清算组　　C. 股东会　　D. 公司

2）某有限责任公司违反法律、行政法规被依法责令关闭的，应当解散。下列关于公司清算组的说法，正确的是（　　）。

A. 由人民法院指定有关人员组成清算组，进行清算

B. 公司应当在解散事由出现之日起 15 日内成立清算组，开始清算

C. 公司清算组人选由董事或者股东大会确定

D. 公司的清算组成员由 2/3 的股东组成

3）破产清算时，清算组对（　　）负责并报告工作。

A. 法院　　B. 法院和债权人会议

C. 企业职代会　　D. 企业上级主管部门

4.4.2 职业多项选择题

1）下列说法正确的有（　　）。

A. 公司自行清算的，清算组的成员包括公司的董事、股东、依法设立的律师事务所、会计师事务所、破产清算事务所等社会中介机构中具备相关专业知识并取得执业资格的人员

B. 法院指定的清算组成员丧失执业能力或者民事行为能力，法院可以依据职权更换清算组的成员

C. 清算组成员因故意或者重大过失给公司或者债权人造成损失的，应当承担赔偿责任

D. 公司依法清算结束并办理注销登记前，有关公司的民事诉讼，应当以清算组的名义进行

E. 有限责任公司的股东未在法定期限内成立清算组开始清算，导致公司财产贬值、流失、毁损或者灭失，债权人可以主张其在造成损失范围内对公司债务承担赔偿责任

2）出现下列（　　）之一，并符合《公司法》第一百八十三条规定的，单独或者合计持有公司全部股东表决权 10% 以上的股东，可以向人民法院提起解散公司的诉讼。

A. 公司持续两年以上无法召开股东会或者股东大会，公司经营管理发生严重困难的

B. 公司连续五年不向股东分配利润，而公司该五年连续盈利，并且符合本法规定的分配利润条件的

C. 股东表决时无法达到法定或者公司章程规定的比例，持续两年以上不能作出有效的股东会或者股东大会决议，公司经营管理发生严重困难的

D. 公司董事长期冲突，且无法通过股东会或者股东大会解决，公司经营管理发生严

重困难的

E. 经营管理发生其他严重困难，公司继续存续会使股东利益受到重大损失的情形

3）根据《破产法》的规定，有关债权人会议与清算组的联系与区别，下列各项中正确的说法有（　　）。

A. 债权人会议的主席由有表决权的债权人选举产生，清算组组长由人民法院指定

B. 债权人会议有审阅清算组报告的职权

C. 清算组提出的破产财产分配方案必须经债权人会议讨论通过，否则不能执行

D. 清算组应当列席债权人会议，并接受债权人会议的询问、监督

4.4.3 职业单项判断题

1）纳税人发生解散、破产、撤销以及其他情形，依法终止纳税义务的，应当先向工商行政管理机关办理注销登记，然后向原税务登记管理机关申报办理注销税务登记。（　　）

2）破产清算组成员由人民法院、政府有关部门、破产企业的人员以及有关专业人员组成。（　　）

根据任务描述给定的资料填写公司注销登记的系列表格（见表5-3至表5-8）。

表5-3

档案号____________

注册号____________

公司注销登记申请书

公司名称（印章）____________

敬　告

1. 在签署文件和填表前，申请人应当阅读过《中华人民共和国公司法》、《中华人民共和国公司登记管理条例》和本申请书，并确知其享有的权利和应承担的义务。

2. 提交复印件的，应当注明“与原件一致”并予以确认。

3. 提交的材料需股东（发起人）签署的，股东（发起人）为自然人的由本人签字，自然人以外的股东（发起人）加盖公章；需董事签署的，由本人签字。

4. 提交的文件、证件应当使用A4纸。

5. 填写表格或签字时应当使用黑色或蓝黑色的钢笔或签字笔。

表 5－4

指定代表或者共同委托代理人的证明

指定代表或者共同委托代理人：______________________________

委托事项：____

____

指定代表或委托代理人更正有关材料的权限：

1. 同意□　不同意□　修改任何材料；
2. 同意□　不同意□　修改企业自备文件的文字错误；
3. 同意□　不同意□　修改有关表格的填写错误；
4. 其他有权更正的事项：______________________________

____

指定或者委托的有效期限：自　　年　月　日至　　年　月　日

（指定代表或委托代理人 身份证明复印件粘贴处）	指定代表或委托代理人联系电话 固定电话： 移动电话：

委托人盖章：　　　　　　　　　　　　　　　　　　　　　　　年　月　日

注：

1. 委托人为本公司。

2. 指定代表或者委托代理人更正有关材料的权限：1、2、3 项选择“同意”或“不同意”并在□中打√；第 4 项按授权内容自行填写，没有的填写“无”。

表 5－5　　　　　　　　**公司注销登记申请书**

名　称		
公司类型		
申请注销登记的原因		
清算情况	债权债务清理情况是否完结	
	分公司是否全部办理完毕注销登记手续	
	对外投资是否清理完结	
公告情况	报样粘贴处	登于　　　　报 年　月　日 第　　版

本公司依照《中华人民共和国公司法》、《中华人民共和国公司登记管理条例》申请注销登记，提交材料真实有效，复印文本与原件一致，谨此对真实性承担责任。

清算组负责人签字：　　　　指定代表或委托代理人签字：　　　　公司盖章：

年　月　日　　　　　　　　年　月　日　　　　　　　　年　月　日

表 5－6　　**公司注销登记提交文件、证件目录**

是否提交	序号	文件、证件名称
	1	公司清算组负责人签署并加盖公司公章的《公司注销登记申请书》
	2	清算组成员《备案确认通知书》
	3	依照《公司法》作出的决议或者决定
	4	经确认的清算报告
	5	刊登注销公告的报纸报样
	6	公司的《企业法人营业执照》正、副本
	7	分公司的注销登记证明复印件

受理人员签字：

年　　月　　日

注：

1. 在“是否提交”中打“√”或“×”。
2. 提交其他文件、证件的，在空白栏内填写。
3. 本表不够填时，可复印续填，粘贴于后。

表 5－7　　**公司注销登记审核表**

（登记机关填写）

注销原因	（　　）经营期限届满	（　　）决议解散
	（　　）强制解散	（　　）宣告破产
	（　　）被吊销营业执照	（　　）因公司合并或分立
	（　　）其他原因	
受理意见	受理人员签字：　　　　年　月　日	
核准意见	核准人员签字：　　　　年　月　日	
备　　注		

表 5-8　　　　核发《登记核准通知书》及归档情况

<table>
<tr><td colspan="2">执照注册号</td><td></td><td colspan="2">执照副本数</td><td>（份）</td></tr>
<tr><td rowspan="3">领通知书人</td><td>签　字</td><td></td><td rowspan="3">发通知书人</td><td>签　字</td><td></td></tr>
<tr><td>日　期</td><td></td><td>日　期</td><td></td></tr>
<tr><td>电　话</td><td></td><td></td><td></td></tr>
<tr><td colspan="2">注销登记注册文件、证件的归档情况</td><td colspan="4"></td></tr>
<tr><td colspan="2">备　　注</td><td colspan="4"></td></tr>
</table>

4.5　完成任务

公司注销登记流程如图 5-5 所示。

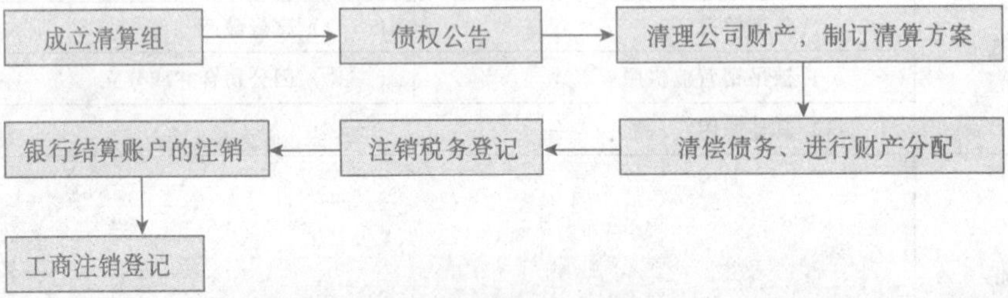

图 5-5

4.6　教研交流

4.6.1　本任务的教学重点与难点

本部分内容重点在公司注销登记的办理程序，教师在训练学生的过程中应注重培养学生细心、认真的学习态度。其难点则是在于与相关法律结合。

4.6.2　如何把握重点与难点

在教学中应注意引导学生对公司法、破产法等相关法律法规的学习。

4.6.3　如何解决重点与难点

通过角色扮演，熟悉办理工商注销登记手续的业务流程，结合实务案例分析了解各种类型的企业如何办理注销登记手续。

单元6

咨询服务业务

学习目标

- □ 了解咨询服务的基本常识
- □ 掌握咨询服务的一般程序和方法
- □ 接受委托进行常见咨询服务

任务1 企业管理咨询服务

1.1 任务描述

智信管理咨询服务有限公司接受神州公司委托，就神州公司提出的有关人力资源管理、信息化管理、建立健全内部控制制度以及战略与运营管理等方面的咨询事项提供咨询服务。

1.2 任务分析

1.2.1 人力资本管理咨询服务

(1) 人力资本管理咨询概述

人力资本管理是建立在人力资源管理的基础之上，综合了管理学“人”的管理与经济学“资本投资回报”两大分析维度，将企业中的人作为资本进行投资与管理，并根据不断变化的人力资本市场情况和投资收益率等信息，及时调整管理措施，从而获得长期的价值回报。人力资本管理目标是使人员和企业价值共同最大化。人力资本管理与人力资源管理相比，其先进点在于人力资本管理更偏重关注人的可持续发展，重视通过培训和激励并重等多种“投资”手段来提高人的价值。而人力资源只是立足于人的现有状况来挖掘潜力，偏重于激励手段和方式的进步。

人力资本管理关心的是“人的问题”，其管理就是一个人力资本的获取、整合、保持激励、控制调整及开发的过程。一般说来，现代人力资本管理主要包括以下几大系统：

1）人力资本的战略规划、决策系统；

2）人力资本的招聘、选拔与录用系统；

3）人力资本的教育培训系统；

4）人力资本的工作绩效考评系统；

5）人力资本的薪酬福利管理与激励系统；

6）人力资本的成本核算与管理系统；

7）人力资本的保障系统；

8）人力资本的职业发展设计系统；

9）人力资本管理的政策、法规系统；

10）人力资本管理的诊断系统。

（2）人力资本管理咨询要点

人力资本是企业最活跃的资本要素，同时人力资本管理也是企业管理中较为复杂、难度最大的一种管理。人力资本管理既要考虑企业目标的实现，又要考虑员工个人的发展，强调在实现企业目标的同时实现个人的全面发展。随着人类社会由工业经济时代向知识经济时代的转变，越来越多的企业寻求人力资本管理咨询专家，发挥其既有专业特长又能保持客观公正的立场，来帮助企业进行人力资本管理。人力资本管理咨询的基本思路和工作步骤是：

1）制订人力资本战略规划。人力资本战略规划是根据企业的发展战略和经营计划，评估企业现有人力资源现状及发展趋势，搜集和分析人力资本供给与需求方面的信息和资料，预测人力资本供给和需求的发展趋势，制订人力资本招聘、调配、培训、开发及发展计划等战略的制定过程。它是实施人才发展战略的必要过程。

2）岗位分析和工作设计。岗位分析和工作设计是对企业中的各个工作和岗位进行分析，确定每一个工作岗位的职务标准和岗位的任职条件，包括技术及种类、范围和熟悉程度；学习、工作与生活经验；身体健康状况；工作的责任、权利与义务等方面的情况。这种具体要求形成的书面材料，就是工作岗位职责说明书。这种说明书不仅是招聘工作的依据，也是对员工的工作表现进行评价的标准，进行员工培训、调配、晋升等工作的根据。

3）员工招聘与选拔。员工招聘是根据企业相应工作和岗位的需求，寻找、吸引适宜的人员前来企业应聘，从中选取符合要求的人员并予以录用的过程。可以根据企业内的岗位需要及工作岗位职责说明书，利用各种方法和手段，如接受推荐、媒体广告、举办人才交流会、到职业介绍所登记、校园招聘、网上招聘、委托知名的猎头公司猎聘等从企业内部或外部吸引应聘人员。并且经过资格审查，如接受教育程度、工作经历、年龄、健康状况等方面的审查，从应聘人员中初选出一定数量的候选人，再经过严格的人才测评，进行筛选，最终确定录用人员。

员工招聘与选拔常用的方法是人才测评系统，人才测评系统通常采用笔试、面试、心理测验、情景模拟（无领导小组讨论，角色扮演，案例分析，演讲、管理游戏）、履历分析等方法来完成。

4）员工教育、培训和能力开发。员工教育、培训和能力开发是企业根据工作岗位的要求，对新老员工传授现在和未来本职工作所需知识技能、工作态度的过程。任何应聘进入一个企业的新员工，都必须接受入职教育，这是帮助新员工了解和适应企业、接受企业文化的有效手段。入职教育的主要内容包括企业的历史发展状况和未来发展规划、职业道德和组织纪律、劳动安全卫生、社会保障和质量管理知识与要求、岗位职责、员工权益及工资福利状况等。

为提高广大员工的工作能力和技能，有必要开展富有针对性的岗位技能培训。对于管理人员，尤其是对即将晋升者有必要开展以能力开发、提高性的培训和教育，目的是促使他们尽快具有在更高一级职位上工作的全面知识、熟练技能、管理技巧和应变能力。

员工教育、培训的工作流程为：①企业员工教育、培训的现状调查；②当前及今后教育、培训需求分析；③建立教育、培训课程体系；④设计教育、培训课程内容；⑤建立教育、培训评估体系。

5）规划员工薪酬、福利与保险体系。员工薪酬是企业以各种方式支付给员工个人从事企业劳动的报酬，也叫工资报酬。薪酬的模式通常有计时工资制、计件工资制、职务工资制、绩效工资制、薪点工资制、年薪制等多种形式。

员工福利、保险是社会和企业保障的一部分，是员工薪酬的补充或延续，主要包括企业福利、政府规定的退休金或养老保险、医疗保险、失业保险、工伤保险、节假日，以保障员工的工作安全卫生，提供必要的安全设施、良好的劳动工作条件和改善工作环境等。

科学、合理的薪酬、福利体系不仅涉及企业的分配体系，而且关系到企业员工队伍的稳定与否。良好的薪酬、福利保险体系可以强化企业核心价值观，并能够支持企业战略的实施，从而提升企业的核心竞争力。规划企业员工薪酬和福利、保险应该在企业发展战略的指导下制定企业的薪酬、福利策略。人力资本管理部门要从员工的资历、职级、岗位及实际表现和工作成绩等方面，来为员工制定相应的、具有吸引力的薪酬福利标准和制度。工资报酬应随着员工的工作职务升降、工作岗位变换、工作表现好坏与工作业绩进行相应的调整。

温馨提示

最低工资标准的确定和调整方案，由各省、自治区、直辖市人民政府劳动保障行政部门会同同级工会、企业联合会、企业家协会研究拟订，并报经劳动保障部同意。

目前，我国内地所有省、自治区、直辖市人民政府均正式颁布实施了当地的最低工资标准。

咨询人员应随时了解当地的工资政策，以免出现咨询失误。

6）构建人力资本会计体系。人力资本管理部门应与财务等部门合作，建立人力资本会计体系，进行人力资本的确认、计量、记录和报告。人力资本会计作为传统会计的补充和延伸，主要开展人力资本投入成本与产出效益的核算工作。人力资本会计核算工作不仅可以改进人力资本管理工作本身，而且可以为决策部门提供准确和量化的依据。

7）员工绩效考核。员工绩效考核是指对员工工作取得绩效的确认、评价、反馈和结果的过程。绩效考核一般与员工薪酬、能力开发、职务升迁等挂钩，涉及员工切身利益，因此绩效考核在人力资本管理中是极其重要的管理内容。

绩效考核咨询的程序是：①确定岗位职责说明书，这是绩效考核的基础条件和依据；②确定工作目标和任务；③确定绩效考核项目及内容；④确定绩效考核等级、标准；⑤制定各种绩效考核评价表格；⑥组织考核；⑦确认考核事实；⑧进行考核评价；⑨考核信息反馈；⑩确定最终考核结果。

8）帮助员工进行职业生涯规划。职业生涯规划也叫职业生涯设计，是指根据企业的发展和员工的需求，实现员工职业理想和愿望的过程。人力资源管理部门和管理人员有责任鼓励和关心员工的个人发展，帮助其制订个人发展计划，并及时进行监督和考察。这样做有利于促进企业的发展，提高对企业的忠诚度和员工的归属感，进而激发其工作积极性和创造性，提高组织效益。人力资源管理部门在帮助员工制订其个人发展计划时，有必要考虑其与企业发展计划的协调性或一致性。也只有这样，人力资源管理部门才能对员工实施有效的帮助和指导，促使个人发展计划的顺利实施并取得成效。

9）确立雇佣管理与劳资关系。员工一旦被企业聘用，就与企业形成了一种雇佣与被雇佣的、相互依存的劳资关系，为了保护双方的合法权益，有必要就员工的工资、福利、工作条件和环境等事宜达成一定协议，签订劳动合同。

10）保管员工档案。人力资源管理部门有责任保管员工入职时的简历以及入职后关于工作主动性、工作表现、工作成绩、工资报酬、职务升降、奖惩、接受培训和教育等方面的书面记录材料。

1.2.2 信息化管理咨询服务

(1) 认识企业信息化管理

企业信息化管理是一项系统化工程，涉及办公管理自动化、业务管理科学化、信息服务网络化、商务活动电子化等，这些将对企业的未来发展带来新的机遇。

1）办公管理自动化。传统的办公程序涉及文件起草、传阅、审批、归档、借阅等各个环节，常常存在浪费纸张、文字不清、传阅不及时、文件资料积累堆积如山等问题，给文件保管、查询带来极大困难。信息化条件下可以使企业"无纸化"办公。

2）业务管理科学化。企业信息化管理的精髓是信息集成，其核心要素是数据平台的建设和数据的深度挖掘，通过信息管理系统把企业的设计、采购、生产、制造、财务、营销、经营、管理等各个环节集成起来，共享信息和资源。在信息化条件下，企业的业务从调研、立项、签约、履约到后期的服务，都可以进行科学管理。可以快速准确计算各种存在大量内部运算关系的业务报表，随时掌握大量的现有客户和潜在客户，对业务市场作出科学的预测和分析，对各种业务数据建立数据库，利用检索查询程序生成各种报表，绘制各种统计图形，实现日常管理、综合分析和预测功能。

3）信息服务网络化 。企业利用现代网络技术，可以在互联网上建立自己的网站，宣传自己的产品服务于客户，并与其他企业建立实时互动的信息交换，达到生产、流通、交换、消费各环节的统一协调。利用网站向客户提供详尽的企业产品信息和服务介绍，减少企业宣传成本。

4）商务活动电子化。商务活动电子化即电子商务，利用网络技术直接与分布各地的客户、经销商、供应商、银行、政府部门等单位和个人相互连接，进行各种商业交易活动，如广告宣传、咨询洽谈、网上订购、网上支付、电子账户、服务传递、意见征询、交易管理等。

（2）信息化管理咨询要点

作为管理咨询的一种，企业信息化管理咨询是管理咨询和信息化技术实施的结合。

1）了解分析客户的信息化管理需求。一般而言，战略管理是企业信息化管理的龙头，企业信息化建设必须服从于企业的总体规划和战略要求。战略管理层面主要包括信息技术如何与企业的中长期规划和发展战略相适应、相融合；信息技术如何有效地保障企业的可持续发展；如何利用信息技术规划企业业务流程、提升企业竞争力。

2）重新设计企业的管理流程和业务流程。企业信息化管理不只在于引进系统，而应重在应用，致力于企业资源的数字化处理。信息化管理不是简单地用信息技术工具来实现已经陈旧的管理逻辑，而需要的是通过信息化带动企业管理的创新，站在企业战略发展的高度，重新审视过去积淀的企业文化、企业理念、管理制度、组织结构，将信息技术融入企业新的管理模式和方法中。信息化是手段，运营是关键，业务流程的优化或重组是核心。实施信息化管理可能打破企业原有的治理结构、管理理念、管理模式、管理流程、决策体系等，对企业来说，实施企业信息化管理是一场深刻的企业管理革命，不可避免地涉及观念、机构、流程、机制、习惯的改变和企业内部各种利益的调整。信息化管理的基础是标准化和规范化，基础管理工作完备与否是信息化管理能否可靠运行的基石，基础工作没做好，将极大地影响信息化管理系统运行。

3）分析企业建立什么样的信息管理系统和管理软件。企业需要什么样的信息化管理系统，分析企业目前管理的瓶颈和存在的问题是关键，明确今后企业管理转变的方向，并对预期的新的管理体系要有清晰的认识。一般可以从以下几点考虑：

①首先建立以财务为核心的财务信息化管理系统，把财务管理信息化作为公司信息化管理的切入点，引导和推动其他管理环节逐步实现管理信息化。把财务作为信息化的突破口，主要是因为财务是全公司的数据中心，公司生产经营情况最后各部门都需归集到财务。

②建立以存货管理为中心的供、销、存供应链管理系统，实现供应链的信息化管理。

③建立以生产控制为核心的生产、成本管理系统。

④建立以工艺技术为中心的科技研发系统。

⑤建立电子商务网络系统，实现企业内、外部信息资源的共享，全面实现企业管理信息化。

4）提供信息化管理解决方案。通过对客户进行管理与信息化手段和过程的整合，形成与企业管理基础和资源相适应的、客观有效的信息化解决方案。信息化管理部门与企业各个层面的管理者、业务部门进行充分的沟通，实现业务需求向信息化流程的转移，在此基础上根据信息化规划进行项目立项和可行性研究，以确定信息化系统建设方案。企业信息化管理方案主要包括硬件部署、商业软件实施、软件开发等方面的内容，通过有效的管理保障软件开发项目、系统集成项目得以顺利实施。管理信息系统的选型、采购、实施、应用是一个循环的动态过程。规划信息管理系统阶段，主要是实现企业发展战略向信息化流程的转变，需要以信息化战略规划的管理要求作为出发点，分析企业流程和产品策略，研究信息技术的发展趋势，实现信息化战略规划与企业发展战略的匹配。

5）实施与评估。在系统的实施过程中，必须做好职工的教育培训工作：

①有计划、分层次地对职工进行信息化管理理念、计算机应用、信息化管理系统等方面知识的教育培训工作，使职工逐步了解和熟悉信息化，使广大员工自觉参与信息化管理的实施。

②强化系统操作方法和操作技能的培训，规范操作人员的操作行为，将培训贯穿于系统运行的全过程。

③有计划地组织各流程业务骨干到信息化管理优秀企业参观学习，培养一支稳得住、用得上的信息化管理人才队伍，保证企业信息化系统的正常运转。

信息化管理是一个动态的系统和一个动态的管理过程，运行和维护管理是保障已经实施的项目发挥其应有的作用，保障各种系统能够正常、稳定、高效和安全运行的重要手段。定期进行系统运行效率评估工作可以完善、改进系统缺陷和不足。

1.2.3 内部控制咨询服务

（1）内部控制咨询概述

内部控制是指在一个组织内部设计的管理控制程序，旨在为实现资料的可靠性、完整性，为政策、法律和法规的遵守以及完成所制定的经营或计划的目标和任务提供的合理保证。主要包括内部会计控制和内部管理控制。

内部控制由控制环境、风险评估、控制活动、信息系统与沟通和内部监督等要素组成。

知识链接

内部控制源于“内部牵制”，主要是为了防止弊端的发生和揭露错误。最早是人们的一种假设，这种假设认为：两个或两个以上人或部门，无意识犯同样错误的可能性很小；两个或两个以上的人或部门，有意识地合伙舞弊的可能性大大低于单独一人或一个部门舞弊的可能性。内部控制已经成为现代企业管理的重要手段，同时，又是企业风险管理的重要途径。随着对内部控制的进一步研究，一门新兴学科——内部控制学也随之诞生。

（2）内部控制咨询要点

如果咨询人员签约接受委托进行内部控制咨询时，一般遵循以下流程：

1）调查了解企业内部控制现实状况。通过调查了解企业原有的内部控制制度可以了解企业的内部控制是否存在及执行情况。

2）评价和测试企业的内部控制制度。通过评价和测试企业内部控制可以评价内部控制的健全性或是否有效，为帮助其制定内部控制提供依据。

评价和测试内部控制的方法可以采用个别访谈法、调查问卷法、穿行测试法、抽样法、实地查验法等方法。例如可采用调查表法（见表6－1），评价测试现金收支业务的内部控制情况。

表6-1　　　　内部控制调查表

调查单位：东方贸易有限公司　　　　调查时间：

调查项目：现金收支业务控制系统　　　　被调查人：×××

调查内容	调查结果			评价
	是	否	不适用	
出纳与会计岗位是否分离				
现金收款是否开具收据				
收入现金当日是否解交银行				
收入现金是否及时入账				
支付现金是否经过授权批准				
出纳收入现金后是否加盖“现金收讫”戳记				
出纳支付现金后是否加盖“现金付讫”戳记				
是否遵守库存限额的管理规定				
现金日记账与现金库存是否每日核对				
现金日记账与总账是否登记一致				
清查小组是否定期盘点库存现金				
是否定期编制现金盘点表				

3）确定内部控制咨询的范围、重点和方法。根据评价和测试内部控制的执行情况，针对企业内部控制存在的薄弱环节以及发现的问题，确定内部控制咨询的范围、重点，进一步明确制定内部控制的方法。

4）内部控制咨询方案制订。在进行前期各项咨询准备工作，根据掌握的调研情况和搜集的资料，充分与客户沟通之后，就可以设计、制订内部控制咨询方案了。制订咨询方案时，应注意以下几点：

①充分考虑内部控制的局限性。内部控制只能为管理人员达到其目的提供合理的保证，无论设计、制定再完备的内部控制制度，都会因内部控制本身存在的固有局限性而失效。这是因为：内部控制的设计和运行受到成本与效益的制约；内部控制一般只针对常规事项设计，不能对例外事项进行控制；内部控制会因工作人员的判断失误、粗心大意、精力不集中或误解上级指令而失效；内部控制会因相关人员的相互勾结、串通舞弊而失效；内部控制会因管理层滥用职权或不能正确行使权力而失效；内部控制会因经营环境变化和业务性质改变而削弱或失效。

②风险评估。风险是不能实现目标的可能性，内部控制的目的是对实现目标提供合理的保证，识别和分析风险是有效的内部控制制度的关键。尽管内部控制不能保证所有的目标实现，但能合理保证目标可能无法实现时，建立一种预警机制。风险评估的核心是准确识别与实现控制目标相关的内部风险和外部风险：

应识别的内部风险包括：人员素质；组织机构、经营方式、资产管理、业务流程等管理因素；研究开发、技术投入、信息技术运用等自主创新因素；财务状况、经营成果、现金流量等财务因素；营运安全、员工健康、环境保护等安全环保因素。

应识别的外部风险包括：经济形势、产业政策、融资环境、市场竞争、资源供给等经济因素；法律法规、监管要求等法律因素；安全稳定、文化传统、社会信用、教育水平、消费者行为等社会因素；技术进步、工艺改进等科学技术因素；自然灾害、环境状况等自然环境因素。

企业应当采用定性与定量相结合的方法，按照风险发生的可能性及其影响程度等，对识别的风险进行分析和排序，确定关注重点和优先控制的风险。

③健全内部控制组织。实现有效的内部控制，首要的是明确各级各类人员和部门在内部控制中的职责权限。内部控制组织如图 6－1 所示。

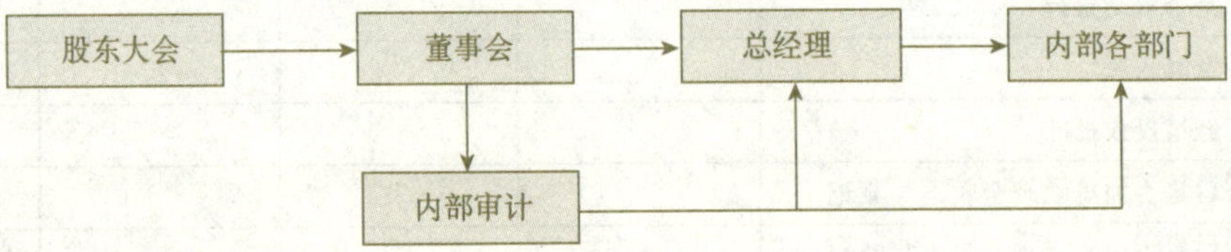

图 6－1

④设计、制定内部控制制度。内部控制制度一般包括：不相容职务分离控制制度、授权审批控制制度、会计系统控制制度、财产保护控制制度、预算控制制度、运营分析控制制度和绩效考评控制制度等。

⑤指导内部控制制度运行，验证内部控制的有效性。任何健全和科学的制度不付诸实施，都是徒劳无效的。内部控制制度实施后，咨询人员要跟踪了解实施情况，测试各项控制制度，评估有效性，确定改进的方向和目标。

5）完成咨询任务，提交咨询报告。经过不断的内部控制测试，不断的改进和完善，最后提交咨询报告，提出结论和建议，完成咨询任务。

知识链接

萨班斯法案

“安然”事件爆发后，为了防止类似的由于企业内部控制失效造成的公司舞弊和欺诈，2002 年 6 月 18 日，美国国会参议院银行委员会以 17 票赞成对 4 票反对，通过了由奥克斯利和参议院银行委员会主席萨班斯联合提出的会计改革法案——《2002 上市公司会计改革与投资者保护法案》（简称“SOA”）。为了重振受到重挫的投资信心，2002 年 7 月 25 日，美国众议院以 423 票赞成、3 票反对，参议院以 99 票全票赞成的高效率迅速通过此议案。这一议案在美国国会参众两院投票表决通过后，由布什总统在 2002 年 7 月 30 日签署成为正式法律，称为《2002 年萨班斯—奥克斯利法案》。该法案第 404 条款要求在美国上市的上市公司的管理层在每一年都对公司的与财务报告相关的内部控制是否有效出具管理层自我评价报告，并且由公司的外部审计师审核并测试该等内部控制是否有效。

1.2.4 战略与运营管理咨询服务

（1）战略与运营管理咨询概述

1）认识企业战略。企业的最终目的是实现企业长期生存和稳定发展。企业战略就是为求得企业生存和发展的谋略，是企业健康发展的“远见卓识”。从内容上看，一般包括以下几个方面的内容：

①企业愿景。是企业未来的前景和发展方向的基本看法、远景规划。

②企业使命。企业使命表达的是有关企业存在的理由、价值和意义之类的一些基本的、根本性的问题。

③企业目标。企业使命转化成各个管理层次和部门的具体目标。

④企业业务组合战略。企业战略必须明确建立、扩大、维持、收缩和淘汰哪些业务。规划企业业务组合的一个有用步骤是识别和区分企业的战略业务单位，并对所有战略业务单位的盈利潜力进行评价。

⑤新业务战略。一个企业不仅要管理好现有的业务，还要考虑通过发展新业务实现公司的成长。

企业战略与运营管理是指对企业战略进行分析、制定、评价、选择及实施控制，使企业能够达到其战略目标的动态管理过程。

企业战略与运营管理咨询就是运用战略管理理论和战略管理咨询工具，在客观分析企业外部环境和内部条件的基础上，向客户提供完整系统的战略解决方案，以供管理者决策的一种高智能服务。

2）战略与运营管理咨询的特点。

①企业战略与运营管理咨询是一种最综合、最长远、最具智慧的管理咨询服务，也是工作量大、难度高、最具挑战性的咨询服务。

②战略与运营管理咨询服务的对象大多是CEO，一般要求咨询人员具备丰富的咨询经验、咨询技能和与高层沟通的技巧。

③战略与运营咨询服务解决的是关系企业生存与发展的全局性重大问题，因此，咨询的风险最大。

④战略与运营管理咨询涉及学科多、领域广，一般以咨询顾问团方式进行咨询服务，是管理咨询中最高层次的咨询活动。

⑤战略与运营管理咨询比一般咨询花费时间长、收费高。

（2）战略与运营管理咨询服务的要点

企业战略与运营管理咨询是一项庞大的系统工程。在进行咨询活动时，要经过周密而详尽的规划和安排。从战略过程来看，战略管理可以划分为战略的制定、执行和控制三个阶段。提供战略与运营管理咨询服务的基本流程是：

1）了解企业战略需求制定战略课题。企业在激烈的市场竞争中之所以寻求咨询机构或人员进行战略管理咨询，一方面是战略管理咨询比其他管理咨询综合性更强，战略管理咨询能在更为复杂的情况下提供较为满意的分析结果和方案；另一方面在多数情况下，许多企业都是在面临岌岌可危的境况或是遇到迫在眉睫情势时，才去找咨询顾问，把战略管理咨询看成是救命稻草或“良方好药”，并对战略管理咨询带来的绩效提升寄予很高的期望。战略管理咨询的课题就是企业各种不同的战略管理需求。

2）战略诊断。通过了解企业的战略管理需求，确定战略咨询课题之后，接下来应首先对企业的运营过程情况进行全面诊断，对其中存在的战略问题作进一步的分析诊断，为提出战略管理咨询建议和制定战略管理解决方案提供依据。战略诊断的重点是在企业原有战略的基础上进行诊断，并在此基础上提出新的战略构想。

对企业原有战略的诊断要点是：①原有战略的基本战略思路是什么？原有战略是如何制定的？②原有战略的基本内容是什么？具体措施有哪些？③原有战略在企业的执行情况如何？是否符合企业实际？

除对原有战略进行诊断外，企业当前的经营、管理、业务、组织、流程、制度也要综合分析诊断。

3）外部环境和内部条件的战略分析。企业战略涉及面广，影响大，受制约的因素也多。

外部环境主要包括国际环境和国内环境。无论国际环境还是国内环境，重点分析以下因素：政治、经济、法律、技术等社会文化因素；贸易、产业、汇率、资源、市场等经济因素；产品、服务、价格、销售等竞争因素。分析外部环境可以寻求在哪些方面能给企业带来机遇。

内部条件主要表现在企业能力分析上。企业能力分为一般能力和核心竞争能力。一般能力包括人力和组织管理能力、生产运营能力、市场竞争能力、财务能力、产品研发能力、可持续发展能力等。核心竞争能力包括核心技术能力、核心市场营销能力、核心品牌形象能力、核心生产制造能力、核心服务能力等。研究内部环境主要解决企业资源条件是否充足，资源配置是否合理，是否能够应付外部环境的挑战并充分利用可能的机遇。

4）战略方案制订。战略制定包括确定企业的使命和任务，识别企业的外部机会与威胁，识别企业内部的优势和劣势，建立长期目标，制定供选择战略，以及选择特定的执行战略。战略制定过程所要解决的问题也就是战略计划的内容，包括：企业远景——企业发展的方向、目标、前景；企业使命——企业在社会中所担当的角色和责任，这是企业存在的根本；企业业务范围——企业根据自身特点选择的服务领域；企业的成长方式等。经过战略诊断和战略分析，充分认识到企业的优势、劣势、机会和威胁，运用定量与定性分析，确定最佳的企业战略管理方案。

5）战略方案实施指导。战略方案的真正实行，还要通过分解战略目标，制订详细实施计划。战略执行要求企业建立年度目标，制订政策，激励雇员和配置资源，以便制定的战略得以贯彻执行。战略执行包括培育支持战略的企业文化，建立有效的组织结构，调整企业经营方向，制定预算，建立和使用管理信息系统，以及将雇员报酬与组织绩效挂钩等。

6）战略方案的评价。通过实施战略计划，及时跟踪企业环境变化和战略执行情况，发现问题，找出问题的原因，并及时采取纠正措施。同时对不同的战略方案加以评价，评价其战略方案对企业所处环境的适应程度、与企业自身条件的匹配性，评价其企业成功实施这种战略的可行性。

7）完成战略管理咨询报告。

1.3 相关知识

1.3.1 咨询服务概述

（1）认识咨询服务

咨询，意为磋商、商量、顾问、诊断、征询意见。

咨询业，是对第三产业中以咨询服务为特点的各种行业的总称。因其特点为智力型服务，也被人们称为“头脑产业”，请咨询专家咨询被称为“借脑”。

咨询服务由来已久，是人类有史以来一直存在的一项古老的服务活动。现代咨询服务是指提供咨询服务的单位或个人接受委托，独立客观地运用专业理论知识和技能向委托人提供信息和智力服务的一项活动。现代咨询活动是系统运用现代科学知识、现代技术手段和现代分析方法，为解决人类面临的各类政治、经济、科技和社会发展等复杂问题而提供的创造性智力劳动。在这个意义上，咨询服务属于应用性软科学，其目的是为客户提供最优决策、智能产品，或者提供可供选择的方案、计划、建议、报告、途径、方法，或者是有参考价值的预测、数据、调查结果等。

咨询服务实质上是一种顾问服务，提供的咨询服务产品对客户来说，只具有参考性而不具强制性。

咨询服务的范围相当广泛，内容十分丰富。按照咨询服务业务的内容看，咨询服务可以包含政策咨询、管理咨询、工程咨询、技术咨询、专业咨询等。

(2) 聘用咨询顾问的必要性

咨询服务已经进入人类社会生活的各个方面：咨询既是一种专业性服务工作，又是一种实行变革的方法；社会化、专业化生产要求更为专业化的咨询服务，这也是提高企业管理效率和竞争能力的方法；社会生活的多元化和政府职能的高效率均要求咨询服务的帮助。咨询顾问是为客户解决“问题”而存在的。当出现下列情况时，客户就要聘请咨询顾问：

1) 遇到了某一具体的专业技术问题，自己不能解决，而咨询顾问有这方面的专长。

2) 战略调整、发展规划、重大政策等方面的问题，需要高级管理人员长期、充分地关注，但企业内部事务繁杂，无暇顾及或无能力解决时，咨询顾问的介入不但能提供全面、专业的服务，而且可以减少管理成本。

3) 咨询顾问以超然态度从事咨询服务，可以做到“旁观者清”，以更加客观的眼光审视企业，这是客户内部的人员难以做到的。

4) 企业面临日益激烈的竞争环境，不可能也没有必要亲自去做所有的事情，咨询专家更能从全局高度为企业提供全面、准确的服务。

5) 咨询的最终成果——咨询方案（咨询专家的思想、智慧的结晶），是指引企业走出迷途的罗盘。

(3) 咨询服务的形式

1) 书面咨询。最为常用的一种形式，适用于各种类型的咨询服务。

2) 电话咨询。也称为口头咨询，常用于比较简单明了的咨询事项。

3) 网络咨询。通过计算机网络提供远程咨询服务，可以打破时间和空间限制提供咨询服务。

4) 晤谈。面对面共同探讨咨询课题，一般是用于重大、较为复杂问题的咨询服务。

1.3.2 咨询服务的一般程序

咨询服务一般按下列程序进行：

(1) 业务洽谈

业务洽淡是整个咨询服务活动的开始阶段，其工作步骤是：①选择确定客户。主要是为了确定咨询服务的类型和咨询项目。②与客户沟通。主要向客户介绍咨询机构或人员情况以及了解客户基本情况。③初步调查。主要为了掌握客户的咨询需求。④项目评估。主要评估是否具有该咨询项目的业务胜任能力。⑤签约。双方通过洽谈协商一致，达成共识，就可以签订咨询服务合同了。合同内容应包括项目名称、项目范围和主要内容、项目周期、项目成果的归属、项目双方合作方式、项目双方各自的权利和义务、保密条款、项目费用及支付方式、违约责任等条款。

(2) 调研分析

调研分析是围绕咨询服务项目找出客户存在的问题，分析这些问题产生的原因，提出解决问题的思路框架，撰写出调研报告，为制订咨询方案作准备。

(3) 制订方案

在调研分析的基础上，制订出具体的咨询方案是整个咨询服务的重点。方案的设计应具有可操作性。

(4) 提交报告

这是咨询服务提供的项目成果，也是向客户提供的咨询服务的最终产品。

(5) 信息反馈

咨询服务提供的咨询方案是否可行，能否达到目的，通过指导客户实施方案后才能体现出来。经常对咨询方案的实施效果进行评价，及时反馈存在的问题并作必要的修订、完善和调整，使之更加趋于符合实际。

1.4 技能训练

1.4.1 职业单项选择题

1）某大型企业拟招聘财务总监，下列招聘方式中最合适的是（　　）。

A. 报刊广告　　B. 猎头公司　　C. 网上招聘　　D. 校园招聘

2）被评价者扮演某一种领导角色，面对一堆信件或者文稿，这些信件或文稿里既有日常琐事，也有大事；这种方法要求被评价者在规定的时间内，独立处理这些文件并形成报告。该评价方法是（　　）。

A. 情景模拟　　B. 无领导小组　　C. 案例分析　　D. 公文筐测验

3）对于重大、较为复杂的问题的咨询服务，一般采取的咨询服务形式是（　　）。

A. 书面咨询　　B. 电话咨询　　C. 晤谈　　D. 网络咨询

1.4.2 职业多项选择题

1）管理咨询的整个活动过程可以划分为（　　）。

A. 业务洽谈阶段　　B. 调研分析诊断

C. 制订和完善咨询方案　　D. 实施指导和信息反馈

2）某企业人力资源在招聘活动中，针对招聘对象首先与其进行简单的交谈，了解其基本情况，然后就办公桌上的一堆未处理文件让招聘人员进行整理测试。以上行为涉及的测评方法是（　　）。

A. 心理测试　　B. 面试测试　　C. 公文筐测试　　D. 角色扮演

3）企业信息化管理的内容主要是（　　）。

A. 办公管理自动化　　B. 业务管理自动化

C. 信息服务网络化　　D. 商务活动电子化

4）评价和测试内部控制的方法主要有（　　）。

A. 个别访谈法　　B. 实地查验法　　C. 调查问卷法　　D. 穿行测试法

5）筹划员工薪酬时，薪酬的模式通常可以采用（　　）。

A. 计时和计件工资制　　B. 绩效工资制　　C. 年薪制　　D. 薪点工资制

1.4.3　职业判断题

1）无论内部控制制度多么严谨，仍无法保证组织均能有效地运作、记录，舞弊也无法完全杜绝，尤其是在某些特别授权或信赖的情况下。（　　）

2）国家实行最低工资制度，企业或组织在设计职工薪酬时应以国家规定的最低工资标准为底线。（　　）

3）依据《中华人民共和国劳动合同法》的规定，建立劳动关系时可以口头订立劳动合同。（　　）

4）依据《中华人民共和国劳动合同法》的规定，劳动者在该用人单位连续工作满十年的应当订立无固定期限劳动合同。（　　）

1.4.4　职业技能训练实务操作——员工招聘咨询服务实务操作

（1）咨询任务

神州公司随着规模迅速扩张，企业实力和发展潜力进一步增强，初步形成了立足本地区、辐射全国的集团公司。在公司发展过程中为了加强管理团队的建设，提升内部管理的专业化程度，该公司对财务总监等岗位进行社会招聘，选拔优秀人才。为了确保人员任用过程的公正、公平，提高配置结果的准确性和科学性，该公司聘请智信咨询公司，提供招聘咨询服务，为人事决策提供重要信息。

（2）招聘咨询准备

1）咨询人员经过了解项目背景和岗位情况后，设计了财务总监岗位应聘信息表（见表6-2），对应聘人员进行摸底调查。

表6-2　财务总监岗位应聘信息表

1. 基本资料			
姓名		岗位名称	
性别		其他兼职岗位	
年龄		您从事本岗位工作时间	
2. 工作目标			
2.1　岗位职责			
主要职责： 1. 2.			
2.2　主要权限			

续表

3. 任职资格		
3.1 教育水平	您认为胜任岗位所需的最低学历应该是什么?	
3.2 专业	您认为适合本岗位的专业有哪些?	
3.3 经验	1. 您认为一个刚刚参加工作的人，胜任该岗位工作需要多长时间?	
	2. 为了顺利履行您所从事的岗位工作，需具备哪些方面的其他工作经历，约多少年?	
3.4 熟练程度	1. 您认为对于从未有类似岗位工作经验的人员，多长时间才能熟练地从事该岗位工作?	
	2. 您认为对于有类似岗位工作经验的人员，多长时间才能熟练地从事该岗位工作?	
3.5 知识	为完成岗位的工作，您认为应该具备的基本层面的知识涉及哪些？对应的水平?	
3.6 技能	您认为该岗位需具备的技能应该有哪些?	
3.7 个人素质及能力	您认为具有什么能力的人能更好地胜任该岗位?	需求的程度：（请在以下认可的项目上划勾）
	领导能力	高　一般　低
	指导能力	高　一般　低
	激励能力	高　一般　低
	授权能力	高　一般　低
	计划能力	高　一般　低
	创新能力	高　一般　低
	资源分析能力	高　一般　低

2）根据岗位要求制定财务总监任职条件分析表（见表6－3），按此标准筛选应聘人员。

表6－3　　财务经理任职条件分析内容表

任职条件	分析内容
教育培训	受教育、培训程度，教育、培训经历、学历、资格。
必备知识	财务法律法规、税收法律法规、会计法律法规、财务会计实务处理、税收实务、企业管理知识。
经验	完成工作任务所必需的操作能力和实际经验。包括：过去从事同类工作和工龄、业绩等；从事该项工作所需的决策力、创造力、组织力、适应性、注意力、判断力、智力以及操作熟练程度。
心理素质	完成工作要求的职业性向，包括：体能性向，即任职人应具备的行走、跑步、爬行、跳跃、站立、旋转、平衡、拉力、推力、视力、听力等；气质性向，即任职人应具备的耐心、细心、沉着、勤奋、诚实、主动性、责任感、支配性、情绪稳定性等。

3）制定财务总监岗位能力评价表（见表6－4）。

以岗位能力特征作为招聘测评的维度要素，如表6－5所示。

（3）招聘操作方案设计

1）选择测试工具。测评工具选取了公文筐测验案例分析、面试和心理测验等，如表6－6所示。

表 6－4　　财务总监岗位能力评价表

测试项目／能力测试	面试	专业能力测试	心理测试	公文筐测试	案例分析
责任心					
诚信					
分析能力					
计划能力					
沟通能力					
团队协作					
领导能力					
政策法规运用能力					

表 6－5　　财务总监岗位招聘测评维度

测评维度	定　义	评　价　点
诚信	表现出合理的思考和伦理，行为始终符合诚实公正的原则、信念和价值观。	1. 在描述过去经历的时候叙述真实准确； 2. 对过去的失误能够勇于承担，勇于承认自己的不足。
责任心	对本职工作一丝不苟，不回避困难，能够认识到自己工作中的疏漏并设法弥补。	1. 对工作始终保持高度热情，把工作当事业来做； 2. 准确理解岗位要求，认真履行工作职责； 3. 自学遵守国家或组织的各项规章制度，做遵守纪律的模范； 4. 当企业需要和个人需要发生冲突时，能优先考虑企业需要； 5. 认同企业文化。
分析能力	面对复杂问题时能深刻分析，抓住问题关键或本质，形成清晰的思路。	1. 思考缜密，把握复杂问题的多种可能的原因； 2. 理清事物的多重关系； 3. 能够独立地从管理或者专业角度对问题进行分析，提出有效的解决方案； 4. 能够提出新颖、有效的观点。

表 6－6　　财务总监岗位招聘测评方案

测评维度	测评工具		
	面试	案例分析	心理测验
诚信			
责任心			
分析能力			

2）在案例分析测验中重点设计了若干题目来加强对应聘者分析、判断和解决问题的综合能力等方面进行评估，对于答题内容作出评价分析。评价参考如表 6－7 所示。

表 6-7　　财务总监岗位招聘答题要点分析示例

测评维度	答题要点
分析能力（根据案例分析所有答题判断）	分析问题全面深入，对信息没有遗漏，对问题关键把握到位。 +思考缜密，把握复杂问题的多种可能的原因 +能够看到不同文件之间的关联性，理清问题的多重关系 +能够独立地从管理或者专业角度对问题进行分析，提出有效的解决方案 +能够提出新颖、有效的观点 ——分析问题流于表面，不能想到深层次的原因 ——对关键的或组织隐含的信息不够敏感 ——只能单一地分析某份文件，不能看到彼此之间的关联性

3）组织现场招聘。事先确定好人员分工，招聘现场布置，用具摆布，按计划进行。

（4）提交招聘报告

招聘现场会结束，对推荐的应聘者撰写个人招聘素质测评报告，提交给客户。

1.5　完成任务

接受咨询任务→调研分析→方案设计→方案实施→完成任务。

1.6　教研活动

1.6.1　本任务重点与难点

本任务中有关人力资源管理是重点，难点是战略与运营管理。

1.6.2　如何把握重点、难点

主要通过制定人力资本战略规划来解决人力资源管理咨询服务。通过战略的制定、执行和控制三个阶段解决战略与运营管理咨询。

1.6.3　如何解决重点与难点

人力资源管理适合模拟教学法对教学内容讲解、战略与运营管理适合案例教学法对教学内容讲解，以达到解决教学重点、难点的目的。

任务2　企业风险管理咨询服务

2.1　任务描述

风险无处不在，无时不有。有收益，就有风险；收益越大，风险也就越大。这是市场经

济铁的规律。企业经营活动处于市场经济激烈竞争的惊涛骇浪中，时刻受到来自企业外部和企业内部的各种风险的威胁。风险关乎企业能否取得竞争中的成功，决定企业是否能持续经营。企业管理者的每一项决策都孕育着风险。任何企业管理者都期望把风险降为零，事实上这又是不可能的。企业只有建立风险预警机制，通过识别风险，谨慎地接受风险，并将风险维持在一个合理的水平之内。

2.2 任务分析

2.2.1 会计与控制风险咨询服务

(1) 认识会计与控制风险

会计和会计系统从本质上讲就是一种控制体系，它可以为每笔经济业务提供一个完整的“审计轨迹”。它通过以下控制过程实现：

1）授权批准控制。每笔经济业务必须经过授权，以尽可能地降低或减少不合法、不合规、不合理的经济业务发生。包括一般授权和特别授权。

2）职责分工控制。它要求不相容职务相互分离，以防止发生有意或无意的错误或舞弊。概括起来有以下职责分工：①经济业务的批准与执行相分离；②经济业务的执行与记录相分离；③各种会计责任之间相分离；④资产保管与会计记录相分离；⑤资产保管与账实核对相分离；⑥会计记录与稽核、检查相分离。

3）会计记录控制。包括：①会计凭证控制；②会计簿记控制；③清查、盘点、对账控制。

会计与控制风险作为内部控制的一部分，同样受到内部控制局限性的影响，也会存在控制风险。会计记录控制风险主要表现在：

①会计人员的职业道德低下，可能导致串通舞弊。

②会计人员受到异常压力，使会计核算失去客观性。

③会计人员的职业判断能力所限，导致选用的会计政策失误。

④在正常的会计处理程序中被漏记或重复记录的会计事项，导致会计核算信息错误。

⑤财务报告编制与披露违反国家法律法规，可能遭受外部处罚、经济损失和信誉损失。

⑥财务报告编制与披露未经适当审核或超越授权审批，可能因重大差错、舞弊、欺诈而导致损失。

⑦财务报告编制前期准备工作不充分，可能导致结账前未能及时发现会计差错。

⑧纳入合并报表范围不准确、调整事项或合并调整事项不完整，可能导致财务报告信息不真实、不完整。

⑨财务报告披露程序不当，可能因虚假记载、误导性陈述、重大遗漏和未按规定及时披露导致损失。

⑩企业管理当局不诚信，可能出现会计丑闻。

(2) 会计与控制风险咨询要点

针对会计与控制风险的特点，提供咨询服务的要点是：

1）调研分析客户现状。调查研究客户目前的会计与控制状况、风险水平及发生频率。评估目前的风险状况。

2）制订风险解决方案。会计与控制风险的防范，主要是通过合理的会计与控制方法。

会计控制的主要方法是：

①制定与财产保护和会计记录相结合的真实可靠的会计内部控制制度。

②按照不相容职务分离的要求，合理设置会计及相关工作岗位，明确职责权限，形成相互牵制机制。

③制定会计及相关工作的授权批准的范围、权限、程序、责任，使企业内部的各个管理层面及人员在授权范围内行使职权、办理业务和承担责任。

④按照《会计法》和国家统一会计制度建立会计系统：制定适合本单位的会计制度；明确会计凭证、会计账簿和会计报告的处理程序；建立和完善会计档案保管和会计工作交接办法；实行会计人员岗位制；发挥会计监督职能。

⑤限制未经授权的人员接触财产，采取定期盘点、财产记录、账实核对、财产保险措施，保证财产安全。

⑥加强预算管理，提高预算监督功能。

⑦加强会计电子信息系统开发与维护、数据输入与输出、存储与保管、网络安全的控制。

⑧加强风险管理，对会计系统的各个风险控制点，建立有效的风险管理体系。

3）方案实施与评价。

2.2.2 合同及履约风险咨询服务

（1）识别合同及履约风险

市场经济是法治经济、契约经济，合同是商品经济的产物，是商品交换的法律表现形式。当今商界中，许多企业越来越多地依赖于外包、许可、结盟以及其他的商务合作伙伴关系以达成自身目标。这些合作关系主要是通过合同形式确定的，所以，合同管理作为现代企业法律顾问制度的重要内容之一，能否实施有效管理把好合同关，是现代企业经营管理成败的一个重要因素。

合同风险是指在合同订立、生效、履行、变更和转让、终止及违约责任、合同管理的过程中，合同当事人一方或双方利益损害或损失的可能性。

合同履约的风险，是指在合同履行（合同履行指合同当事人按照生效合同的内容，全面地、适当地实施合同约定的行为，履行合同义务，满足对方当事人的权利要求，实现双方当事人签订合同的目的）过程中，因为当事人一方或者双方的非故意行为，或者不可归责于双方当事人的原因而致使一方或者双方遭到损害的可能性。

合同及履约过程中存在的主要风险：

1）缔约风险。所谓缔约风险是指合同双方当事人在订立合同过程中可能存在的风险，这些风险发生于订立合同的初始阶段，在没有签订合同之前风险并不存在，而签订合同之后就产生了风险存在的可能。因而，识别缔约风险是有效防范合同风险的基础。缔约风险主要有以下几种类型：

①履行能力缺失。订立合同的对方当事人不具备全面履行合同的条件而签订合同，这就导致了在履行合同过程中可能出现履行不能的风险。例如，没有相应的生产能力而订立合同、没有相应的生产作业资质而订立合同、没有相应的产品采购或服务能力而订立合同、欺诈而订立合同等。

②缔约资格缺失。订立合同的对方当事人不具备相应的缔约资格而导致合同无效或无法履行，主要包括自然人缔约资格的缺失和单位缔约资格的缺失两种情况。例如，无权代理人订立的合同、限制行为能力人或无行为能力人订立的合同、单位内部不具备签约资格的职能部门对外订立的合同、不具有独立享有民事权利和承担民事责任主体订立的合同等。

③缔约要件缺失。合同的订立要经历要约和承诺两个过程，然而，有些缔约当事人在订立合同过程中采取种种手段规避要约和承诺两个过程，使这两个过程不完整，从而导致合同本身就没有成立，以此骗取订金、预付款等。例如，只有要约没有承诺的时候对方就以合同成立为因而收取订金，利用要约邀请进行欺诈，在要约与承诺过程中故意改变实质性条款来混淆是非，滥用要约与承诺的撤回、撤销等规定进行欺诈等。

④缔约形式缺失。我国法律规定，一些合同的成立与生效应以法定形式要件，一些合同的成立与生效要履行法定手续，一些合同的成立与生效与权利转移之间需要通过法定形式公示等。而订立合同的对方当事人往往利用这些空档进行欺诈，之后又以合同没有成立或没有生效为由而不履行，或者以合同生效与权利并没有转移为由而不履行等。

2）合同效力风险。在合同订立过程中，订立合同的对方当事人往往利用合同效力问题挖掘陷阱，故意制造合同风险，给合同履行带来不确定性。主要表现在：

①在合同中故意附加条件，给合同的效力和顺利履行制造障碍。《合同法》规定，合同可以附条件，也可以附期限，如果是附条件的合同应待条件成就时生效或失效，如果是附期限的合同则应在期限到来时生效或失效。然而，在合同的履行中并非如此，一方面，订立合同的对方当事人往往故意订立一些永远不可能成就的条件或永远不能到来的期限来阻止合同的生效或失效；另一方面，订立合同的对方当事人故意使尚不确定的条件成就或阻止条件的成就，故意使尚未到来的期限到来或人为阻止期限的到来等，这些都可能对合同的效力产生实质性的影响，从而增加合同风险。

②故意订立无效或效力待定的合同。在订立合同过程中，对方当事人为达到欺诈目的，故意利用己方对《合同法》知识的不解，滥用《合同法》中关于合同效力的规定，达到逃避约定义务而非法谋利的目的。

③在合同订立中利用格式条款、单方责任免除条款等订立不平等合同。在合同订立中，大量存在由一方制订的格式条款和单方免除责任条款，这些条款往往排除了己方责任，加重了对方责任，从而影响合同的效力。

④故意利用法律、法规禁止性规定，影响《合同法》的效力。《合同法》规定，违反法律、法规强制性规定的合同无效，以合法形式掩盖非法目的的合同无效。但是，订立合同的对方当事人往往以非常优越的订立合同条件来引诱己方与之订立本来就不具有法律效力的合同，并私下许诺保证合同的履行，但是，当收到价款后，在合同履行过程中发生了有利于对方当事人的变化时，对方当事人则利用无效合同的特性主张订立的合同无效，从而损害己方利益。

3）合同履行风险。合同在履行过程中的风险，主要表现在：

①订立合同的对方当事人没有履约能力或履约能力降低、丧失。合同订立后，由于主客观原因的影响，其履行能力是动态的和不确定的，有的表现为合同一方当事人根本就没有履行能力致使合同根本无法履行；有的表现为合同一方当事人在订立合同后由于管理、技术、资金、市场等的影响而导致履行能力下降或丧失等。

②订立合同的对方当事人利用合同违约条款的不完善之处故意毁约。在合同的履行过程中，当市场、价格等因素发生有利于己方的变化时，由于违约责任约定不明，或者违约责任的承担代价小于违约所获取的利益时，对方当事人就可能故意违约。

③瑕疵履行。违约方利用合同条款的不完善，故意降低履行质量，从而给合同履行带来风险。

4）合同担保风险。主要表现是：①利用担保合同成立生效与担保权利设立的关系逃避担保责任。例如，不动产的抵押合同自成立时生效，而抵押权的设立至登记时生效，如果不动产抵押只签订了抵押合同而没有办理抵押登记，则权利人不能直接从抵押物上优先受偿。②故意违反法律规定将不能设定担保物权的设立担保，从而导致合同履行的担保合同或担保条款无效，以逃避担保责任。③在担保合同生效或担保物权设立后故意减损担保物的价值，从而逃避应当承担的担保责任。

5）违约责任风险。这是对合同双方不诚信履行合同的一种制裁。但是，我国法律规定的违约责任是一种补偿性的责任而不是一种惩罚性责任。违约责任的风险对于己方来讲，因为自己违约可能给自己带来巨大的违约损失，有时，违约损失是毁灭性的，同时，合同对方当事人也可能利用合同条款的不完善等因素故意违约，制造违约利益。

（2）合同及履约风险咨询要点

1）合同签订过程中的风险防范。

①签订前对合作对象的审查。审查对方过去的合同守信等级，决定是否签订合同。

②了解对方的基本情况，保留其营业执照复印件，如果合作对方是个人，应详细记录其身份证号码、家庭住址、电话。

③审查合作方有无签约主体资格。

④调查合作方的商业信誉和履约能力。

⑤合同各主要条款的审查。一切合同都应当采取书面的形式订立。订立合同时，要力争做到用词准确，表达清楚，约定明确，避免产生歧义。对合同条款的审查，不仅要审查文字的表述，还要审查条款的实质内容。审查的主要内容是：规格条款；质量标准条款；包装条款；交付方式条款（送货条款）；付款条款；违约责任条款；争议处理条款等。

⑥签订合同的时候，应尽量取得对方提供的担保。

⑦建立合同档案管理制度。将其复印件交由履行部门存查，保证依约履行；及时归档保管，以免丢失。建议企业制定合同管理制度，对合同进行规范管理。

2）合同履约风险的防范。合同的履行是一个动态的过程，包括签约、交货、验收、结算等环节，对方当事人的资信到底如何，是在合同履行过程中体现出来的，对方当事人以往履约行为和注册资本、生产规模等方面仅能反映其过去的资信状况，当事人过去的资信和履约能力强并不能证明其对当前签订的合同履约资信和能力就高，注重签约时对方当事人的资信调查和合同文本的审查，而忽略合同从签约、交货、验收到结算等环节的管理，是无法做好合同管理工作，也无法保障企业合法权益的。提供咨询时注意把握以下几点：

①合同履行过程中要跟踪审查对方的资信、履约能力等，并保存好履行过程中的相关证据。

②遇到法定条件或者对方违约可能损害到己方利益的情况时，可以采取中止履行和解除合同的方法来保护己方的权益。

中止履行的条件：如有确切证据证明对方有下列情况之一的，可以中止履行：经营状况严重恶化；转移财产、抽逃资金，以逃避债务；丧失商业信誉；有丧失或者可能丧失履行债务能力的其他情形。

有下列情形之一的，可以解除合同：因不可抗力致使不能实现合同目的；在履行期限届满之前，当事人一方明确表示或者以自己的行为表明不履行主要债务；当事人一方延迟履行主要债务，经催告后在合理期限内仍未履行；当事人一方延迟履行债务或者有其他违约行为致使不能实现合同目的；法律规定的其他情形。

③如预见己方可能违约，则应及时与对方协商变更合同，取得对方的谅解而避免承担违约责任。

④履行过程中出现纠纷时要做好诉讼、调解、变更协议等多种准备。

⑤与专业律师沟通。

2.2.3 税收筹划风险咨询服务

(1) 认识税收筹划风险

税务筹划风险是指税务筹划活动受各种原因的影响而失败的可能性。

随着税务筹划活动在企业经营活动中价值的体现，税务筹划也存在诸多风险。客观上只要企业有税务筹划活动，就存在税务筹划的风险。税务筹划风险产生的主要原因是税务筹划的预先筹划性与筹划方案执行中的不确定性和不可控制因素之间的矛盾。这种矛盾的产生与经济环境、国家政策和企业自身活动的不断变化密切相关。

税务筹划风险主要有以下几种：

1）税收政策风险。税收政策风险是指税务筹划者利用国家政策进行税务筹划活动以达到减轻税赋目的的过程中存在的不确定性，一般包括税收政策选择风险和税收政策变化风险两种。

①税收政策选择风险。税收政策选择风险即错误选择税收政策带来的风险。企业自认为筹划决策符合一个地方或一个国家的政策或法规，但实际上会由于政策的差异或认识的偏差受到相关的限制或打击。由于税务筹划的合法性、合理性具有明显的时空特点，税务筹划人员首先必须了解和把握好尺度。对税收政策的理解要严格按照《税法》条文的字面含义去理解，同时必须关注立法机关、行政机关作出的解释。税务筹划的合法性和合理性是相对而言的，不同的国家有不同的法律，且受文化、传统、宗教等因素的影响，在一国适用的筹划方法在另一个国家并不适用。此外，在一个国家内不同地区经济发展的不平衡会促使地方政府展开激烈的税收竞争，政策差异比较明显，如果纳税人把握不好尺度也会加大政策选择的风险。

②税收政策变化风险。税收政策变化风险即税收政策变动所导致的风险。因为政策发生变化后往往有溯及力，原来是税务筹划行为，政策变化后可能被认定是偷税。目前，我国税制建设还不是很完善，税收政策变化较快，许多税收优惠政策具有一定的时效性和区域性，这就要求纳税人在准确把握现行税收政策精神的同时，时刻关注财税政策的变化；在利用某项政策规定进行筹划时，应对政策变化可能产生的影响进行预测，并对可能存在的风险进行防范；要能够准确评价税法变动的发展趋势。国家政策不仅具有时空性，且随着经济环境的变化，其时效性也日益显现出来。

2）税务行政执法偏差风险。从本质上来说，税务筹划是合法的，而避税是不符合国家立法意图的，但在确认税务筹划合法性时却客观存在由于税务行政执法不规范从而导致税务筹划失败的风险。比如，税务筹划与避税的界限比较模糊，如果企业的税务筹划方法被税务机关认定为偷税或避税，那么纳税人所进行的“税务筹划”带来的就不是任何税收上的收益，相反，可能会因为其行为的不合理或违法而被税务机关处罚，从而付出较大的代价。

3）经营损益风险。政府课税（尤其是所得税）体现政府对企业即得利益的分享，但政府并未承诺承担经营损失风险的责任，尽管税法规定企业在一定期限内可以用以后实现的利润（税前利润）补偿前期发生的经营亏损。这样，政府在某种意义上成为企业不署名的“合伙者”，企业盈利，政府通过征税获取一部分利润；而企业亏损，政府因允许企业延期弥补亏损而相应承担了部分风险。但这种“风险分担”是以企业在以后限定期间内拥有充分获利能力为假定前提的，否则，一切风险损失将完全由企业自己承担（以税后利润弥补亏损）。即使是前一种情况，由于抵补损失的来源并非来自企业以前年度盈利，不是已缴税款的返还，而是企业以后年度实现的利润，这说明国家税收的立法意识在总体上是倾斜于政府的，企业承担了大部分损失。

4）税务筹划人员素质风险。税务筹划是一项高层次的理财活动，是集法律、税收、会计、财务、金融等各方面专业知识于一体的组织策划活动。税务筹划人员不仅要具备相当的专业素质，还要具备经济前景预测能力、项目统筹谋划能力以及与各部门合作配合的协作能力等素质，否则难以胜任该项工作。税务筹划人员素质的提高一方面有赖于个人的发展，另一方面也有赖于纳税人素质的提高。只有纳税人的素质普遍提高了，才能对税务筹划提出更多的要求。实践也证明，税务筹划的普遍程度与一个国家的科教水平关系密切。

5）投资扭曲风险。现代税制的一项主要原则是税收的中立性，即中性原则，纳税人不应因国家征税而改变其既定的投资方向。但事实上却不是这样，纳税人往往因税收因素放弃最优的一种方案而改为次优的其他方案。这种因课税使纳税人被迫改变投资行为而给企业带来机会损失的可能性，即为投资扭曲风险。这种风险源于税收的非中立性，可以说，税收非中立性越强，投资扭曲风险越大，相应的扭曲成本也就越高。

6）税务筹划的成本效益风险。比如，对企业的情况没有全面比较和分析，会导致筹划成本大于筹划成果、筹划方向与企业总体目标不一致的风险，从表面上看有成果，而实际上企业并没有从中得到实惠，等等。

除上述风险外，还有因纳税人对税收政策理解不准确，税收优惠政策要求的条件执行不到位等产生的风险。

（2）税务筹划风险咨询要点

针对企业税务筹划存在的各种风险，为企业提供咨询服务的目的，就是根据企业的风险情况制定切合实际的风险防范措施，帮助企业降低风险，为税务筹划的成功实施做到未雨绸缪。

1）分析企业所处的经营环境，判断税务筹划风险的高低。一般说，如果企业所处的经营环境较好，税务筹划的风险较低；否则，税务筹划的风险较高。

2）深入了解、学习税收政策，准确把握税收法律政策。税务筹划方案主要来自税收法律政策中对计税依据、纳税人、税率等的不同规定，那么对相关税法全面了解就成为税务筹划的基础环节。有了这种全面了解，才能预测出不同纳税方案的风险，并进行比较，优化选择，进而作出对纳税人最有利的税收决策。反之，如果对有关政策、法规不了解，就无法预测多种纳税方案，税务筹划活动就无法进行。

3）提高税务筹划风险意识，密切关注税收法律政策变动。成功的税务筹划应充分考虑企业所处外部环境条件的变迁、未来经济环境的发展趋势、国家政策的变动、税法与税率的可能变动趋势、国家规定非税收因素对企业经营活动的影响，综合衡量税务筹划方案，处理好局部利益与整体利益、短期利益与长远利益的关系，为企业增加效益。

4）保持筹划方案适度灵活。企业所处的经济环境不是一成不变的，国家的税制、税法、相关政策为了适应新的经济形势，会不断地调整或改变，这就要求企业的税务筹划方案必须保持适度的灵活性，考虑自身的实际情况，不断地重新审查和评估税务筹划方案，适时更新筹划内容，评价税务筹划的风险，采取措施回避、分散或转嫁风险，比较风险与收益，使税务筹划在动态调整中为企业带来收益。

5）搞好税企关系，加强税企联系。企业应加强与当地税务机关的联系，充分了解当地税务征管的特点和具体要求，进行税务筹划。税务筹划行为与偷税行为在理论上的界定是比较清晰的，但在实际操作中，纳税人的税务筹划行为极易被税务机关认定为偷税或逃税。这就要求一方面，税务筹划者正确地理解税收政策的规定、正确应用财会知识，另一方面，随时关注当地税务机关税收征管的特点和具体方法，经常与税务机关保持友好联系，使税务筹划活动适应主管税务机关的管理特点，或者使税务筹划方案得到当地主管税务部门的认可，从而避免税务筹划风险，取得应有的收益。

2.3 相关知识

2.3.1 风险、企业风险管理与企业全面风险管理概念

风险，通常系指未来的不确定性对企业实现其经营目标的影响。

风险有以下特性：①客观性。它是不以人的意志为转移的，客观存在的，有的风险是没有办法回避的或者说没有办法消除的。②相对性。风险是可以变化的，风险是在特定的条件下不确定性的一种表现，当条件改变的话，引起风险事件的后果可能也就改变。③预测性。风险是在一个特定的时空条件下的概念，它是现实环境和变动的不确定性在未来事件当中的一种反映。它是可以通过对现实环境因素的观察加以预测的。④可控性。尽管风险客观存在，但可以通过控制手段、控制措施加以控制。⑤关联性。风险总是跟目标相关联。目标越大，风险就越大，反之就低。

企业风险管理是对影响企业目标实现的各种不确定因素进行识别与评估，并采取应对措施，使风险控制在可接受范围内的过程。

企业全面风险管理是指企业围绕总体经营目标，通过在企业管理的各个环节和经营过程中执行风险管理的基本流程，培育良好的风险管理文化，建立健全全面风险管理体系，从而为实现风险管理的总体目标提供合理保证的过程和方法。

2.3.2 COSO 全面风险管理框架

COSO（Committee of Sponsoring Organization，美国反对虚假财务报告委员会的“发起组织委员会”）于2004年9月正式发布了《全面风险管理——整合框架》，包括八个相互联系的构成要素：①内部环境；②目标设定；③事项识别；④风险评估；⑤风险应对；⑥控制活

动；⑦信息与沟通；⑧监控。

2.3.3 风险管理过程

1）建立健全风险管理组织体系。包括规范的企业法人治理结构、风险管理职能部门、内部审计部门、法律事务部门及企业内部其他业务职能部门。

2）识别风险。将企业可能发生的不确定性转变为明确的风险陈述。

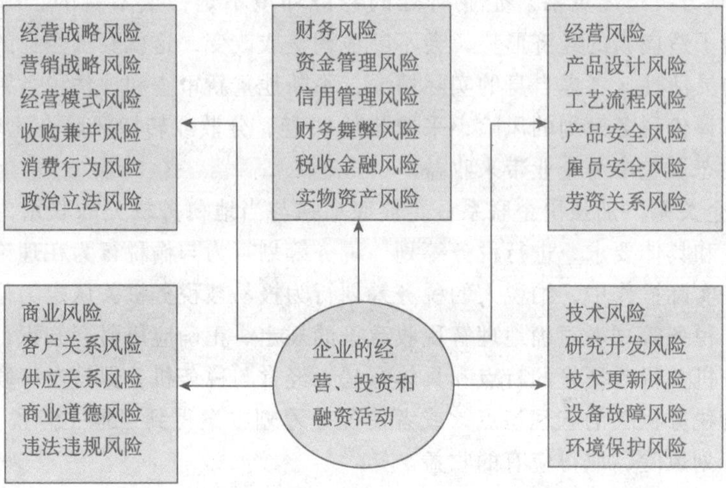

图6-2 企业应当关注的风险示意图

3）确定风险管理目标。不同行业的企业风险管理目标是不完全相同的，现代的全面风险管理的目标都是由企业战略目标来指引和决定。不同行业和不同企业由于战略目标的差异有着不同的风险管理目标。

4）评价风险。评估风险对企业实现目标的影响程度、风险价值。

5）分析风险。将识别出的风险及其特征进行明确的定义描述，分析风险发生可能性的高低、风险发生的条件，并按照影响优先顺序排列风险列表。

6）风险计划。将按优先级排列的风险列表转化为风险应对计划。

7）研究风险管理策略。包括风险解决的内控方案；重大风险预警机制；危机解决方案；风险管理信息系统、风险管理文化等。

8）设计、实施风险控制流程。

9）风险跟踪。监视风险状态并发出启动风险应对计划。

10）改进、完善风险管理流程。

11）建立重大风险预警机制和突发事件应急处理机制。明确风险预警标准，对可能发生的重大风险或突发事件，制订应急预案、明确责任人员、规范处置程序，确保突发事件得到及时妥善处理。

2.3.4 风险应对

一般来讲，对不同的风险可以采取相应的应对措施。对战略、运营、财务和法律风险，可采取风险承担、风险规避、风险转移、风险控制应对；对能通过保险、对冲等金融手段进行的理财风险，可采取风险转移、风险对冲方法。

1）风险规避。即主动避开发生损失的可能性。但并非所有大的风险都能回避，有些风险无法回避，如企业生产事故总是无法避免。

2）风险预防。即采取预防措施，以减小损失发生的可能性和损失程度。

3）风险承担。是企业对风险承受度之内的风险，在权衡成本效益之后，不准备采取控制措施降低风险或者减轻损失的策略。即自己主动地承担风险，主动地承担风险主要是考虑到，损失在可承受范围之内，自己主动承担风险比买保险更合算。

4）风险转移。风险转移是企业借助他人力量，采取业务分包、购买保险等方式和适当的控制措施，将风险控制在风险承受度之内的策略，把自己面临的风险全部或部分转移给别人，如购买保险及衍生产品。

5）风险控制。企业根据风险评估结果，采取相应的控制措施，使风险发生的可能性降低或损失最小，将风险控制在可承受度之内。

2.4 技能训练

2.4.1 职业单项选择

1）下列有属于会计记录控制的是（　　）。

A. 会计凭证控制　　B. 会计簿记控制

C. 业务批准与执行相分离　　D. 清查、盘点、对账控制

2）下列风险不属于合同缔约风险的是（　　）。

A. 缔约资格缺失　　B. 缔约要件缺失

C. 缔约形式缺失　　D. 违约责任风险

3）下列行为不会导致会计控制系统失灵（　　）。

A. 会计人员职业道德低下导致串通舞弊

B. 会计职业判断能力所限导致选用会计政策失误

C. 企业管理当局不诚信可能出现会计丑闻

D. 生产人员技术水平低下导致产品质量缺陷

2.4.2 职业多项选择题

1）合同及履约过程中存在的主要风险是（　　）。

A. 缔约风险　　B. 合同效力风险　　C. 合同履行风险　　D. 合同担保风险

2）企业进行风险管理时可以通过下列方式应对风险（　　）。

A. 风险规避　　B. 风险预防　　C. 风险转移　　D. 风险承担

3）税务筹划的风险主要表现在（　　）。

A. 税收政策选择风险　　B. 税收政策变化风险

C. 税务筹划人员素质风险　　D. 税务筹划的成本效益风险

2.4.3 职业判断题

1）企业通过良好的风险管理可以把企业风险降为零。　　（　　）

2）风险是客观存在的，具有不可控性。　　（　　）

3）COSO（美国反对虚假财务报告委员会的发起组织委员会）最早是针对虚假财务报告而专门研究会计与内部控制有关的问题而设置的组织，主要从事会计及内部控制研究。后来上升到全面风险管理的研究上。（ ）

2.4.4 职业技能训练操作实务——企业风险管理咨询操作实务

（1）咨询任务

神州集团公司为了加强对各子公司的控制和提高内部运营效率，公司陆续制定和修订了各类内部运行制度和风险管理措施，对公司正常运作发挥了重要作用。但近年来随着市场竞争加剧，企业面临许多内部管理和外部环境问题，甚至作出错误的决策，导致经营损失。对此公司管理层决定下大功夫解决问题，现在向专业管理咨询人员求助。

（2）调研分析

咨询人员通过访谈，了解企业现状和内部运作过程，又通过查阅公司提供的制度文件和相关资料，对公司内部控制环境和风险管理体系、风险预警机制进行评价，并对公司的风险进行识别和评价，进而确定内部控制重点和风险管理目标。

通过评估，咨询人员发现：

1）内部控制环境方面。

①行政管理部门与法人治理机构不协调，增加了企业的决策风险。

②内部审计部门的角色定位、职能、权限等需要调整。

③部分部门及岗位存在责任与授权不清、职能交叉、不相容岗位未分离等情况。

④目前的业绩考核与激励机制未能充分调动全体员工的积极性，进而会对企业内控有效性造成影响。

⑤风险管理体系不完善，预警机制不健全。

2）控制现状与风险方面。

①财务管理、采购管理环节，存在授权与程序方面的问题：一是授权不清，授权与集团化管理模式不相适应；二是不相容职能未分离；三是控制程序不健全，控制程序与集团化管理不适应等。

②技术管理、生产管理、质量管理等环节，公司本部授权及控制程序较健全，但某些环节存在执行不力的现象。

③存在大量债务担保，给公司持续经营带来风险。

④信贷规模较大，资产负债率较高，信贷风险较高。

⑤由于产品质量问题遭客户索赔，公司陷入诉讼风险。

（3）方案设计

针对上述问题，咨询人员制定以下控制措施：

1）加强内部控制组织建设。明确董事会、各级管理人员、内部审计部门及其他相关人员在内部控制中的职责权限。建议设立审计委员会在监控和风险管理架构上担当重要角色。

2）加强会计控制系统，完善会计内部控制制度。

3）协助公司建立全面预算管理体系。加强信贷管理控制制度，使信贷规模与公司资产规模相适应。

4）内部控制配套制度设计。通过业绩考核体系设计，保障内部控制的执行力度和执行效果。

5）设立风险管理委员会确定企业风险管理总体目标、制定风险管理策略和重大风险管理解决方案。

6）聘请专业律师应对诉讼风险。

(4) 提交方案，完成任务

咨询方案制订后与客户沟通，完成任务。

2.5 完成任务

本任务的业务流程可概括为：

接受客户风险管理咨询业务委托 →签订咨询服务合同→调研分析→研究风险管理策略→设计风险控制流程→风险解决方案设计→完成咨询任务。

2.6 教研活动

2.6.1 本任务重点与难点

本任务中有关会计与控制风险咨询服务是重点，难点是税务筹划风险咨询。

2.6.2 如何把握重点、难点

通过授权批准控制、职责分工控制、会计记录控制解决会计与控制风险咨询服务。通过税收政策选择风险和税收政策变化风险的解析，解决税务筹划风险咨询难点。

2.6.3 如何解决重点与难点

对于会计与控制风险咨询服务、税务筹划风险咨询在教学中最好使用案例教学法、角色扮演法授课，以达到解决教学重点、难点的目的。

任务3 财务及税务咨询服务

3.1 任务描述

嘉慧企业管理咨询有限公司一直在竭诚为各类中小型企业提供财税工商方面的咨询及服务，公司拥有一批经验丰富资深的会计师，精通税法、会计法，熟悉各类企业的账务处理、工商税务的办事流程，与相关主管部门有着良好的沟通和业务关系。

3.2 任务分析

3.2.1 财务政策咨询服务

(1) 财务日常咨询

财务日常咨询是对企业日常的财务活动提供的咨询服务。

1）企业的日常财务活动。

①筹资管理活动。包括筹资渠道的选择和筹资方式的确定等。

②投资管理活动。包括项目投资和并购重组等。

③营运资本的管理活动。包括现金管理、应收款项管理、存货管理、有价证券管理等。

④会计管理活动。包括会计组织管理、会计核算管理、会计控制管理、会计信息披露管理等。

⑤利润管理活动。包括利润分配管理、留存收益管理。

⑥财务预算管理活动。包括预算模式的确定、预算方法的选择等。

⑦财务评价活动。包括财务评价指标的确定、评价分析方法的选用等。

⑧财务风险管理活动。包括财务风险的识别、风险控制等。

2）财务日常咨询的要点。

①分析客户的财务咨询需求。

②解答企业财务管理和核算方面的问题。

③进行日常账目的审查，并出具调整建议。

④与企业管理层进行沟通，了解企业的战略、经营目标等状况，据此提供事先的财务安排建议。

（2）财务管理咨询

财务管理咨询就是对企业的财务管理现状进行系统的调研、分析和诊断，提出企业财务管理优化解决方案，致力于为客户提升财务管理能力、降低财务成本、融资安排等提供咨询，在资金的筹集、运用、投资、分配等方面为决策者提供有价值的建议，帮助企业实现财务管理任务，提高理财收益。

1）企业筹资战略咨询。应通过调查，帮助企业拟定多种可行的筹资战略方案供企业选择。

可供选择的融资战略包括：资本集聚战略、负债经营战略、合资或合作经营战略、股份经营战略。特别要帮助企业尽可能采取直接融资战略。

2）投资战略咨询。对企业投资战略的咨询，主要包括：对已有投资战略的咨询。但决策失误的企业，要帮助查找原因，研究改进对策；对缺少战略决策，盲目进行投资的企业，要拟订多种可行的投资战略供企业选择。

可供企业选择的投资战略包括：

①按投资方向不同来分：外延型投资战略、内涵型投资战略、兼顾型投资战略。

②按投资领域不同来分：专业化经营投资战略方案、多样化投资战略方案、基础产业投资战略方案、主导产业投资战略方案、劳动密集性投资战略方案、高新技术产业投资战略方案、知识产业投资战略方案。

③按投资项目不同来分：产品投资战略、工艺投资战略、设备投资战略、节能降耗投资战略、生产环境改造投资战略。

④按投资的形式不同分：货币投资战略、有形资产投资战略、无形资产投资战略、股票投资战略、债券投资战略。

3）企业资本运营战略的咨询。主要对企业资本营运战略的制定和实施活动进行分析和评价，并提出改善建议。

对于有明确的资本营运战略但执行中存在某些问题的企业，帮助企业纠正执行中的偏差。

对于没有明确的资本营运战略的企业，可设计多种资本营运战略方案供企业选择。可供选择的战略方案包括：

①资本结构优化战略方案：优化储备资本、生产资本、成品资本和货币资本的比例关系；

②资本周转战略方案：主要加速流动资金的周转；

③资产重组战略方案：主要优化企业内部的资产结构；

④对外联合或兼并战略方案；

⑤无形资产运营战略。

3.2.2 税务咨询服务

税务咨询是指具有税收方面专门知识或技能的自然人或法人（统称为咨询人），向纳税人、扣缴义务人以及税务机关或其他组织或个人关于税收方面的问题提供智能服务的行为。税务咨询服务是继法律咨询服务、会计审计咨询服务之后发展起来的一种新兴的咨询服务业务。

税务咨询服务的内容十分广泛，按其咨询服务的目的可分为税务一般咨询和税务筹划咨询。

（1）税务一般咨询

税务一般咨询是就其一般日常税收事务向纳税人、扣缴义务人或税务机关等组织或个人提供咨询服务。

1）从纳税人、扣缴义务人一方来看，税务一般咨询的主要咨询要点有：

①税收法律、法规方面的咨询。其内容主要针对税收实体法和税收程序法的法律、法规以及税法《实施细则》的具体规定等方面疑难问题的咨询。如有关税法条文内容的理解；有关纳税义务人、征税对象、计税依据、纳税环节等问题的确认；有关税务登记、发票管理、纳税申报、延期申报、申请减免税、税务检查等征管规程的了解。

②税收政策方面的咨询。其内容主要针对国家税收政策方面的释疑解难。如税收法律、法规的政策性条款；国务院、财政部、国家税务总局以及地方政府颁布和规定的税收政策，在适用范围、具体执行办法、减免税政策、征免界限划分等详细内容的了解。

③税收实务方面的咨询。其内容主要针对纳税实务方面的咨询。如应缴纳哪些税种；如何计算税款；如何填制纳税申报表；如何申请出口退税；如何计算税收抵免；如何进行纳税申报等。

④税务会计方面的咨询。其内容主要针对涉税会计处理方面的咨询。税务会计区别于其他专业会计的一个最重要的特点，就是税务会计以国家的税收法令为准绳。特别是当财务会计制度的规定与税收法律制度规定发生矛盾时，税务会计必须以税收法律为准，进行纳税调整。如应交税费的会计处理；减免税的会计处理；出口退税的计算及账务处理；税务机关查补税款的会计处理等。

⑤税务行政方面的咨询。其内容主要针对税务行政法律、法规方面的咨询。如纳税人、扣缴义务人等对税务机关作出的税务行政行为不服时如何申请税务行政复议；如何与税务机

关"打官司"；如何申请税务赔偿等。

⑥涉外税务咨询。随着我国对外开放政策的进一步深化，国际交往进一步深入，社会主义市场经济的进一步发展，涉外税收事务也越来越多，涉外税务咨询业务也逐步扩大。涉外税务咨询的主要内容包括国际税收协议的相关条款内容；如何进行国际避税；如何避免国际双重征税；如何进行国际反避税等。

⑦涉税文书制作咨询。涉税文书是根据税收征收管理的规定，纳税人与税务征收机关之间为处理税收事宜往来使用的具有一定格式的文件资料。按照税收征管的业务流程，涉税文书主要包括税务登记类、发票管理类、纳税申报类、减免税类、税款征收类、税务代理类、税务行政类、税务诉讼类八大类文书。

2）从税务机关一方来看，税务一般咨询的主要咨询要点包括：

①如何设计税制。

②如何进行税收征管。税收征管是税务机关工作的重心，税收征管咨询主要围绕税收征管的流程设计提供咨询服务。税收征管流程包括税务管理、税款征收、税务检查、税务行政处罚等。

③如何反避税。

④如何扩大税源增加收入。扩大税源、增加税收是税务机关担负的重大职责。

⑤如何做到税收公平等方面提供咨询服务。

（2）税务筹划咨询

税务筹划咨询是就纳税人提出的税务筹划事项提供筹划咨询服务。它是一种高层次的税务咨询服务。

税务筹划是纳税人为维护自己的权益，在法律法规许可的范围内，通过经营、投资、理财活动的事先筹划和安排，达到尽可能减少纳税成本，谋求最大税收利益的一种经济行为。通过纳税筹划，可以令企业在合理合法的前提下减轻纳税负担，降低企业经营成本，最大限度地增加企业效益。

税务筹划是一项严密而细致的系统工程，必须按照科学的工作方法和程序进行。税务筹划咨询的程序是：

1）对委托人的调查。往往是企业遇到纳税事务时才求助于咨询公司，对委托人的情况摸底是实施筹划的基础。重点调查的内容是：委托人的企业战略和发展规划；委托人的生产、经营情况；委托人的政策环境；委托人的纳税状况；委托人的税务筹划动机；委托人的税务筹划空间；委托人的税企关系；委托人的财务状况；涉税法律、法规调查；评估业务风险。

2）确定税务筹划目标。通过对委托人的调查分析，明确税务筹划的目标方向，确定筹划重点。筹划重点的选择一是重点税种的筹划；二是每一税种的重点筹划内容。

3）设计税务筹划方案。根据委托人的税务筹划要求，结合委托人的业务特点，一般会制订出几种筹划方案供选择。

4）筛选、确定实施方案。对制订出的各种筹划方案，进行可行性分析研究，最终确定实施方案。

5）税务筹划方案的风险评估。任何一种税务筹划都存在风险，这种风险主要体现在税务筹划的预先筹划性与筹划方案执行中的不确定性和不可控制因素之间的矛盾。

6）提交方案，完成咨询任务。

3.2.3 新法规咨询服务

由于目前我国正处于经济转轨变型和调整时期，宏观经济政策不断变化，带来财税法规、政策的不断出台，而每一次新法规、政策的出台都会带来一些新的变化。

3.3 相关知识

财务管理的目标受理财观念和价值观念的影响，一般有以下几种形式：

1）利润最大化。指财务管理以企业实现的最大利润为目标，利润越多，企业新增财富就越多，企业价值越大。它反映一种投入和产出的关系。

2）股东财富最大化。指企业财务管理的最终目标是追求为股东带来最多的财富，股东财富又通过股票市场反映出的股票价格最大化。它反映出投资与回报的关系。

3）企业价值最大化。指企业的市场价值最大化，企业的市场价值是以未来各期预期产生的现金净流量的折现值之和来衡量。折现值通过折现率来反映，折现率的高低主要由企业风险的大小来决定。它反映出风险与报酬的关系。

4）社会价值最大化。指把企业的社会价值最大化作为财务管理的最终目标，企业的社会价值表现在企业的社会效益、社会贡献。社会效益通过企业参与社会公益捐赠、人均纳税额、安置残疾人就业等方式体现出来。它反映出企业对社会的责任关系。

3.4 技能训练

3.4.1 职业单项选择题

1）一般认为下列并非财务管理目标的是（　　）。

A. 利润最大化　　B. 股东财富最大化

C. 企业价值最大化　　D. 营运资本最大化

2）西方企业往往以股东财富最大化为财务管理的目标，而我国企业则选择（　　）为目标。

A. 利润最大化　　B. 企业价值最大化

C. 产值最大化　　D. 社会价值最大化

3）反映企业财务安全性的指标是（　　）。

A. 流动比率　　B. 市盈率

C. 总资产周转率　　D. 总资产报酬率

3.4.2 职业多项选择题

1）企业的日常财务活动通常包括（　　）等。

A. 筹资管理活动　　B. 投资管理活动

C. 财务预算管理活动　　D. 财务评价活动

2）接受委托人进行税务筹划咨询时应重点调查的内容是（　　）。

A. 委托人的税务筹划动机　　B. 委托人的生产经营情况

C. 委托人的企业战略和发展规划　　D. 评估接受该咨询业务的业务风险

3）某企业通过有效的投资活动，使企业获得了稳定长久的发展动力，以下属于投资活动的是（ ）。

A. 项目投资　　　　B. 税收筹划

C. 金融投资　　　　D. 并购重组

3.4.3 职业判断题

1）税务会计区别于其他专业会计的一个重要特征就是税务会计以国家的税收法令为准绳。（ ）

2）税务筹划的风险主要体现在税务筹划的预先筹划性与筹划方案执行中的不确定性和不可控制因素之间的矛盾。（ ）

3.4.4 职业技能操作实务——掌握简单税务筹划操作实务

（1）咨询任务

某公司是一个年销售额80万元（含税）的商贸企业，每年购进的货物金额大致在45万元（含税）左右，一般纳税人公司货物适用的增值税率是17%，小规模纳税人则为3%。该公司会计核算制度健全，能够提供准确的税务资料。如何为该公司进行选择纳税人类别的税务筹划？

（2）筹划分析

1）税务分析。增值税纳税人依法划分为一般纳税人和小规模纳税人。根据纳税人的年应纳税销售额的多少加以确定，从事货物生产或者提供应税劳务的纳税人，以及以从事货物生产或者提供应税劳务为主，并兼营货物批发或者零售的纳税人，年应征增值税销售额在50万元以下（含本数）的、其他纳税人年应税销售额在80万元以下的为小规模纳税人。

年销售额未超过标准的小规模纳税人企业，会计核算制度健全，能够提供准确税务资料的可以申请办理一般纳税人。

很显然，按税法规定，该企业既可以选择小规模纳税人，也可以选择一般纳税人。

2）选择两类纳税人身份应考虑的主要因素：

①增值率因素。

增值率＝增值额÷销售额×100%

＝（销售收入－购进成本）÷销售收入×100%

或＝（销项税额－进项税额）÷销项税额×100%

②额外成本。实现由小规模纳税人向一般纳税人的转换所要增加的会计成本，如增加税控装置成本。

3）筹划思路。增值率大小决定一般纳税人和小规模纳税人税负轻重。通过计算一般纳税人和小规模纳税人税负平衡点可确定税负轻重。一般纳税人与小规模纳税人之间税负平衡点的定量计算：

增值率＝（销售收入－购进成本）÷销售收入×100%

或＝（销项税额－进项税额）÷销项税额×100%

$$\text{一般纳税人应纳增值税额} = \text{销项税额} - \text{进项税额}$$
$$= \text{销售额} \times 17\%(\text{或}13\%) - \text{销售额} \times 17\%(\text{或}13\%) \times (1 - \text{增值率})$$
$$= \text{销售额} \times 17\%(\text{或}13\%) \times \text{增值率}$$

$$\text{小规模纳税人应纳增值税额} = \text{销售额} \times \text{征收率}(3\%)$$

当两类纳税人应纳增值税额相等时，即：

$$\text{销售额} \times \text{税率}17\%(\text{或}13\%) \times \text{增值率} = \text{销售额} \times \text{征收率}(3\%)$$

则：$\text{增值率(平衡点)} = \text{征收率}(3\%) \div \text{税率}17\%(\text{或}13\%) \times 100\%$

一般纳税人与小规模纳税人不同的征收率和税率对应的增值率平衡点如表 6－8 所示。

表 6－8

一般纳税人税率	小规模纳税人征收率	不含税平衡点的增值率	含税平衡点的增值率
17%	3%	17.65%	20.05%
13%	3%	23.08%	25.32%

①当实际增值率等于平衡点时，一般纳税人和小规模纳税人税负相等，从税负角度来说两种身份无差异。

②当实际增值率大于平衡点时，一般纳税人税负大于小规模纳税人税负，从税负角度来说应选择小规模纳税人。

③当实际增值率小于平衡点时，一般纳税人税负小于小规模纳税人税负，从税负角度来说应选择一般纳税人。

4）筹划操作。

①计算该公司含税销售额的增值率：增值率 = （80 − 45） ÷80 ×100% =43.75%。

②判断分析：因为实际增值率 43.75% >平衡点增值率 20.05%，选择小规模纳税人身份更有利。

③实际测算：

$$\text{一般纳税人应纳增值税额} = 80 \div (1 + 17\%) \times 17\% - 45 \div (1 + 17\%) \times 17\%$$
$$= 5.08\ (\text{万元})$$

小规模纳税人应纳增值税额 = 80 ÷ (1 + 3%) × 3% = 2.33 万元 < 5.08 万元，选择小规模纳税人节税额 = 5.08 − 2.33 = 2.75 万元。

另外还要综合考虑小规模纳税人申请为一般纳税人时所要增加花费的费用和未来增加的纳税成本；一般纳税人经营规模较大，信誉好，从同样的纳税人那里购货的可抵扣税额多，拥有较多的顾客群等各种因素。

（3）确定方案

经过综合分析后，确定筹划方案。

3.5 完成任务

本任务的业务流程可概括为：

客户提出咨询要求→业务谈判→签订咨询合同→咨询准备→制订咨询方案→分析评价方案→确定实施方案→送交报告→完成任务。

3.6 教研活动

3.6.1 本任务重点与难点

本任务中有关财务管理咨询是重点，难点应是对税务筹划咨询中税收法律法规的把握。

3.6.2 如何把握重点、难点

精通税法，会计准则，熟悉各类企业的账务处理，在履行受托责任的过程中，一定要严格按照国家的相关法律法规提供咨询服务，避免不必要的法律纠纷及风险。

3.6.3 如何解决重点与难点

对于财务管理咨询、税收筹划咨询在教学中最好使用案例教学法，通过案例的深入解析，达到解决教学重点、难点的目的。

参考文献

1. 王宝庆、叶雪芳：《审计学教程》，立信会计出版社，2009 年版。

2. 董淑兰、杨连刚：《审计理论与实务》，清华大学出版社、北京交通大学出版社，2009 年版。

3. 叶陈刚：《审计理论与实务》，中信出版社，2009 年版。

4. 俞校明：《审计实务》，清华大学出版社，2009 年版。

5. 中国注册会计师协会编：《审计》，经济科学出版社，2009 年版。

6. 中国注册会计师协会：《中国注册会计师执业准则指南》，中国财政经济出版社，2006 年版。

7. 中国注册会计师协会：《中国注册会计师执业准则》，经济科学出版社，2006 年版。

8. 中国注册会计师协会：《中国注册会计师执业准则》，经济科学出版社，2006 年版。

9. 中国注册会计师协会：《审计》，经济科学出版社，2009 年版。

10. 中国注册会计师协会：《中国注册会计师执业准则指南》，中国财政经济出版社，2007 年版。

11. 中国注册会计师协会：《经济法》，中国财政经济出版社，2009 年版。

12. 于延琦：《验资准则及实务》，2008 年版。

13. 夏焕秋：《审计教程》，中国财政经济出版社，2009 年版。

14. 中国会计准则委员会：《企业会计准则》，中国财政经济出版社，2006 年版。

15. 中国会计准则委员会：《企业会计准则指南》，中国会计准则委员会，2006 年版。

16. 全国注册税务师执业资格编写组：《税务代理实务》，中国税务出版社，2009 年版。

17. 全国注册会计师协会：《税法》，经济科学出版社，2009 年版。

18. 《咨询管理与服务》，企业管理出版社，2007 年版。

19. 《决策与咨询服务》，企业管理出版社，2008 年版。

20. 《信息与决策》，香港出版公司，2009 年版。

21. 《人力资源管理概论》，中国人事出版社，2008 年版。

22. 《人力资本会计》，中国经济出版社，2008 年版。

23. 苏州工业园区海关：《报关实务一本通》，中国海关出版社，2008 年版。

24. 财政部会计资格评价中心：《经济法》中国财政经济出版社，2008 年版。

参考文献